知の経営
透き通った組織

Chi Management

Tomohiro Takanashi
髙梨智弘 [著]

東京　白桃書房　神田

推 薦 文

　本書『知の経営"透き通った組織"』は，優れて論理的な実践の書である。それは，髙梨智弘先生の長年に渡って培われた知恵と多くの汗の結晶である「論理的経験知」に他ならない。本書が敢えて「ナレッジ・マネジメント」でなく「知の経営」と表現したのは，物事を認識したり判断したりする能力である知恵をコアにした経営の必要性を訴えているからである。先生も述べておられるが，知識を基盤として実践される経営行動は，その実践プロセスを通じて組織の知恵となり，組織の力となる。

　組織を構成する個々人が，自らの知識の獲得とその知恵への変換プロセスを日常の実践のなかで培っていけば，その組織の持つ経営力は極めて良質化し，経営行動の成果は大きなものとなるであろう。こうした組織が"透き通った組織"であるというのが髙梨先生の主張点だと考えられる。

　だが，現実にはなかなか完全に透き通った組織は見当たらない。大小はあるにせよ，どこかに澱みが存在する。その澱みの所在と原因をしっかりと把握している組織は少ない。澱みというのは，会社が有するボトルネックのように，ある程度説明のつくものばかりでない。製造業の生産する製品なら，どこに，どのような問題があり，どのように解決すれば製品の品質は向上する，と知識の使い方は定まる。しかしながら，組織の澱みというのは，組織を構成する個人の意識や，そうした個々人の相互作用で生み出されるネガティヴ・エネルギーから偶発的に生じることも多々ある。

　本書が示す「知の経営」は，このような澱みを正視することで，知識を知恵へと変換する組織プロセス＝透き通った組織形成を意味している。それは，組織及び個人における暗黙知から形式知への変換プロセスというナレッジ・マネジメントの基本を踏襲しながらも，新たな「知の経営」というフレームワークを提示している。

　髙梨智弘先生には，現在，新潟大学大学院技術経営研究科（専門職大学院）で特任教授として，ナレッジ・マネジメントⅠ・Ⅱとプロジェクト演習Ⅱを

ご担当戴いている。また，毎月の定例教授会にもご出席戴き，当研究科の運営にもコミットメント戴いている。社会人院生達の人気も高い。本書が，多くの人たちに読まれ，組織の澱みを適切に濾過できる指南書となることを強く希望してやまない。

新潟大学大学院技術経営研究科
（新潟大学副学長）
永 山 庸 男

はじめに

　今，私たちは，何ができるのだろうか？　もし企業が「透き通った組織」であったなら……。
　1950年から60年近くになるが，QC，TQCは，「経営の米」のように根付いている。この先どのように進化するのか？　1980年代に，なぜ日本は伸びたのか？　世界一になったトヨタに学び，トヨタに追いつき，トヨタを追い超すためには，何が必要なのか？　逆に，何も必要がないのか？　いわゆるバブル経済の崩壊から，10年，15年の失われた時代を経て，再度，リーマン・ショックによる100年に一度の世界同時不況に見舞われた。あのトヨタでさえ57年ぶりの赤字転落である。過去20年間，人は，時代の変化を目のあたりにし，環境の大事さを身にしみて感じており，自然との共生を模索している。新しい時代が始まった。巷でよく聞く「地球に優しく」という言葉は，「人に優しい」と経営上同義の概念である。
　新しい時代には，新しい経営の理念・価値観・概念等が必要となる。人に優しくするには，「人に着目した経営」を実現しなければならない。そこには機械システム的な効率性ではない社会システム的な有効性を目指す，QC／TQCを上回る60年以上に渡る，批判を恐れずに表現すれば100年の拠り所となりうる21世紀の新しい古典が出現する事が望ましい。そのためには，社会システムと機械システム（ロボットを含む）との共生のバランスをどうとるか，難しい課題が存在する。例を挙げれば，それはすべてができる介護ロボットを開発するのでなく，「人間の尊厳を守るここまでは人間が行うべき」という基準を明確にし，開発の限度を引く必要があるのではないだろうか？
　このように考えると，知の経営を総括する書は，人がすべての経営システムの対象である以上，全体を俯瞰できる経営のテキストであること，また良い経営のナビゲーターであることが要請され，人にとって，「良い経営」であるような考え方で統一された新たな経営論理を提案しているものであるこ

とが，社会から問われている。

　本書は，このような基本的な考え方から，"人の知に着目した"ナレッジ・マネジメント（Knowledge Management）の概論テキストである。ただ，頭に詰め込んだナレッジ（Knowledge：知識）から，人の生業や人間関係に対象を広げ，人間行動と結びついたウイズダム（Wisdom：知恵）を重視し，経営や業務に絡む人の意識に関係するマインド（Mind：知心と呼称している）までをカバーした新しい知の経営（チ・マネジメント：Chi Management）を解説することを目的としている。

　知の経営では，環境変化に対応して社会の信頼を得，顧客価値を創造する「継続企業として良い経営」を目指しているため，従来の固定観念からの脱却，新しいことへの挑戦，発想の転換，個の尊厳，個の創発，全体最適と個の意識の融合，原理・原則と実行基準・判断基準の整合性，変わらない事と変わる事等々が，キーワードである。

　上記の環境変化に対応する概念としての"人の知に着目した"知の経営に至ったのだが，もう1つの知の経営に至った理由は，過去の著者の経験知から得た「事実のベスト・プラクティス」の総括である。そこで，本書を書くにあたって，これまで著者の知見に大きな影響を与えた事象から学んだ10の思考（ベスト・プラクティスの要因）を，あえてここに紹介したい。

1　【人の多様性の認識】：1979年－1983年に人種のるつぼといわれる香港へ赴任。100数十に及ぶ企業設立のコンサルティング，税務業務支援や監査業務の実施，中国を含むアジア諸国への出張等で，学んだ多様な人にかかわる経験知。

2　【国際的なベスト・プラクティスの理解】：1983年－1984年のIQS（国際クオリティ調査）の4ヵ国（日本・米国・ドイツ・カナダ），4業種（自動車産業・コンピュータ産業・金融産業・医療産業）のベスト・プラクティスの調査結果，当時のGMのCEOステンプル氏やプロセス・マネジメントの大家ハリントン教授の当該調査に対する支援から学んだ国際的な経験知。

3　【全体思考】：1980年代のアーサー・ヤング，アーンスト・アンド・ヤング，アーサー・アンダーセン等の国際会計・コンサルティングファームで

の「TQM」や「トップダウン・ボトム・アップ・アプローチ」、また「コンピュータ監査」、そして「本音と建前の経営管理」「ファシリテーションによる改革」等々の学習、＋1991年創設されたITコーディネータ協会のITと経営の融合の概念と実践知。

4 【最先端経営理論】：多数の企業ケーススタディ，マイケル・ポーターの講義やゼロックスCEOのカーンズの講演等の成功事例・失敗事例の理論と実践から学んだハーバード・ビジネススクールAMPコースでの経験知。

5 【経営改革手法の理解】：1995年－1997年，経営変革手法ベンチマーキングを米国APQC（米国版生産性本部）で学び，国際ベンチマーキング大賞のカンファレンスに3回参加した成果を，その後の日本でのベンチマーキング方法論の指導にいかし確立してきた知。

6 【ベスト・プラクティス事例の理解】：その後現在（2009年）まで15年間続く主として（財）社会経済生産性本部（現日本生産性本部）と著者が創設したT＆T PARTNERSでのベスト・プラクティス研究の成果。

7 【経営品質の成功事例】：1995年－2007年，日本経営品質賞の創設からの参画と12年間の判定委員としての経験知，また1996年－1999年の4年間，米国ワシントンで開催されたMBNQA（マルコム・ボルドリッジ・国家品質賞）のクエスト会議参加（4回）受賞企業訪問から学んだ経験知。

8 【知の経営の研究】：1998年に創設した日本ナレッジ・マネジメント学会，また，日本危機管理学会，日本経営品質学会，日本経営分析学会等での現在まで発表した研究成果，日本経済新聞，日経産業新聞，日本工業新聞，経済産業新報，税理士新聞，農業新聞等への寄稿文。

9 【経営の本質の理解】：上記の国際会計・コンサルティングファームと提携していた朝日監査法人（現あずさ監査法人）や株式会社日本総合研究所での監査や経営コンサルティングの経験知。

10 【知の経営の概念】：法政大学エクステンションカレッジでの講師，明治大学リバティアカデミーでの講師，3年間（現在4年目）の新潟大学大学院技術経営研究科の特任教授としての「ナレッジ・マネジメントⅠ」「ナレッジ・マネジメントⅡ」「プロジェクト演習Ⅱ」の指導における経験知。

これらの10の事象から体験した10の思考（ベスト・プラクティスの要因）

をベースとして，ナレッジ・マネジメントの進化型「知の経営」としてまとめたのが，本書である。なぜこのように膨大な経験知を合算したかというと，これらすべてを包含しなければ，21世紀の新しい経営の原理・原則を語れないからである。空理空論は意味がない。経営学は実学である。対象は膨大であるが，すべて「知の視点」から，経営と業務の有効性・効率性にアプローチしたモノであり，その基本的な考え方は単純明快である。

組織はすべて人が作り上げていることを認識すれば，人にとって必然的に「透き通った組織」であるべきことは論を俟たない。透き通った組織であれば，人の知を，経営の目標とする方向に結集する事により，所詮は人が起こしたバブル経済崩壊やリーマン・ショックを発端にした世界同時不況にも対応できる。つまり経営や業務の改善・改革を実行する上で，重要成功要因として必要な知の視点をストレートに積み上げ融合して，企業にとっての普遍的な経営の原理・原則・概念としてまとめたものである。

したがって，本書は，企業の経営者や管理者，ビジネスマンにとどまらず，組織の改善・改革の担当者，経営コンサルタントや専門家，経営にかかわっている学者や学生等に，広く読んで欲しいと思っている。

このように広い範囲の考え方と，多くの著書や，膨大な発表論文やセミナー資料を，時間を惜しまず収集・編集してくれたのが，新潟大学大学院技術経営研究科の卒業生である黒河英俊君（現，アルプス電気㈱　長岡工場）である。彼の貢献がなければ，本書は1年近く遅れて発刊することになり，私の業績を世に問うタイミングがずれたであろう。ここに彼の真摯な支援に，心から感謝の意を表する。

また，日本ナレッジ・マネジメント学会の森田松太郎理事長，新潟大学副学長永山康男先生，早稲田大学大学院教授北川正恭先生，白桃書房の大矢栄一郎社長には，この場を借りて，多大なご支援に感謝する次第である。

2009年5月　髙梨智弘
（新潟への新幹線Maxとき317号にて）

本書の知の構成

　本書の内容構成の全体像は，各章の11の扉に，全体構造図として同じ図表を貼り付けてある。
　それぞれの章の違いを明確にするために，その章を表す部分を，黒い下地に白抜きで示している。当該章までの前の章については，グレイに塗りつぶし，当該章の後の章に付いては白地で表現し，全体における当該章の位置付けがわかるように，全体をマップ化してある。
　各章については，4から13の項目に分類し内容を解説している。
　また，各項目の説明については，よりわかりやすくするために，通常の説明文に加えて，次のようなマークを付して，内容の深掘りと検討をしている。

　「＋解説」欄については，その項目の説明文の中から重要項目をピックアップして，より詳しく内容を説明している。

　「考えよう」という欄で，そこまでの説明や論述について，読者の企業を想定し，いくつかの事例について「こんな状況を考えてみよう」と例示し，読者の目線で問題に取り組めるように，例示の解決策にかかわるコメントを入れてある。

　「知の考察！」の欄では，読者が気付きにくい，新しい経営視点の見方を提案している。

　読者は本書の構成と流れに身をゆだねて欲しい。その中から何かをつかんでいただき，それを活用して，読者が抱える問題や課題を自社の成熟度に合わせて自立的に解決策を考えて欲しい。「透き通った組織」を目指して！

目 次

推薦文……i
はじめに……iii
本書の知の構成……vii

第1章　今,なぜ「知の経営」なのか?

1. 知識教育の限界……………………………………………… 2
2. 本質の理解とは?…………………………………………… 4
3. 日本の国際競争力の現状………………………………… 9
4. 時代の移り変わり〜知識社会の到来,そして ?……… 12
5. 「知の経営」…………………………………………………… 16

第2章　品質競争の「品質」とは何か?

1. 「品質」の意味合い………………………………………… 24
2. 近年の品質定義の潮流…………………………………… 25
3. 品質管理の歴史…………………………………………… 26
4. 新しい品質概念…………………………………………… 30
5. 質マネジメントシステム………………………………… 32

第3章　パラダイムシフト

1. パラダイムシフトとは?…………………………………… 34
2. 顧客志向の移り変わり:「顧客が消える!」…………… 36
3. 考え方のパラダイムシフト……………………………… 39
4. パラダイムシフトの事例………………………………… 41

第4章 経営品質とは何か?

1. 「経営品質」という概念は,いつ生まれたか?……… 48
2. 米国の逆襲……………………………………………… 49
3. リエンジニアリングを超える………………………… 52
4. 経営品質のアプローチ………………………………… 55
5. 経営品質で目指すもの………………………………… 56
6. 経営品質プログラムのフレームワーク……………… 58
7. 経営品質向上プログラム～重視する考え方………… 60
8. 「経営品質」のセルフ・アセスメントと成熟度評価… 62
9. 「全体最適」のマネジメント………………………… 69

第5章 ナレッジ・マネジメントから知の経営へ

1. ナレッジ・マネジメントの出現とその進化………… 74
2. 競争力の源泉・現れる知……………………………… 76
3. 知の定義と知のピラミッド…………………………… 78
4. 知の5相関の環………………………………………… 84
5. 知の経営の方法論……………………………………… 88
6. 知の経営(チ・マネジメント)のフレームワーク…… 92

第6章 『知の経営の前提知』

1. ナレッジ・マネジメントは特別なものか?………… 96
2. ナレッジ・ワーカー…………………………………… 97
3. 知の教訓………………………………………………… 99
4. 歴史に学ぶ……………………………………………… 100
5. 知の概念………………………………………………… 102
6. ナレッジ・マネジメントの効果～MAKE調査……… 104

第7章 知の考察

I. 理論事例編 …………………………………………………… 112
  1. 「ナレッジをみる目」連載の視点 ……………………… 112
  2. ナレッジとは何か～ナレッジの階層 …………………… 114
  3. 知とは何か～知の意識 …………………………………… 117
  4. 知とは何か～知の主体 …………………………………… 121
  5. 知とは何か～知の明暗 …………………………………… 124
  6. 知とは何か～知の出所 …………………………………… 127
  7. 知とは何か～知の新旧 …………………………………… 130
  8. 知の経営とは何か～基本的考え方 ……………………… 133
  9. 知の経営とは何か～フレームワーク …………………… 136
  10. 知の経営とは何か～知の収集 …………………………… 139
  11. 全体の思考～心の知の広がり（世界の知） …………… 142
  12. 全体の思考～心の知の広がり（日本の知） …………… 145
  13. 知恵の輪「知識と知恵を活用する知脈」 ……………… 148

II. 実践事例：「知の経営」の視点での製品開発とは？ ………… 150
  1. ISOで目指すもの ………………………………………… 150
  2. 質マネジメントシステム ………………………………… 153
  3. 変化を俊敏に察知するには ……………………………… 156
  4. 製品開発とジョハリの窓 ………………………………… 158
  5. 製品開発における「知の連結」 ………………………… 161
  6. 品質機能展開と製品開発 ………………………………… 164
  7. 新しいツールをいかに浸透させるか …………………… 167
  8. おわりに …………………………………………………… 169

第8章　ベンチマーキングとは何か？

1. ベンチマーキングの意義 ……………………………… 172
2. ベンチマーキングの目的 ……………………………… 176
3. ベンチマーキングの実行プロセス …………………… 181
4. 改善・改革の定着 ……………………………………… 191

第9章　国内外のベスト・プラクティス

1. トヨタの研究 …………………………………………… 194
2. イビザの研究 …………………………………………… 200
3. 武蔵野の研究 …………………………………………… 202
4. ホンダカーズ中央神奈川の研究 ……………………… 204
5. リッツ・カールトン …………………………………… 208
6. ヤマト運輸の研究 ……………………………………… 213
7. 海外のベンチマーキング事例 ………………………… 216

第10章　発想の転換と個をいかす経営

1. 時代に合った経営の発想の転換 ……………………… 220
2. 固定観念の払拭と発想の転換 ………………………… 224
3. 個をいかす組織の形態 ………………………………… 230
4. 発想の転換の成功事例 ………………………………… 235

第11章　知の社会の卓越者と理想の組織

1. 卓越者としての経営者 ………………………………… 242
2. 卓越者のリーダーシップと事例 ……………………… 247
3. ビジュアル・マネジメントの薦め …………………… 252

4. 理想の組織の実験:全員が社長の組織と1人が全員の仕事をする組織……………………………………………… 258
5. ES＝CSの組織:日本総研の成功事例とT&TPARTNERSの実験……………………………………………… 262

おわりに…… 271
「知の経営」のポイント・振り返り集…… 273
参考文献…… 279

第1章
今, なぜ「知の経営」なのか?

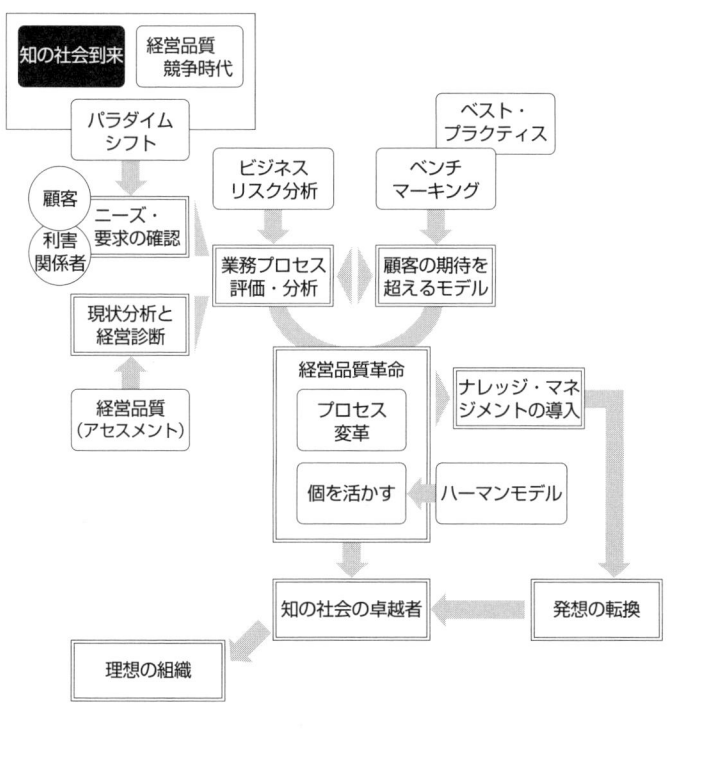

1. 知識教育の限界

　日本では，小・中学校での義務教育，さらに高校・大学の教育機関により，様々な知識が詰め込まれる。しかし，それらの獲得した知識は，常識として豊かな生活をしていく前提や基本となるか，特定の事象の中で使われるかである。もし，必要なときに必要な場所で知が使われなければ意味がない。また，必要と思われる知識が足りないことも時代の変遷から生じてくる。例えば，英語の教育を受けても，実際に海外に行って思ったように英語で会話することができないようでは，現地で情報共有ができないことになり，英語の知識獲得の意味がない。社会，とりわけ企業で求められているのは，実務で使える知識である。

　もちろん，会話できなくても英語で読める知識や専門学校や大学院のように，実験や調査でより使える知識になっていることは，意味があるが，現場での知恵はこれらの知識に勝る。つまり，知恵教育を，どこで，どう行うのか？　企業で，いわゆるOJT（On-the-Job Training）が，重要視されるのも，知識教育の限界を突破しようとした結果である。これは「知識」をベースとして実行した結果「知恵」となった。言い換えれば，世の中では知識だけでは生きていけないことを示唆している。知識と知恵の関係等を含む「知の定義」については，本書の第5章第3項で詳しく解説しているので参考にして欲しい。

　知識教育や知恵を増やす活動は，社員が自主的に活動できる能力を養成したいからである。それは，いうまでもなく「知識力」ではなく，「実践力」である。また，言葉の暴力といわれるように，言葉には力がある。経営に当てはめて，その力を解説すれば，「やります」「やりましょう」という言葉で安心してしまい，実際の活動が止まっているという光景もよく見受けられることだ。

　リーダーは，社員の"I'm going to do."という言葉に任せるのではなく，"Do it now！"と後押しをするか，言葉のモニタリングや言葉の実践や結果を確認する行動をして初めて，「知」の価値が高まることを知るべきだ。

第1章 今，なぜ「知の経営」なのか？

 今勤めている会社や組織において，現在の競争環境の中で，実行されている経営方法や経営戦略はベストなものになっているであろうか？

■読者の所属する会社や組織をみて欲しい。もしも，3年前のやり方を今もやっているとしたら，また，5年前の研修が今もまったく変わっていなかったら，それで本当に良いのだろうか？　考えてみる必要はないだろうか？　知識教育のあり方を考えて，成功体験・失敗体験など知恵の活用を積極的に行っているかどうか？　だからといって，新聞や雑誌などで取り沙汰された成功事例の表面だけを捉えて飛びつくと誤った判断を犯しやすい。経営にかかわる者は，本質を理解し，自分の組織の全体をみた上で，変えるべき事と，変えてはいけない事が何かを考える必要がある。

言い換えれば，環境変化の情報を十分に収集・分析しているか，経営戦略の見直しをしているか，経営戦略の展開は組織の隅々まで行き渡っているか，など，環境に合った対応ができているかどうかだ。

 「実行で学ぶ：百見は一行に如かず！」

よく世の中では，人の話を聞くよりも，実際に現場に行って自分の目で確かめた方がよくわかる，という意味のことを「百聞は一見に如かず！」という。中国の「漢書：趙充国伝」から取った言葉だ。本書で提案している知の経営からみれば，さらに効果のあるやり方は，もう一歩進めて，「百見は一行に如かず！」というような，実践して体得する事だろう。特に，日本の物作りでの繊細な気配りが好例である。

戦略も計画に落とし込み，実行することで初めて意味がある。

> 知の考察
>
> 「やってみせ，いって聞かせて，
> させてみせ，ほめてやらねば人は動かじ」
>
> （「山本五十六語録」）
>
> 大日本帝国海軍26，27代連合艦隊司令長官，海軍大将（戦死後元帥に特進）の山本五十六の言葉である。これは，教育だけでは人は動かないことを示している。現在の若者に対する経営指導法といっても良いであろう。知の経営のファシリテータ型リーダーシップの事例として参考になる。
>
> 言葉を詳細に分析すると知の経営の本質を表していることがわかる。まず，言葉を区切ってコミュニケーションのフローをみてみよう。①「やって…」：本人が，実際にやること，②「…みせ，…」：相手が，それを確認すること，③「…いって…」：本人が指示すること，④「…聞かせて，…」：相手が指示を聞くこと，⑤「…させて…」：相手にやらせること，⑥「…みせ，…」：相手が行っていることを本人が確認する，⑦「…ほめてやらねば…」：相手の行動を褒めること，の7段階に分類できる。なぜ，社員が指示通り動かないかの，コミュニケーション上の真因がみえてくる。つまり，どの段階に問題が生じているかを理解して，そこを改善することによって，コミュニケーションをスムーズに動かすことができる。
>
> 人の動かない理由は，ときによって些細である。

2. 本質の理解とは?

　物事が，プロセスと結果，中身と表面，原因と結果，内部と外部，本音と建て前など，2つの事象を対比して説明されるように，ある現象の裏には，その原因や本質が横たわっている。

　本質について，コップのメタファーで説明したい。「机に座っていて，コップをひっかけ，水をこぼした」としよう。「大急ぎでコップを起こし，半分残っていてよかったという気持ちを抱きながら，ハンカチでこぼれた水を拭き取

第1章 今，なぜ「知の経営」なのか？

る」。一応，これで問題解決にみえるが…，この出来事の本質は，なぜ水がこぼれたか？ だ。そして，次に同じ問題が起きないようにする行為に繋がることを考えなければいけない。

このケースでの本質的なアプローチからの解決策として，①"ふた付きのコップにする"，②"ひっかけた手の動きを，今後はあまり動かさないように気をつける"，③"コップを置く場所を別なところに変える"，などの方法が考えられる。要は，原因を究明することであり，物事を理解するには，表面と本質の両方を理解する必要がある。

> 考えよう コップの事例のように起きた出来事の表面を処理して満足しているケースが，会社の業務で起きていないだろうか？

■会社は，マーケティングをして，商品開発を行い，製造，販売を行う。この一連の流れは，すべて機能の流れである。例えば，「営業が強いと評判な会社」だとしよう。しばしば会社では，個々の機能ごとの完成度を高めることを最優先に考え，突き詰めていく。そこで，商品が売れないと，「（我社は営業が強いので）営業部はちゃんとやっているのに，売れる良い商品を開発しない商品開発部門がいけない」と，他部署の責任にする。もちろん，各部署の深掘りの努力は重要なことではあるが，お互いの部署同士が流れの一部を担当し深く関係し合っているにもかかわらず，隣のことは知らないというのは，いわば，経営資源の無駄遣いだ。

知の考察 「二度と起こさないために：プロブレム・ソリューションでは意味がない！」

コップの事例一番目の"コップを起してこぼれた水を拭く"行為が，「Problem Solution：：対症療法」だ。 物事を点で考えた結果である。

二番目の"コップに蓋をつける"や，"手を大きく振らない"などの対策は，「Process Solution：プロセス改善」であり，流れで物事

5

を捉えている。三番目の"コップを置く場所を変える"が,「System Solution：構造改革」の考え方である。これは,全体を変えることによって抜本的な改革をしようという試みである。真因を探るため,解決策には段階がある事を知るべきだ。

解決策の成功事例として,破産寸前に追い込まれた日産自動車株式会社(日産)とルノーとの提携を実現し,日産の奇跡的な再生を果たした,カルロス・ゴーン社長を取り上げたい。

カルロス・ゴーンは,日産にやって来て,クロス・ファンクショナル・チーム(CFT)を作り,横串を通す組織を作った。

縦串機能の強い組織(いわゆる縦割り組織)は,各々の論理で正しいと思う方向に突き進む傾向が強い。しかし,仮にその行動が,その組織として,またその時点で正しい判断であったとしても,会社全体として正しい判断とは限らない。

カルロス・ゴーンは,日本の縦割り行政的な考え方や,欧米の個人主義的な業務担当の悪弊をよく理解していた。また,年功序列で昇進してきた年配の上司たちが保守的な行動を取ることも知っていた。そこで,組織横断的に50人の若手を抜擢し,CFTを編成し,改善改革の権限を与えた。その結果,いくつかの決断をし,日産はV字型回復をする。

それは,強力な権限を持って外から舞い降りてきたゴーンだからこそできたことではあるが,彼の判断力・決定力も群を抜いている。ゴーンが就任する前に,著者は,日産で「ベスト・プラクティスに学ぶ変革手法ベンチマーキング」の幹部研修で講師をしていた。そのとき,「海外の優良企業では当たり前の,ベンチマーキング担当の役員を作るべきだ」と提案したが,実行されなかった。

ゴーンが来日し,直ぐに,ベンチマーキング担当のバイスプレジデント

第1章　今，なぜ「知の経営」なのか？

（当時の池浦氏）の役職が誕生した。著者が，(財) 社会経済生産性本部（現，日本生産性本部）で講師をしていた「ベンチマーキングマネジャーコース」に，彼は参加したが，ベンチマーキングを基礎から学ぼうという，彼の真摯な態度に，ゴーン流が浸透し「日産は大丈夫だ」という意を強くした。CFTと同じく，内外を問わず情報を共有しようというのがゴーン流のコンセプトだ。

環境変化には，外部環境変化だけではなく，関係し合う組織内部の変化も含まれる。それぞれが，企業経営に重要な影響を及ぼす。また劇的な変化であれば誰もが気付き易いが，環境が緩やかに変化している場合，その変化は気付きがたい。

> **知の考察**
>
> 💡「本質を理解には，人の意識を理解することが重要」
>
> 　表面的な仕組みの良し悪しで物事を判断するのではなく，その事象がなぜ起きているのか，影響する事象を分析しなければならない。特に，組織を支えている人の意識はすべてを決してしまう。
>
> 　ゴーンは，仕組みの良し悪しと，人の意識の掌握，仕組みと人との関係等，複数の文化や複数の機能の融合を図る能力に優れている。ゴーンの経営スタイルは，ブラジルに生まれ，レバノンで育ち，レバノン，フランスで学んだ国際経験と，当時ハイパーインフレ下にあったブラジル時代に，事態を正確に把握し迅速に実行することの重要性を学んだことから生まれたといわれている。赤字のミシュラン・ブラジルに赴任して2年，1987年には黒字に転換し，翌1988年にミシュラン・グループ最高の利益を上げた。

横串を通す組織は，常に全体像を俯瞰してみながら，組織全体としての成果に結びつくように方向性を示す船頭の役割を担っている。それは，強いリーダーシップと結びついたときに効果を発揮する。

ゴーン流経営は，真に「知の経営」実践と呼べるものである。

「ゆでガエル現象」

　熱湯の入っている鍋に，カエルが飛び込んだ場合，または，カエルが入っているちょうど良い温度の鍋に熱湯を注ぎ込むと，カエルはすぐに気付き，鍋から飛び出す。しかし，水の入っている鍋で泳いでいるカエルは，外界の気温等に合わせる体質を持っており（寒くなると冬眠する）少しずつ加熱していくと水温が上がっていることに気付かず，茹で上がってしまうという例え話（ゆでガエル現象）がある。

　まず，企業は環境の変化に気付くこと，そして環境の変化に合わせるといっても，企業は，対応が遅れて「茹でガエル」になってはならないのである。競争に打ち勝つためには，経営環境の変化の本質を見極め，他社との差別化を図る「独自能力」を育てることが生き残りの重要成功要因である。

 「みえないものをみる意識が重要」

　何か事が起こるということは，それを起こす要因やエネルギーがあることだ。また，その要因やエネルギーはみえないかもしれないということを知っていることが必要だ。
　例えば，「形式知」というように人が何かの知識を文書にするか，言葉で話すかによってその物事がみえてくる。しかし，その人が何も書かなければ，何も話さなければ，それは「暗黙知」で，周りの人にはみえてこない（第5章1.「ナレッジ・マネジメントの出現とその進化」74頁参照）。
　みようとする意識，みえるように行動することが，本当の要因や本当のエネルギーをみつけ出す方策である。
　例えば，みえるようにする行動の例は，トヨタの5W（Why, Whyと5回にわたって問題が起きた原因を順番に聞いて，真因を明確にし

ていくステップ）などの問題認識手法の1つ根本原因分析などだ。
　みようとする意識については，すべての行動の後押しをするエネルギーが必要である。それは，その人にとっての合理的な目的とその行動の効果を期待できる知を有していることである。
　もう1つあるのが，気付いているどうかである。もし人が気付いていなければ，気付くような仕組みを作ることや，気付くようにその人と対話するのがリーダーである。
　さらに，みえなくてもそこに存在しているのを知っていること自体が，行動に影響する。

3. 日本の国際競争力の現状

　図1-1は，スイスのビジネススクール，国際経営開発研究所（IMD：International Institute for Management Development）が，現在世界55ヵ国・地域を対象として，1989年から毎年行っている「国際競争力」の推移である。

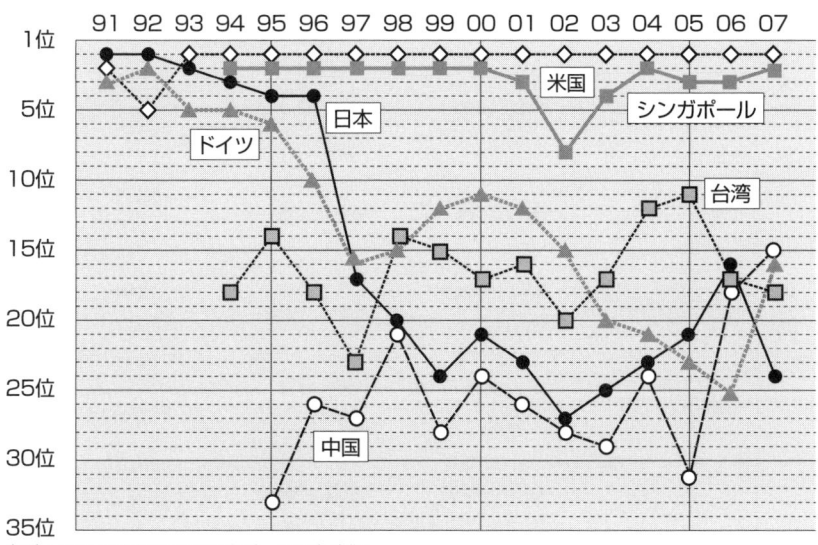

出所：IMD-国際経営開発研究所，2007年度版

【図1-1】国際競争力の推移

評価方法は，各種統計データと評価対象国の経営幹部や専門家に対するアンケート調査により，「経済状況」「政府の効率性」「ビジネスの効率性」「インフラ」の4カテゴリーで，詳細項目を評価し，総合順位を公表している。

> **考えよう**
> 日本は1993年までは，世界の1位か2位と評価されていたが，1994年を境目に，順位を下げ1997年に17位に急降下して以来，ここ10年間は低迷に喘いでいる。世界第2位の経済大国日本が，何故，図1-1に示すように，国際競争力が低迷しているのであろうか？

■図1-2に示すように，日本は，競争力ランキングを構成する大分類のうち，「政府の効率性」が34位となっており，総合順位の下げ要因になっているのは，現状の日本の政治の混乱ぶりからも理解し易いだろう。しかし「ビジネスの効率性」においても27位であり，内訳でみても，生産性（42位），マネジメント（27位）という評価である。大項目の「インフラ」が第6位に

大分類	経済状況 (22)	政府の効率性 (34)	ビジネス効率性 (27)	インフラ (6)
小分類	国内経済 (5)	財政 (42)	生産性 (42)	基礎インフラ (18)
	貿易 (30)	租税政策 (30)	労働市場 (22)	技術インフラ (22)
	国際投資 (17)	制度的枠組 (20)	金融 (16)	科学インフラ (2)
	雇用 (19)	ビジネス法制度 (32)	マネジメント (27)	健康と環境 (9)
	物価 (48)	社会的枠組 (44)	意識と価値 (16)	教育 (19)

【図1-2】競争力ランキングを構成する大分類と小分類における日本の順位

ランクされていることを考えると、いかにも「ビジネスの効率性」は低評価であり、そこに日本の課題がみえ隠れする。政治もビジネスもマネジメントが弱いというのが、日本の国際競争力に対する世界の見方といえる。

低所得層の住宅に対するサブプライム・ローンの問題で金融や経営の破綻を来たしている米国の国際競争力は、その後の低落の影響が反映されておらず、2008年度版でも世界第1位の評価である。2008年9月のリーマン・ショックに端を発した世界同時不況の後の2009年度の米国の評価はまだ出ていないが、15年もの長期にわたって1位を継続している事実は、そこには何らかの強さの秘密があり、経営を学ぶ者にとっても、それが何なのかを突きとめて、その本質を捉える必要があることを示唆している。

アメリカの強さは？

例えば、2001年5月2日（土）のNHKテレビのニュースや日経新聞夕刊の一面に、米国の4月の新車販売台数が発表された。昨年度の同月と比較して34.4％の減少で、結果81万9540台になったという。このニュースが私たちに教えてくれる意味は、米国経済の低落ではない。逆に米国の強さを示唆している。それは、4月の統計数値を5月2日（土）、時差の関係で米国では5月1日（金）に、この情報を公表していることだ。日本と比較してこのような情報公開のスピードも、米国の強さの秘密かもしれない。

IMDの評価では、日本の経営者や技術者の流動性の低いことが、その理由として挙げられていた。日本は同族会社も多く、また年功序列の考え方が残っており、その影響か、一社の社長で終わるのが一般的であるが、一方、米国のトップはどんどん他社に移籍し、活躍している。1企業として、途中から経営陣等が変わる事の良し悪しがあるが、経営資源の有効活用という視点から、また国家としてみるとどちらが良いのであろうか？　米国等と比べると、IT技術者はじめ、日本の技術者の流動性も評価が低く、日本の生産

11

性を押し下げているようにみえる。

　しかし，2009年に入って，米国型の金融システムは崩壊し，新しい秩序を求める声が世界中から上がっている。このような2つの観点から，今後の日本経済や企業の経営をどう見通すかも経営者の責任である。

4. 時代の移り変わり〜知識社会の到来,そして？

　ピーター・F・ドラッカーやアルビン・トフラーが，今後の社会を「知識社会（Knowledge Society）」と表現したが，少し前は情報社会，その前は工業社会，さらにその前は農業社会であった（図1－3）。

> 農業社会　工業社会　情報社会　知識社会
> 　　　　18世紀：産業革命　20世紀：情報革命　21世紀：ポスト資本主義

【図1-3】社会の移り変わり

　ただし，新たな社会の出現で，前の社会がなくなってしまうわけではなく，前の社会をベースとして成り立っている。このことを理解しないと経営の改善・改革の手を打つときに社会のニーズを誤解することになる。つまり知識社会で起きた問題は，情報社会におけるその問題の有無の確認を行い，必要に応じて情報社会における問題から対応しないと解決できないことも起こると考えるべきだ。要は，前の社会やベースを見通すことにより，根本から正さないと本質的によくならない。

　時代の変遷は，4つの社会がそれぞれ直前の社会を駆逐して，新しく取って変わるのではなく，図1－4の下部に示してあるように，階段状に積み上がっていると理解するべきである。

　工業社会は，1760〜1830年代のイギリスの産業革命が発端といわれている。初めは綿工業から始まったが，石炭や蒸気機関の動力への利用により，繊維工業や機械・鉄工業へと広がっていった。

第1章 今，なぜ「知の経営」なのか？

> **知の考察**
>
> 「人は，その場に影響され，その場に対して手を打とうとする」
>
> 表面的に判断をしがちになるため，私たちは常に足下の層（各社会の積み重ね）に思いをはせるべく意識しなければならない。つまり，知の社会は，情報社会や工業社会に支えられている事を認識しなければ，最善の解決策を探ることはできない。

米国の産業革命が本格化したのは1865年の南北戦争後のことであった。初期の産業革命では，動力源の開発も含めた機械の発明・改良による大量生産が競争力の源泉であった。その典型的な事例が自動車生産だ。1908年に

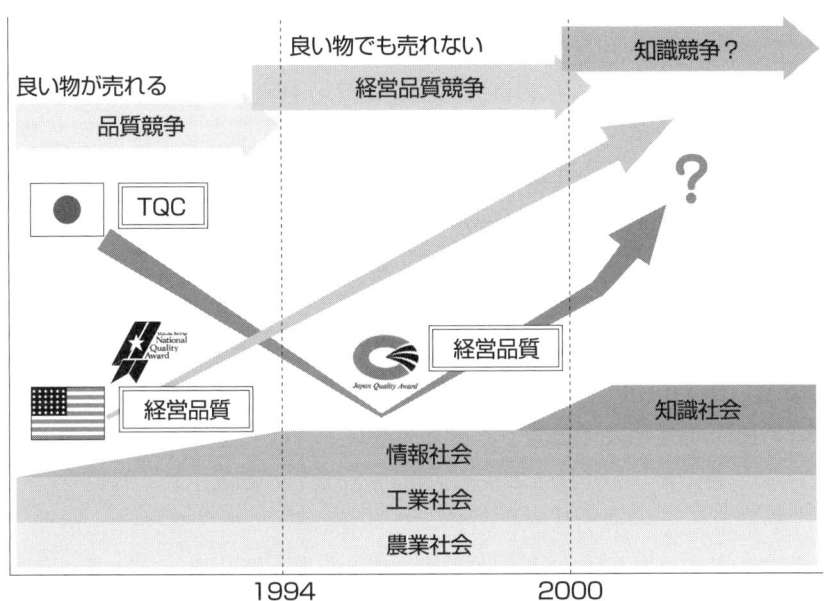

【図1-4】競争の観点の移り変わり

製造販売されたT型フォードの製造工程では，1913年に「流れ作業」と呼ばれるベルトコンベアーによる組立工程の仕組みが開発された。1914年から，ベルトコンベアーによる大量生産方式を取り入れ，画期的な低コスト・低価格を実現し，製造量が革新的に飛躍するきっかけとなった。1906年に10万5000台だった米国国内の自動車は，1916年には330万台となった。

一方で産業革命が始まった頃の日本は，まだ鎖国をしていた江戸時代であった。日本の産業革命は，1868年の明治維新以降の殖産興業政策において進行したが，実に1世紀，イギリスに遅れてのスタートであった。

1950年代，日本の商品は「安かろう，悪かろう」という製品であった。工業社会において諸外国に遅れをとっていた日本が，1960年代には，QCサークルを発展させ，全社的な改善活動 TQCを徹底し，ZD（ゼロ・ディフェクト：無欠陥）運動を推進した。1970年代にはQCやTQCで品質において，米国を追い越し「品質世界一」といわれた。日本は世界からも注目を集め，1979年には，「日本がアメリカの真似をする時代は終わった。これからはアメリカが日本を見習わねばならない」と，エズラ・ボーゲルが日本の成功を象徴する著書『ジャパン・アズ・ナンバーワン』（エズラ・F・ヴォーゲル著，TBSブリタニカ）に，そう書いた。

米国は，日本のQC・TQCやトヨタ生産方式などを徹底的に調査・研究した。その結果，すでに品質改善活動が定着している日本と同レベルに到達するためには，文化の違い，多様民族の言葉の壁，経営管理法の違いなどにより，時間的にも現状打破は難しいと考え，彼らは「物」だけでなく，「物を生み出す活動＝経営」に目を向けた（表現の仕方として「物」「もの」「モノ」の意味や関係については，16頁の「5. 知の経営」の項，「知の考察」を参照して欲しい）。第2章で詳しく説明するが，これが「経営品質」という考え方の本質であり，経営全体の評価基準を作成し，戦略，リーダーシップ，CS等を徹底し，経営の品質を上げることを提唱している（図1－4参照）。

一方，日本はお家芸である品質改善活動に邁進していくが，改善能力自体が低下しなくても，製品品質のレベルが向上するほど，その品質向上の難易度も上がり，向上の度合いやスピードは鈍化する。結果として，品質におけ

る企業間の格差は小さくなる。

　長い間，日本と米国の間で品質競争が行われてきたが，図1－1で示したように1994年頃に国際競争力の順位が逆転するに至った。その原因は，バブル経済の崩壊というマクロ的な現象の影響が大きいと思われるが，その本質は製品の品質自体の差が小さくなる中で，顧客の価値観の変化に対応する能力，それらを取り入れて戦略を策定する能力，従来からの経営思考を変革する革新能力の結果ではないだろうか。

　技術革新，生活の変化，文化の進展などにより，社会や顧客のニーズが変わり，社会の構造が階段状に進化した。それぞれの社会に合った競争の観点とはどんなものだろうか？

■物がなかった時代は，商品さえあればよかったが，物が増えてくると顧客の要求が高まり，品質が重要視される。そして，物余りの今は，経営全体の品質を向上させないと社会の信頼を得られず，競争に勝てない。そして，これからは，知の時代が到来し，環境や自然に配慮し，且つこの多様性を認めた賢い生き方に合わせた知の品質が競争の争点になるだろう。

　1990年代の米国の繁栄も21世紀に入ると，日本車の追い上げ等でBig 3は総崩れとなった。

　特に環境対応のトヨタのプリウスはハイブリッド車と呼ばれ，現在の技術で環境に配慮しCO_2の削減もでき，人気を博している。Detroit News & JD Powerの調査によると，米国人が米国車を購入しなかった理由は，「信頼性への心配」「よくない品質」がともに70％で最大の理由として挙げられている。

　しかし，キャデラックとレクサスの実際の苦情件数の差は，ppmレベルである。従来の製品に対するイメージが顧客の購買意欲に影響している側面を含め，製品品質とは別な要因（経営品質）が重要な要因となっていると思われる。

　製品品質について現在は，仕様通り生産できているかどうかの「適合品質」

という内部基準から，顧客がどう思うかという外部基準の「知覚品質」に顧客の購買基準が移っている。外部から信頼できることを認証しようというISO9001も世界標準になっており外部基準の例といえる。

5. 「知の経営」

　企業理念・企業の価値観は変わらないものといわれるが，長いスパンでみると変えざるをえない。環境に影響されて，戦略も2～3年で変わる。戦略が変わると，業務のプロセスが変わる。特に新しいビジネスを考える場合には，当然ながら経営ビジョンは変わると認識しておく必要がある。

　企業を取り巻く環境が変化した場合に，経営者は自社の事業をどのように考えるべきか？

　■起業は，社長の思い，思い入れがあって，こんな顧客に，こういう商売をしようと考え，従業員を雇って商売を始める。この社長の思いが，経営ビジョンとして描かれ，ビジョンを実現するために具体的な戦略が練られる。したがって，環境が変化すれば，ビジョンも変わる。しかし「ビジョン→戦略」と直線で結ぶと間違いを起こすことが多い。

　なぜなら戦略策定の際には，ヒト・モノ・カネ・情報などの現在保有している経営資源に頭が行き易く，そうすると，資金がないから情報システムを導入できないとか，必要な技術を所有した技術者がいないから開発ができないとか，限られた経営資源の中で戦略を策定せざるをえなくなるからだ。つまり，経営戦略策定において，経営資源の制約事項を念頭に策定すると良いアイデアも捨ててしまうのだ。

　したがって，初めからできる／できないと考えるのではなく，経営ビジョンを達成するためのSF（成功要因）を抽出し，その中から重要なものを選択することが必須となる。例えば，「こんな商売をしたら顧客の喜ぶビジョンを達成できる」，そのためには「情報システム」や「○○技術」が，成功に導く決定的な要因であるとCSF（重要成功要因）を決めることである。

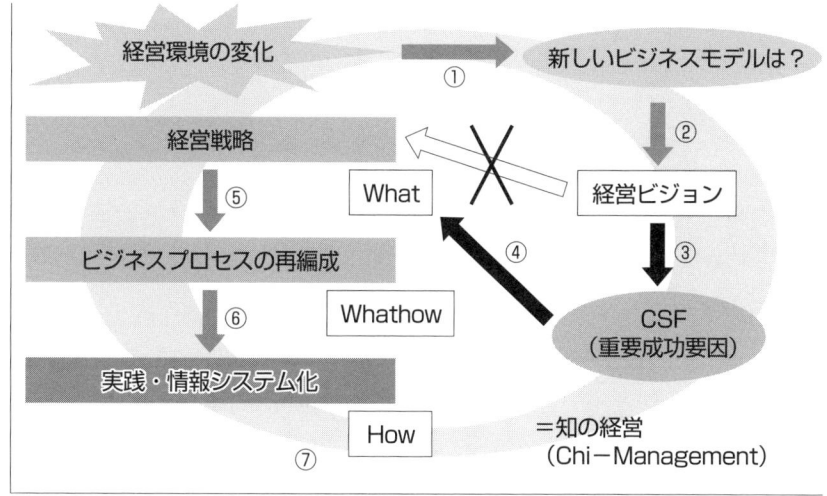

【図1-5】「知の経営」は経営のどの場面で必要なのか？

　このようにCSFを考えた後，戦略策定の段階で「ヒト・モノ・カネがない」となったら，ない中でどうするかを考える。なぜならCSFを満たさない戦略は，ビジョンを満足できない妥協の戦略だからである。他社と協力しても良いし，アウトソーシングも良いかもしれない。場合によっては顧客のためには，自分たちが下請けになっても構わないという意志が必要である。

　「前提をベースに考える」ことが今までのプロセスにおける問題であり，自らの思考を狭めてしまう。「こんなことができたら大成功だね」と考え，制約を取り払った瞬間に発想が広がる。知の活用である。

　戦略を変えたにもかかわらず，各部署の役割を変えないというケースが，もう1つの問題である。戦略に合わせて，プロセス（組織）もセットで変えないと意味がない。例えば，市内だけで商売していたものを全国に広げる場合，インターネット販売などの新しいプロセスを入れないと，やたらとコストがかさむことになる。

　今までは戦略を変えたら，実現の方策を各部署の部長に「考えろ」の一言で振ってしまう。直すべきは，表面ではなく，売り方の根本や業務プロセス

を上位から直さなければならない。場合によっては，関連の仕組みを変え，あるいは情報システム化することも必要になってくる。

　図1-5で示された①〜⑦の矢印こそが，新しい知を使ってそれぞれの機能を繋ぐという意味で，知の経営といって良いであろう。

> **＋解説**　図1-5では，経営戦略に"What"，実践・情報システム化に"How"，ビジネスプロセスの再編成に"Whathow"という英語が併記されている。"Whathow"は造語である。

　変化の激しい時代では，従来やってきたことが正しいとは限らない。逆に，従来間違っていると考えていたものが，環境が変わり，今は正しいかもしれない。環境に合うように，必要であれば思考も経営構造もシステムも変えるのは，企業の存在意義を考えれば当然のことであろう。

　従来は，経営層が戦略（What）を考え，実務者が方法（How）を考えていた。所謂，Top-Downの考え方である。HowからWhatに上げるのは，Bottom-Upの考え方であるが，両者とも，そこに「私，考える人」「あなた行う人」という大きな断層が生じる。また一方向からのアプローチは十分とはいえない。環境が変化する現代経営では，経営層もWhatだけでなくHowを，従業員もHowだけでなく経営層のいっているWhatを一緒に考えなければ，変化に対応する経営や改善策がみえてこない。そこに，知識を共有するというナレッジ・マネジメント（Knowledge Management）が必要になってくる理由がある。

　図1-6は，競争の観点の移り変わり（図1-4）の先を描き，ナレッジ・マネジメント（Knowledge Management）を加えた図である。

　良い物が売れる時代は終わった。良い物を作り続けることの先に，顧客はいないかもしれない。

　いわゆるQCTの徹底，品質（Quality）の向上だけでなく，いかに安く（Cost）作るか，そして顧客が望む適時に（Time）商品・サービスを提供するかが成功要因となる。言い換えれば，経営全体の効率化を図るために，あらゆる知識を結集するという，ナレッジ・マネジメントが有効となる。その場合に，「リエンジニアリング」のようにゼロベースで考えて，現状を無視して業務

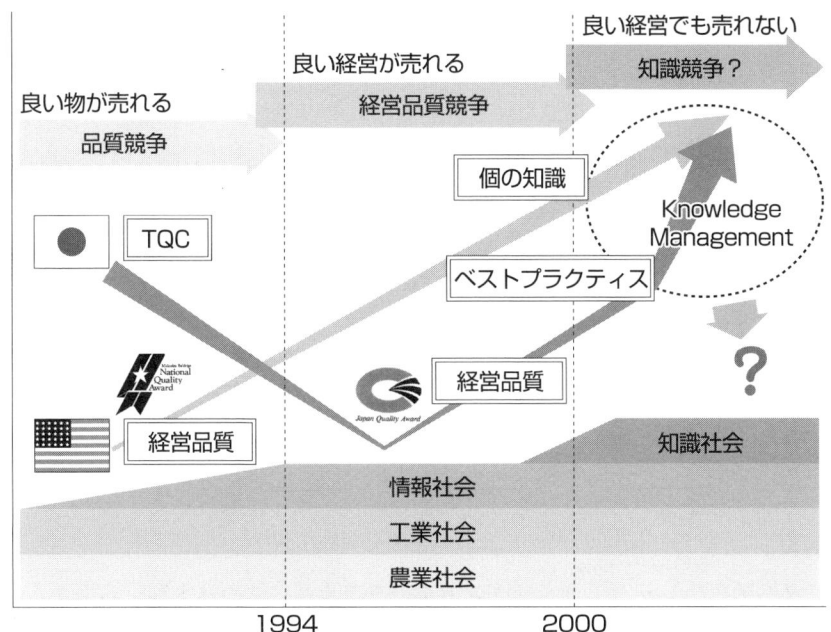

【図1-6】経営手法の変遷

プロセスの再編成を行うことは実務上難しい。そこで，より実務的な方策としては，リエンジニアリングの欠点をカバーして開発された経営変革手法である，ベストに学ぶ「ベンチマーキング」を実施することが一般的となっている。この考え方については，後で詳しく説明する。

言い換えれば，品質競争から経営品質競争になっており，今は，良い経営が売れる時代となった。さらに21世紀に入って，地球環境の問題などに消費者の関心が高まり，新たな知識が必要となってきている。特に昨今，企業の大小を問わず，食材の原産地や食品の賞味期限の改竄などの不祥事が多く起きている。自分たちの商品が売れれば良いだけではなく，コンプライアンスや環境に優しいなど信頼される企業として，利害関係者全員が「win-win」の関係になれるようにしないと企業の長期的な発展もないし生き残れない。ナレッジ・マネジメントの対象範囲が拡大してきている。

しかし，時代はさらに変わっている!! 図1-6の「知識競争」の効果は，リーマン・ショックによって,吹き飛んでしまったようにみえる。単なる「発

想の転換」や「改善から改革へ」では，抜本的な解決できないのではないかと不安になる。

原則や基本から考え直さないと，新しい社会に太刀打ちできないのではないか？　例えば，知識競争の中身が進化し，知識の品質が問われる時代になってきている。顧客満足のために何かをするという，どちらかというと「形式知の活用」(つまり，知識の競争＝競争に打ち勝つために顧客ニーズという「形式知」を収集してきた）から，顧客は何のために買うのか，ニーズがあるのはどのような利活用（ウオンツ）のためにあるのか等々，生活者の満足のために「暗黙知の結集」をしていくことが必須になってきている。従来のアフターサービスとは別に，その商品を売った後の生活までも満足させる必要がある時代だ。つまり，知識だけではなく，知恵の結集や，人の意識（知心）をも取り込まないと競争に生き残れない時代になってきている。図1－7にあるように，

必然的にナレッジ・マネジメントは，単なる頭に詰め込まれた知識から，

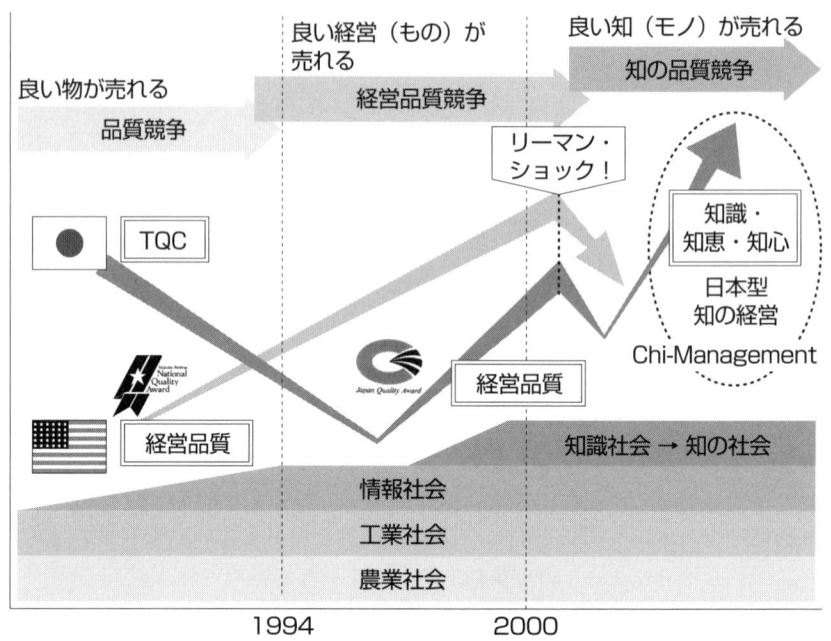

【図1-7】経営手法の変遷

より広く人の行動や意識を包含した「知の経営」(チ・マネジメント：Chi-Management)に進化する（詳細は，第5章73頁で解説する）。

　現在は，激しい競争に打ち勝つために，仕組みや業務の改善・改革に知識を結集する経営から，社会のニーズが，商品・サービスから，人の生活そのものや社会的責任へ移ってきており，より人ベースの経営へ変化してきている。そこで，著者は，図1－7にあるように，知識社会は，より広く「知の社会」と読みかえた。そして，知識品質は，より広く知の品質とし，知の品質競争の中で良い知を売るのが良い企業となるだろう。日本経済新聞などのメディアでも，"知識社会"，"知識創造"，"お客様の知識"と"知識○○"という表現から，"知の創造"，"顧客の知"と表現が変わってきた。どちらかというと静的な知識ではなく，「知恵」も含めた動的な「知」が重要なのである（第5章，「3．知の定義と知のピラミッド」78頁参照）。

知の考察　「物作り」から，「もの作り」へ，さらに「モノ作り」へ進化

　言い換えれば，知の深掘りや知の選別が必要になってきていることを意味する。図1－7に示したように，競争の変化は，良い品質の「物作り」という「品質競争」から，品質概念を経営全体に拡大し「経営品質競争」（当然ながら経営は"物"作りを包含する）になった。

　しかし，物作りには，物のまわりの経営の質も影響するために，"物"のみに着目しないように，"もの"と表現し，周囲を含めて管理の質をも表現した「もの作り」に移っている。さらに，現在は「経営品質競争」から，「知の品質競争」に変化し始めている。ここでは，経営品質は経営の仕組みの良さから，利害関係者すべてを包含する，特に人の意識を配慮した「知の品質競争」に進化している。これは，地球に優しくという人類の知恵に基づいた21世紀の命題であるが，2009年9月のリーマン・ショックによる世界経済の同時不況により，その重要性がさらに拡大したようにみえる。

　知の品質は，良い「物」から，無駄をなくした良くて安い「もの」へ，

そして良いコト（例えば，環境に配慮した）に繋がる「モノ作り」になっていかなければならない。

第2章
品質競争の「品質」とは何か？

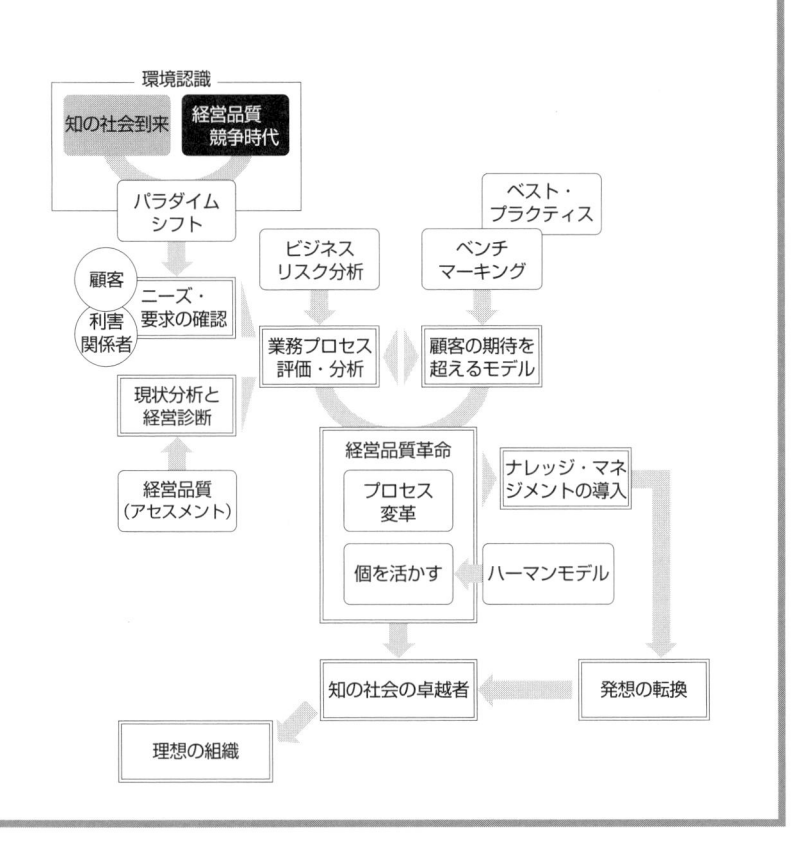

1. 「品質」の意味合い

　日本で品質は，漢字から読みとれる通り「品物の質」「商品の質」を意味して使われてきたといって良いだろう。

　広辞苑では，「品質」とは「品物の性質」である。大辞林を調べてみると，「品質：品物の質。〔明治初期，西周は英語Quality を"形質"とした。"附音挿図和訳英字彙"（1888年）に"品質"が現れる〕」とある。また，広辞苑でも，Quality Controlは「品質管理」とある。つまり，品質はQualityの翻訳である。

　一方，英語のQualityの意味は，WebsterのNew International Dictionaryによると「卓越性の度合い」であり，Random Houseの英語辞典でも「物や事の特性，特質，属性」であり，対象を特定していない。つまりQualityは，製品だけに限って考えなくて良いことになる。

　そう考えると，品質も広く考えて良いであろう。

　品質の意味合いを，もう少し深掘りするために，デミングを含めてQualityの三大大家といわれている，クロスビーとジュラン，そしてギルモアを加えてQualityの定義を，品質考察の参考にみてみよう。

・デミング
「品質＝全体コストに対する作業努力の結果（Results of Work Efforts），マネジメントの適切な原則（統計的手法等）を採用することにより，品質を向上できる」
・クロスビー
「良さではなく，要求に対する適応度（Conformance to Requirements）」
・ジュラン
「使用に対する適合性（Fitness for Use）」
・ハロルド・L・ギルモア
「特定の商品が，特定の設計仕様に合致した度合いのこと」

　いずれにしても，「製品の質かサービスの質」を意味している，もしくは，

それを基本に考えていることがわかるが、これらは、どちらかというと伝統的なアプローチである。昔から「お客様が、その品物を使って満足するかどうか、つまり品物が使われたときの機能」が品質である。例えば、「携帯電話の音がきれいで故障しない」「薬が仕様通りに製造されていて包装が完全である」「カラーコピー用紙が寸法・厚さ・強度・艶が規定通りである」などが当てはまる。

2. 近年の品質定義の潮流

近年は、製品・サービスを基本としながらも、結果としての品質を提供する過程に焦点を当てたプロセス思考で、クオリティをもう少し広げて考えている学者や組織も増えてきている。例えば、

- 米国規格協会（American National Standards Institute）
  「ニーズを満たす能力に影響する製品・サービスの特徴・属性の全体」
- デビット・ガービン（ハーバード大学教授）
  「①性能・効能、②その他の特徴、③仕様書との一致、④信頼性・安定性、⑤耐久性・寿命、⑥サービス体制、⑦仕上がり、⑧ブランド品質」の8つの属性に分類した。
- A. V. ファイゲンバウム（GE社の品質管理部長）
  「マーケティング・エンジニアリング・製造・メンテナンスを通して、顧客の期待に合う製品・サービスの属性すべての複合」
- ジェームス・ハリントン（IBMシニアエンジニア）
  「最小限のコストで時間通りに、顧客のニーズと期待に合致する製品・サービスをすべての顧客に提供すること」であり、「顧客の期待に合致または越えること」である。
- アーサー・アンダーセン（世界規模の会計監査・コンサルティング組織）
  「組織の内外で、継続的に顧客のニーズと期待を理解し、受容し、合わせ且つ越えること」

このようにクオリティの定義をみてくると,「製品中心の見方や製造中心の見方」「顧客中心の見方や価値中心の見方」「対象を特定しない見方」と大きく3つにわかれる。

しかし,著者はより総合的に,第1章で考察したような現代的な視点からは,品質は「利害関係者満足や利害関係者価値創造（特に，顧客満足や顧客価値創造）のために，製品・サービスの供給・提供の前後や周囲の関係者のプロセスやサービスも含めたトータルの質」と捉えるべきであろうと考える。さらに，品質を理解するために，日本のお家芸の品質管理について歴史を紐解いてみたい。

3. 品質管理の歴史

日本のQCは1950年から始まったといわれている。きっかけは米国からデミング博士が来日し，統計的品質管理を指導したことからである。このデミング博士の功績を讃えて，1951年にデミング賞が創設された。デミング賞の目指すQCは，統計的手法による管理であるが，長期的な顧客志向と従業員への権限委譲に焦点を当てている。また，デミングによると無欠陥（Zero Defects）を品質改善運動の目標としていた。

日本工業規格（JIS）では,「買い手の要求に合った品質の品物またはサービスを経済的に作り出すための手段の体系」とQCを定義している。

さらにQCは,1960年代に入り全社的な品質管理活動を意味するTQC（Total Quality Control）に発展した。

（財）日本科学技術連盟が創設したデミング賞委員会によると,「顧客の満足する品質を備えた品物やサービスを適時に適切な価格で提供できるように，全社の組織を効果的・効率的に運営し，企業目的を達成する体系的活動」としている。さらに，全社的品質管理（Company-Wide Quality Control, 略してCWQC），または総合的品質管理（Total Quality Control, 略してTQC）は,「品質管理を効果的に実施するためには,市場の調査,研究・開発・製品の企画,設計,生産準備,購買・外注,製造,検査,販売及びアフターサービス並びに財務,人事,教育など企業活動の全段階にわたり経営者をはじめ

管理者，監督者，作業者などの企業の全員の参加と協力が必要である。このようにして実施される品質管理をいう」としている。

しかし，本来のTQCが「製品を提供するすべてのプロセスにおいて，総合的，調整的に品質管理を行う」（A. V. ファイゲンバウムが提唱した「全プロセス型TQC」）ことに焦点を置いていたのに対し，日本においては，現場の監督者と作業担当者が品質管理についての意識を高め，具体的な改善活動のアイデアを出し合う小集団活動（QCサークルと呼ばれた）を中心とした「全員参加型の活動」という独自の発展を遂げた。

一方，（財）日本科学技術連盟（日科技連）内に「QCサークル本部」が設置され，QC手法の開発や診断，改善，教育・訓練などが実施された。

結果として，前出のトヨタ生産システムはじめ，日本型TQCを徹底し，「良い製品を，より早く，より安く」という目的を達成すべく，現場や全社員が一丸となって改善に取り組み，1970年代から1980年代にかけて圧倒的な国際競争力を生み出した。

しかしこの独自の発展が，1990年代に入り，顧客ニーズが多様化し，製品ライフサイクルが短くなるにつれ，TQCは内部志向の改善活動に焦点を当てているという問題が生じた。それは，経営環境の変化に対応した抜本的な改革という外部志向の活動に繋がらなかった。

そこで米国ではTQCに代わる新しい概念として，TQM（Total Quality Management）が開発された。トップダウン志向の顧客満足経営に焦点を当てた経営手法である。このTQMの考え方は，経営全体の品質を意味する「Quality（経営品質）」の向上を目指すマルコム・ボルドリッジ国家品質賞（MB賞）が目指すものと同義である。それは，TQCの領域を大幅に拡大し，顧客満足を目指すリーダーシップ・戦略から事業の成果までの仕組みに加え，ベンチマーキング等による情報の分析活用と社員参画によるプロセス改革を絡めた全社的な経営改善運動になっている。

一方日本においては，その後，トヨタ生産システムに代表される日本の物作りも，1994年を境として，国際競争力の低落傾向にあることからもわかるように，新しい経営手法が出現することが望まれてきた（第1章，「4. 時代の移り変わり～知識社会の到来，そして」12頁参照）。それが，米国で生

まれた経営品質の概念だ。

　日本においては，このMB賞を模範として，著者も創設委員として参加した日本経営品質賞が，1995年12月にスタートした。ここでいう「経営品質」とは，製品やサービスの品質という意味ではなく，製品やサービスを提供できる経営の仕組みの質を意味する。したがって，英語の「Quality」を「経営品質」と表現している（「日本経営品質賞」社会経済生産性本部編，生産性出版，1996年）。

> **知の考察**
>
> ### 「個の合算は，全体最適にならない」
>
> 　全社的なQualityを向上させなければ競争に打ち勝てない理由は，個・部分を取り出して定義しても，そのQuality向上の結果が必ずしも全体の成果にならないからである。個のベストを総和させるような全体の定義もしかりである。下手をすると1＋1が1.5にしかならないことがある。さらに，すべての個のベストを探索することは，複雑な経営システムの中で不可能に近い。

　著者は，「Quality（経営品質）は，社会責任を全うし，顧客満足を最大化するために，短期及び長期における社会・顧客・サプライヤー・従業員・経営者・株主など，利害関係者満足のベストな調和を意味する」と定義する。このような定義をベースとして，世界のエクセレント・カンパニーをみていくと，彼らが目指す「経営品質の真実」が読めてくる（経営品質については，第4章47頁以降で詳細に解説する）。

> **＋解説**　「物の品質」の定義を，どういう思考で「経営（品質）」に広げたのか？

　会社の中で，「P（Plan：計画）D（Do：実行）C（Check：点検）A（Act：是正＝改善の実践）」という言葉は，改善サイクルを示す言葉として，至る

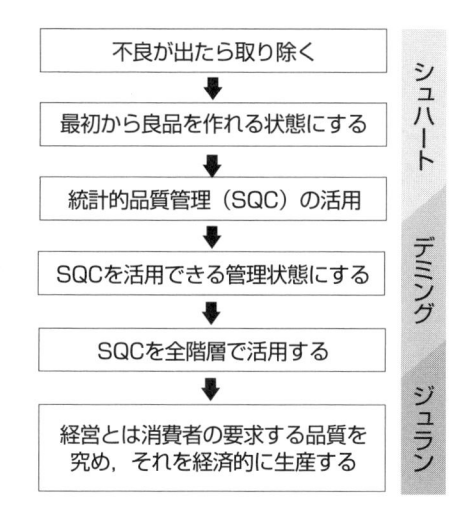

```
┌─────────────────────────┐  ┐
│   不良が出たら取り除く    │  │シュ
└───────────┬─────────────┘  │ハ
            ▼                 │ー
┌─────────────────────────┐  │ト
│ 最初から良品を作れる状態にする│  │
└───────────┬─────────────┘  ┤
            ▼                 │
┌─────────────────────────┐  │デ
│ 統計的品質管理（SQC）の活用 │  │ミ
└───────────┬─────────────┘  │ン
            ▼                 │グ
┌─────────────────────────┐  │
│ SQCを活用できる管理状態にする│  ┤
└───────────┬─────────────┘  │
            ▼                 │ジ
┌─────────────────────────┐  │ュ
│  SQCを全階層で活用する     │  │ラ
└───────────┬─────────────┘  │ン
            ▼                 │
┌─────────────────────────┐  │
│ 経営とは消費者の要求する品質を│  │
│  究め，それを経済的に生産する │  │
└─────────────────────────┘  ┘
```

ところで聞かれる。

このPDCAという概念を提唱したのは，前述のデミングと，彼の師であるシュハート（統計的品質管理SQCの大家，管理図の開発者）である。彼らは，マネジメントサイクルとして，PDCAを使っている。

デミングとシュハートの開発した統計的アプローチをSQCという。品質＝商品（物）の品質というイメージで取られ易いが，デミングは，「私は単に品質についての話をしたのではない。経営者に対して彼らの責任を説明した」といっている。

つまり，日本では「物の品質」が先行して展開されたが，初めから「経営品質」の向上を目的とした手法だったと理解しても良いかもしれない。

また，米国は多民族の国であり，言葉も文化も違う人が一緒に企業で働く状況は，どちらかというと単一民族で同質な文化の日本の品質管理の緻密さに勝てないことから，米国の得意な戦略やリーダーシップに力を入れた，経営全体で勝負する「経営品質」の概念が生まれたと考えても良い。

それは，飽食の時代を経て，環境問題に気付いた人間の考え方からの要請ともいえるだろう。

> **考えよう**
>
> 多くの企業で，QC7つ道具の使い方など社内教育が行われている。必要だから勉強しているのであるが，ここで少し考えて欲しい。あなたの企業は，自社だけでビジネスが成立しているのか？という点である。

■実際，部品を仕入れて組立てている企業は，仕入れ先の部品の品質に，自社の製品の信頼性をゆだねている。品質は縦割りの機能の作業で決まるわけではない。品質が事前の行程に影響されること，つまり品質のプロセス思考について考えて欲しい。

品質は社内だけで作り込むのではなく，社外の関係者を含めた全体で作り込むものだ。

4. 新しい品質概念

図2-1の真ん中に，業務プロセスの流れ「SIPOC（シポック）」のモデル

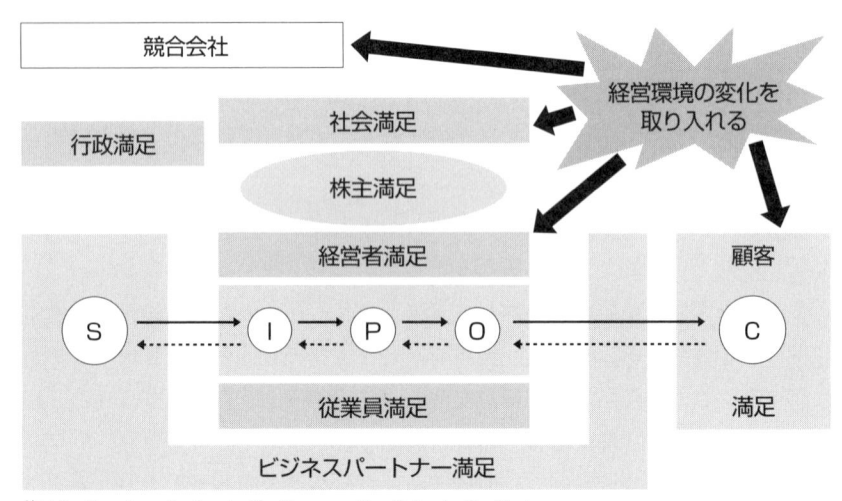

注：S→Supplier　I→Input　P→Process　O→Output　C→Customer

【図2-1】ビジネスフロー（SIPOC）とステークホルダーの関係

を示した。いうまでもなく，ビジネスは，社内の業務プロセスだけでなく，外部のサプライヤー（仕入れ先やアウトソーシング先等）の協力により成立しているケースが大多数である。業務がSupplier - Input - Process - Output - Customerの流れであるならば，自社だけではなく，関係するすべてのビジネスパートナー（Supplier，アウトソーシング先，販社など）も含めて品質を向上させる教育研修等をすることが，自社の成功に繋がる。

企業の存続にはキャッシュ・フローを上げる必要があるために，顧客満足が最大関心事ではあるが，図2－1に示したように，ビジネスパートナー，株主，経営者，従業員，社会，行政等の利害関係者の満足を考えなければ，足を引っ張られることに繋がりかねない。

昔は情報の多くが会社の中にあったが，昨今はインターネット等の発達で情報共有が進み，顧客が賢くなりクレームは増え続けている。もちろん，クレームが来ない方が良いのは当然であるが，クレームすることなく黙って退場してしまう顧客の方が，企業にとっては深刻である。クレームは，お客様の不満であるが，その裏側には期待が隠れており，新しい開発を含め商品品質等を高められるチャンスを与えられたと捉えるべきであろう。

そう考えると，「クレームはお客様が品質向上に協力してくれている」ことに感謝の気持ちを持てる。

知の考察 「古の教え」

くだんのヘンリー・フォードが，
「人がみていなくとも，正しく行うのが品質だ」
"Quality means doing right when no one is looking."
といっている。「物作りの魂」を表現しているのではないだろうか？

後述する著者の主張「知のピラミッド」で解説するように，知識（品質を作る情報）や，知恵（実際に品質を作り込む経験）に加え，知心（品質が重要という人の意識・思い等）が，最終的な品質を高める健を握るが，フォードは1世紀も前に，人の意識の重要性を看破している。

> つまり，品質や経営品質は，顧客の信頼そのものである。

5. 質マネジメントシステム

　品質概念を組織ピラミッドの層別に把えると，一番上に位置する経営全体をカバーする「経営品質」（第4章参照）に対して，製品・サービス開発プロセスの品質管理を行うISO9001は，現場のシステムである。著者が経営品質の専門家として，当時東京大学大学院工学系研究科教授飯塚悦功副委員長の下，JIS原案作成委員会の一委員として参画したのが次の諸委員会だった。日本工業標準調査会（財団法人日本規格協会に委託）のTQM標準化調査研究委員会（1999年～2002年，その後，品質マネジメントシステム規格委員会2002年～2004年，新QMS JIS化検討委員会2004年～2005年）で開発した質マネジメントシステム（JISQ0005，JISQ0006）が，中間の管理者層を対象としたクオリティマネジメントシステムである。平成17年12月20日制定された日本工業規格JISQ9005：2005「質マネジメントシステム－持続可能な成長の指針」の冒頭の「序文　0.1 一般」にこう記されている。「組織がその使命を果たし，競争優位を維持して持続可能な成長を実現するためには，…高い顧客価値を創造し続け，競争優位を確保し，…組織は市場ニーズの多様化，技術革新など組織を取り巻く経営環境の変化を迅速に察知し，対応することが必要である。」質マネジメントシステム活用事例については，第7章Ⅱ節を参照して欲しい。

第3章
パラダイムシフト

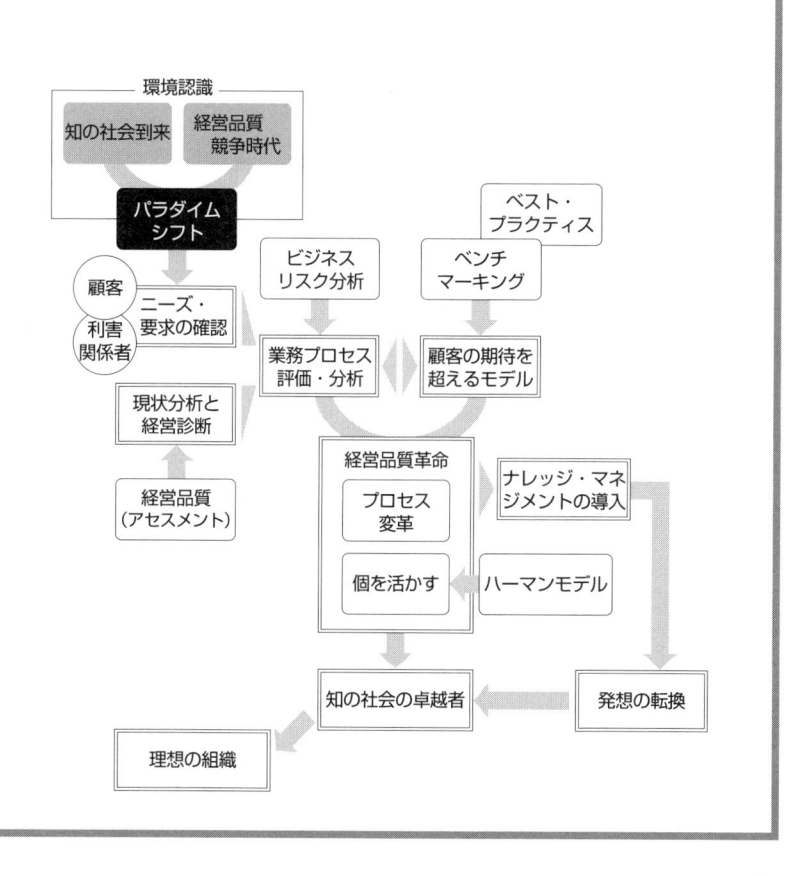

環境認識
- 知の社会到来
- 経営品質競争時代

パラダイムシフト

顧客・利害関係者

ニーズ・要求の確認

ビジネスリスク分析

ベスト・プラクティス

ベンチマーキング

業務プロセス評価・分析

顧客の期待を超えるモデル

現状分析と経営診断

経営品質（アセスメント）

経営品質革命
- プロセス変革
- 個を活かす

ナレッジ・マネジメントの導入

ハーマンモデル

知の社会の卓越者

発想の転換

理想の組織

33

1. パラダイムシフトとは?

　経営環境が従来と比較して大きく変化し，今までの経営概念や経営手法等では企業競争に打ち勝てず，生き残りのためには新しい考え方が必要になる経営環境の劇的な変化のことをパラダイムシフトと呼ぶ。例えば，日本の国際競争力が極端に落ちたり，顧客の志向がまったく変わったり，同質社会といわれてきた中で個が多様化したり，世界同時不況のように世界経済の状況が劇的に変わったりするときを，「パラダイムシフトが起きた」と称している。

　経営上でいうパラダイムシフトとは，簡単にいえば，ある時期ある一定の経営概念，経営要件で動いていた経営の枠組（パラダイム）が，新しい時代の経営ルールに合わせないと，上手くいかなかったり競争に負けたりする事態になっている状態をさす。一言で表現すれば，「時代が変わった」という意味である。

> **＋解説** 本来のパラダイムシフトとは，科学者が共有している思考や概念，規範や価値観等が，非連続に根本的に変化すること。

　大辞林には，「パラダイムとは，アメリカの科学史家クーンが，科学理論の歴史的発展を分析するために導入した方法概念。科学研究を一定期間導く，規範となる業績を意味する。のちに一般化され，ある一時代の人々のものの見方・考え方を根本的に規定している概念的枠組をさすようになった」と解説されている。

　クーンによれば，「共通のパラダイムに基づいて研究を行う人は同じルールと基準にしたがって仕事をしている」という。経営の世界に喩えれば，「新しいルールに従わなければ損をする」ことになる。

　では，パラダイムシフトが起きると何が変わり，何が起こるのだろうか？

　それには，まず前述したように，①人や顧客の考え方が変わったり，②新技術が開発されたり，③新しい発想が出てきたり，④固定概念が新しい概念に取って代わられたり，⑤経済の劇的な変化があったり，等々のパラダイムが変わった原因を考えることだ。それが理解できれば，市場で起きている，

または起きようとしている現象を読み取ることができる。

つまり，①顧客の声が変わってきたとか，②新商品が出始めたとか，③製造の仕方や販売の仕方が変わったとか，④年功序列から年俸制などの能力主義に変わってきているとか，⑤不動産や株価が大きく下落した，等々の影響が出る。

そこで，結果として売上が減少したり，在庫が増えたり，技能不足が表面化したり，転職者が増えたり，担保価値が減り銀行借り入れが難しくなったり，する。それは，「新しいルールにしたがって行動し，損をしないようにしなければならない」ことを意味している。

特に昨今，顧客が個性的になったり，インターネットの情報交換等により賢くなり，いろいろな意見を主張するようになっている。

知の考察 「満足と不満足の流布」

米国の調査によると，顧客が満足した製品を手にすると，3人の人に喜びを伝える。一方，不満足なときには，倍以上の7人に吹聴するという。したがって顧客を不満足，不快にさせないようにすることが重要である。苦情処理の事例においても，単に顧客の商品へのクレームに対して相手に説明するという苦情から，顧客が商品を使って，様々な生活の場における経験からの苦情に変わってきている。

例えば，企業の不祥事が散見され，中国で起きたような不買運動までには至っていないものの，そうした企業に対する不信は一部消費者の不買行動として現れている。商品に対するクレームをいわずに去った顧客の意識も商品に対する評価であるが，それは表面化したクレームや他者比較の結果などから推測するしかない。

今のパラダイムでは，企業行動を決定する基準が，消費者としての顧客満足（CS）から，生活者としての生活満足（LS）や企業の社会的責任に移り始めている。

2. 顧客志向の移り変わり:「顧客が消える!」

図3-1は,商品とサービスの視点から顧客の志向の変化を表したものである。ここでは,何に価値を感じてお金を払うのか,またお金を払う価値は何なのか? に視点を置いて,「イ・ショク・ジュウ」の消費行動を分析する。

出発点の「衣食住」は生活に三種の神器などの最低限必要なこととして,「基本的に必要なものは欲しい」というニーズや感情である。例えば,その後の3Cの1つ,テレビについていえば,テレビが販売され始めたときにはテレビは高級品として扱われ「異飾充」のレベルに位置付けられるが,当たり前になってくるとカラーテレビが憧れの商品となり,白黒テレビは「衣食住」のレベルになる。時代の移り変わりと共に,商品の位置付けも変わるのだ。現在カラーテレビも「衣食住」のレベルにある。

「衣食住」のパラダイムでは,生活向上志向をもった「機能重視型消費」

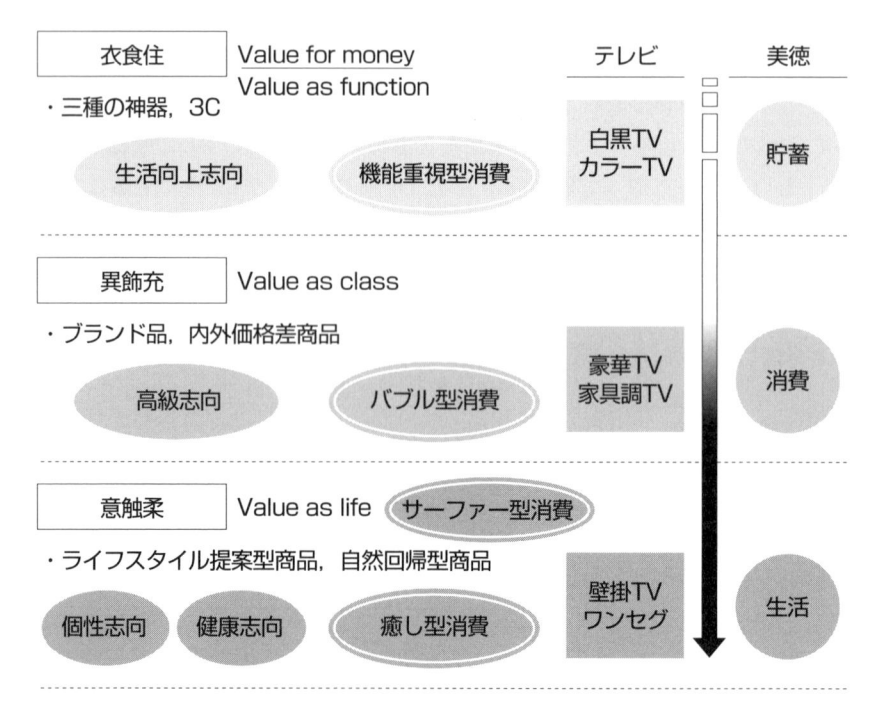

衣食住	Value for money / Value as function	テレビ	美徳
・三種の神器, 3C / 生活向上志向 / 機能重視型消費		白黒TV カラーTV	貯蓄
異飾充	Value as class		
・ブランド品,内外価格差商品 / 高級志向 / バブル型消費		豪華TV 家具調TV	消費
意触柔	Value as life / サーファー型消費		
・ライフスタイル提案型商品,自然回帰型商品 / 個性志向 / 健康志向 / 癒し型消費		壁掛TV ワンセグ	生活

【図3-1】変化する商品・サービスの本質

の時代である。

「異飾充」の時代は，第2段階であり，第1段階の顧客志向「衣食住」に満足すると，人には向上心があり，より満足を求めるようになる。例としては，より高級なものが売れる時代である。この時代の「イ・ショク・ジュウ」は，皆が持っていない人と違う「異」なったもの，豊かになったので着「飾」る風潮である。より高級な物によって気持ちが「充」たされる。例えば，テレビはテレビでも"豪華なテレビ"とか"家具調テレビ"等がもてはやされる時代である。

「異飾充」のパラダイムでは，高級志向をもったいわば「バブル型消費」といえる時代だ。

個性の時代といわれる昨今は，3段階目の「意触柔」の時代である。自分の意志で考えて，次々と波を変えて乗り移る「サーファー」のような消費行動である。環境問題が発生し，健康志向で自然を尊ぶ，その消費行動に合わせて，ライフスタイル提案型商品や自然回帰型商品が売れる。つまり，人に惑わされず自分の「意」志で，感「触」を重視し，自然に「触」れて，「柔」軟に決める「意触柔」が判断基準である。

例えば，すでに場所を取らない"壁掛けテレビ"も一般的になってきたが，"香りを出すテレビ"（自動車では商品化されている）や個人専用テレビ（携帯電話のワンセグテレビ）など「意触柔」に合わせて商品が売れていく傾向にある。

変化する商品・サービスの本質の3段階は，マズローの欲求五段階説と同じように，前の段階の市場がなくなるわけではなく，階段状に次のレベルに重点が移っていく顧客志向の変化である。とは言いながら，需要と供給のバランスから考えれば，明らかに市場は変化しており，新しい市場への対応が遅れた企業にとっては，「顧客が消えた！」という状態も起きるということを考慮に入れておいた方が良いだろう。

このような時代変化を理解し，そのベースがわかっていると，今開発している商品がどの顧客志向の商品なのか，また，これからどんな商品を開発す

べきなのか？ という疑問に答えることができる。図3－1を，環境変化に合わせた多角的思考の判断基準の参考にして欲しい。

> **考えよう** 個々人の価値観が多様化してきて，1人1人に合わせるためのマーケット調査の仕方や商品開発が難しくなっている。

■顧客志向の多様化が進展すると，多品種少量生産が必要になる。昨今は，個人に合わせたワン・トゥ・ワンマーケティングが脚光を浴びている。

従来のマーケティングは顧客をマス（市場としての集合体）と捉え，属性や傾向などから"顧客ターゲット"を設定するという方法だった。一方，ワン・トゥ・ワンマーケティングは，顧客を全体としてではなく個として捉え，顧客1人1人の好みや価値観，状況の違いを把握・認識し，それぞれのニーズに合わせて　別々のアプローチを行おうというマーケティング・コンセプトである。

このように考えると，顧客を層別する市場（顧客）セグメンテーションも，もう一度見直す時代が来たのではないだろうか？　例えば，女性向け，子ども向け，富裕層向け，大衆向け，年齢別，地域限定，などの対象を定めて商売を行うことであるが，数年前から行っている顧客戦略を今も継続し続けて良いのだろうか？　今，市場がどう変化しているのか？　競争相手の動きはどうかか？　等々を常に念頭に置き，迅速な対応をしなければならない。

しかし，実態は，そう簡単ではない。アダム・スミスは，「パラダイムとは共有された一連の仮説である。パラダイムは，われわれが世界を認識する方法であり，魚にとっての水のようなものである。パラダイムは世界を説明し，世界の動きを予測する一助となる」といっているが，さらに，「あるパラダイムの中にいるとき，そのほかのパラダイムは想像することさえ難しい」と私達に，課題を投げかけている。

そこで，パラダイムシフトの考え方を理解し，事例を研究し，新しい時代にいかに対応すべきかを，次章以降で解き明かしたい。

3. 考え方のパラダイムシフト

　昔のマーケティング調査は，10年位先をみるのが一般的で，調査結果を取り入れた戦略は，長期経営計画といわれた。現在，長期経営計画を作成している会社は殆どない。近年は3年程度の中期経営計画を策定するのが普通であるが，今，これもさらに短くしようという動きになってきている。環境変化が激しい昨今，中長期で計画を作る意味がなくなってきたのである。時間よりも，タイミングが重視される時代である。

> **＋解説**　かつて日産は，車体のデザインが斬新でシャープで四角い感じのブルーバードを発表したが，あまり人気が出なかった。タイミングが早過ぎて，当時の消費者には受け入れられずに，批判的な意見が主流を占めてしまったと評判になった。

　経営判断のタイミングは，早くても遅くてもいけない。顧客が欲するとき，旬なときに世に出さなければ，どんなに優れていても，洗練されていたとしても，市場から受け入れられずに終わってしまう。商品開発や販売のタイミングの見極めが重要なのだ。

　予測は，予測が可能と思うから行うのであって，現在は，不能とまではいわなくても難しくなってきたというのは事実である。売上予測や営業利益予想を修正する企業が増えている。上場企業が黒字と予測して，実際には赤字であれば，投資家にとっては，その予測の意味がない。であれば，私たちはどのように考えなければならないのか？

　図3−2は，従来の考え方と，これからの考え方を対比した表である。従来の考え方では，経験に基づいて物事を決めていくことが普通であった。それは，安定的な右肩上がりの成長であり，その予測に向かって，時間をかけて良いものを作ることで，企業は成長し続けることができた。戦略を確実に実行するために，規律や手順を決めること，標準化に重きが置かれた。

　しかし，今の時代は，「失われた10年」や「失われた15年」といわれた期

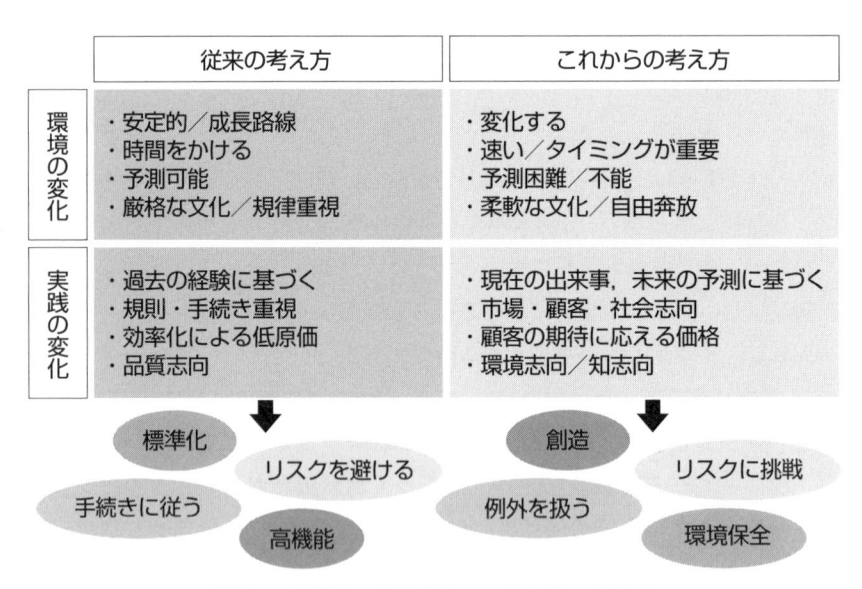

	従来の考え方	これからの考え方
環境の変化	・安定的／成長路線 ・時間をかける ・予測可能 ・厳格な文化／規律重視	・変化する ・速い／タイミングが重要 ・予測困難／不能 ・柔軟な文化／自由奔放
実践の変化	・過去の経験に基づく ・規則・手続き重視 ・効率化による低原価 ・品質志向	・現在の出来事，未来の予測に基づく ・市場・顧客・社会志向 ・顧客の期待に応える価格 ・環境志向／知志向

従来側：標準化／リスクを避ける／手続きに従う／高機能

これから側：創造／リスクに挑戦／例外を扱う／環境保全

【図3-2】従来の考え方と，これからの考え方

間を経て，さらに世界同時不況が追い打ちをかけている。新しい考え方をしなければ生き残れない。規律を軽んじて良いわけではなく，それだけでは勝てないという時代と認識しなければならないのだ。

　これからの時代を生き抜くためには，図3-2の右側の考え方をしないと，世の中の流れについていけなくなる。人は保守的であり，慣れたやり方を好むのが本質的な思考であるから，相当に意識しないと，右側の考え方には至らない。変化の時代と頭ではわかっていても，行動に結びつかないのだ。現在のポジショニングも，未来の動きを意識して取り入れ，毎月，見直すべきである。昨日まで本道と思っていた道が，すでに裏道になっているかもしれない。

> **+解説**　21世紀初頭，雪印，三菱自動車，ミートホープ，船場吉兆，赤福などの偽装問題やライブドアやカネボウ等の粉飾決算が明るみに出た。社会的にも制裁を受けているが，社会が不正を許さないという風潮になったと考えるべきであろう。

これらの事例の殆どが内部告発である。現在は，告発に関して，法律で保護されているので，会社の不正を隠すことは難しく，内部から外部に漏れやすく公にし易い環境にもなっている。

不正と同様に不具合による製品の回収も頻繁になっている。特に人が行うことは，完璧なことはありえず，手順通りに行っていても問題が起こりうる。

> **知の考察**
>
> 💡 **「チェックリストは例外をチェックできない」**
>
> チェックリストは，その時点のリストであるにもかかわらず，チェックすることで安心してしまうという側面を持つ。ISO9001やQC・TQC活動においても，チェックすることや資料を作ること，また賞取りが目的になってしまったという問題が指摘されている。他に例外がないか，チェックリストでチェックできないことがないか等の視点を持ち，改善し続けることが重要である。

パラダイムシフトによって，経営環境が変化していることを理解できれば，チェックリストの有効性を，もう一度確認しようという気になるはずだ。事件，事故，不祥事，誤謬，クレーム等々によって，チェックリストを見直すことが必要だ。

4. パラダイムシフトの事例

> **知の考察**
>
> 💡 **「正しいことが正しくない」**
>
> パラダイムシフトが起こると，従来正しかったことが正しくなくなったり，間違ったことが正しくなったりする。外部環境の変化だけでなく，内部でも同様なことが起こる。例えば，年月だけでなく，場や環境が変わると，今までBESTだったことが，まったく反対のWORSTに豹変することもある。

1) 正しいことが正しくなくなった事例：

①例えば，昔，公共事業などで慣習として受け入れられていた「談合」は，現在，犯罪行為である。

②また，少品種大量生産は，コスト削減の面から大量消費時代に最適な生産方法であった。21世紀に入り，景気の低迷から低価格のニーズは強いとはいえ，現在は顧客の個性化・嗜好の多様化が進み，さらに地球環境の保全等の社会的責任から，多品種少量生産が重要視され，さらに3R（Reduce廃棄物の発生抑制，Reuse再使用，Recycle再資源化）の環境対応製品が当たり前になってきている。

③環境対応には費用やコストがかさむため，「環境対策＝コスト」だという考えから，環境対策にあまり前向きでなかった企業が，今は環境対応の製品（例えば，ハイブリッド車）を売りにしている。原材料と同じように，販売価格に転嫁できるようになった。まさに，環境も経営資源と考えて，部品化した事例だ。

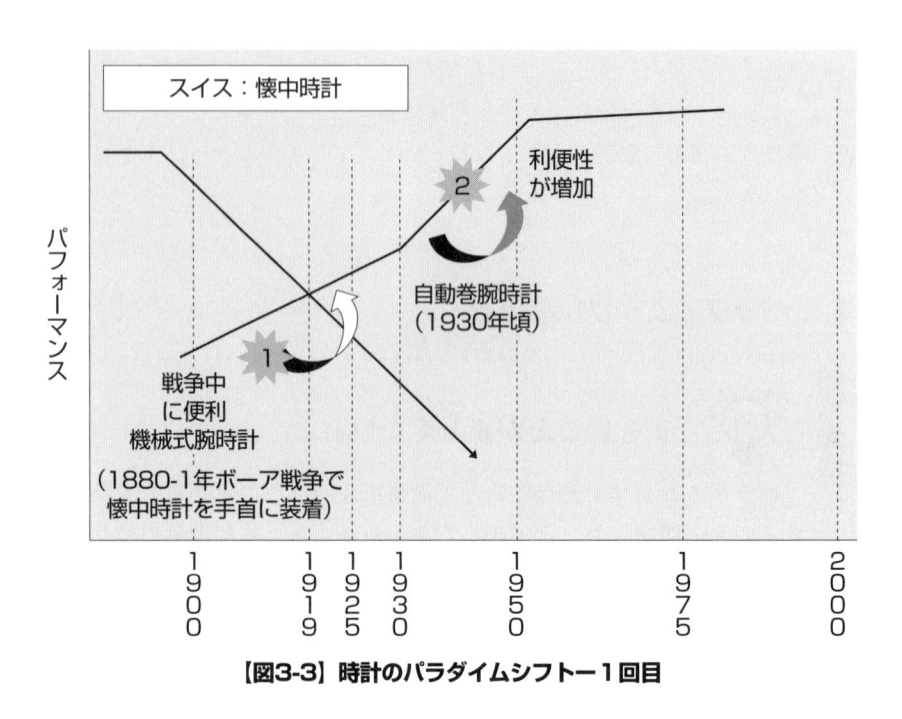

【図3-3】時計のパラダイムシフト－1回目

2) 時計業界のパラダイムシフト事例：

　時計業界では，何度かパラダイムシフトが起こっている。図3-3に示したように，最初が1930年頃の，機械式①から自動巻②へのパラダイムシフトであった。その後は，スイスの時計がその精密さと高級さで世界をリードした。

　1980年頃まではスイスの時計が高級で且つ高パフォーマンスであったが，1969年に日本のセイコーがクオーツ時計を販売し，急激に普及し始めた。そして，1980年代には日本の時計が高パフォーマンスで世界一になった（図3-4参照）。自動巻②からクオーツ③への「正確で安価なパラダイム」へのシフトが起きた。

　しかしながら1990年代の個性の時代になると，安いクオーツ時計が普及し過ぎて「没個性」となり，「個性」を売り込んだスイス製の「スウォッチ」が，限定と称してカラフルな色で斬新なデザインの時計を安価で売り世界に広がった。クオーツ③から個性化④へ，パラダイムがシフトし，時計本来の

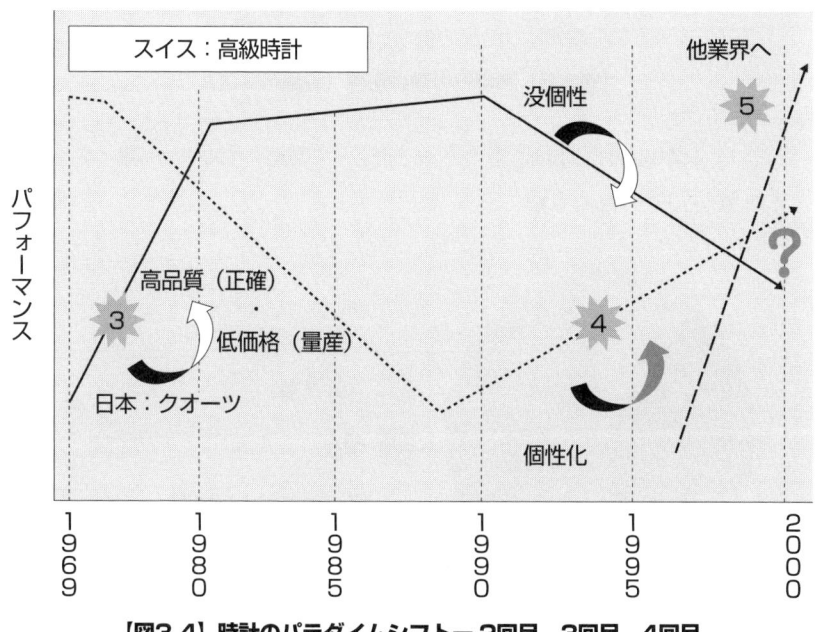

【図3-4】時計のパラダイムシフト－2回目，3回目，4回目

機能よりも「ファッション性」が受け入れられたのである。

　さらに，スイス製の高級なファッションを重視した時計が見直されてくる。それも機械式の腕時計のOEMによるフランスやイタリアのブランド時計等の台頭である。

　その実態は，2009年4月27日（月）の日本経済新聞所載の，2007年度セイコーウオッチ調べの「腕時計の国内市場」によると，合計4219万個の数量ベースで，図3-5のようになっている。スイス製は，たった4%である。

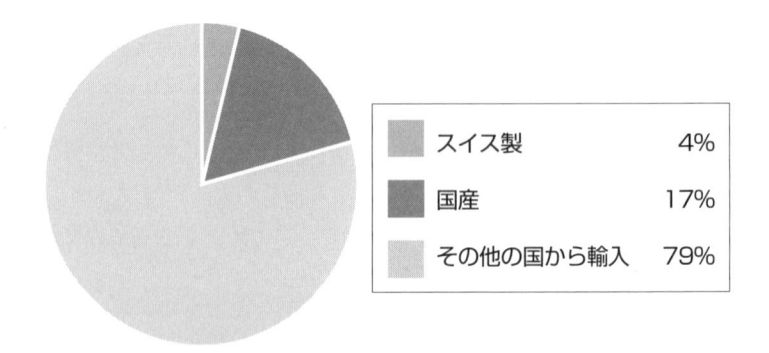

スイス製	4%
国産	17%
その他の国から輸入	79%

【図3-5】腕時計の国内市場（数量ベース）

　しかし，総額6259億円の金額ベース（図3-6参照）でみると，驚くことに，スイス製が70%を占める。

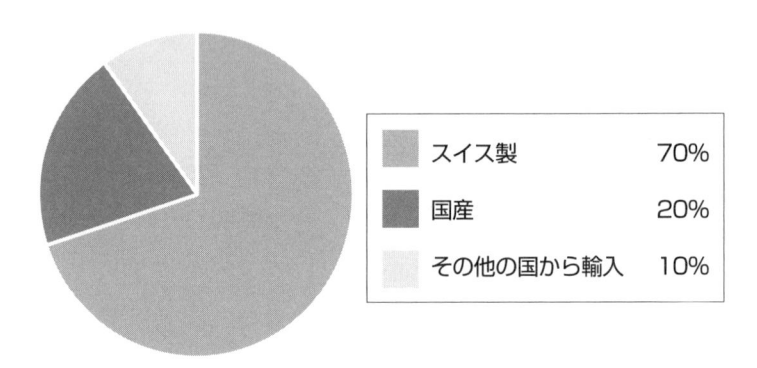

スイス製	70%
国産	20%
その他の国から輸入	10%

【図3-6】腕時計の国内市場（金額ベース）

まさに，100万円を超えるような，高級ファッション時計が日本の市場を席巻しているのが見受けられる。

図3－4に示されているように，もう1つのパラダイムの動きが現れている。それは，時計も今や「携帯電話」に取って代わられようとしている姿である。自分達の世界に，別なものが別の視点で入ってくる。生産性を上げなければならないとか，品質を上げないと大変だという世界とは，別の次元の世界が存在するのだ。

個性化④から他業界⑤へ，新たな「複合のパラダイム」が出現した。これからは，業界を超えた新たな戦略の必要性がみえてくる。

知の考察 「100年に一度の世界同時不況への対応は？」

　最新のパラダイムシフトは，金融システムの崩壊だ。リーマン・ショックに端を発した世界同時不況は日本の製造業にも暗い影を落としている。世界一のトヨタが，2008年3月決算で最高利益を上げ，2009年3月期に対する2008年5月の当初予測は，売上25兆円，営業利益1.6兆円，最終損益1.25兆円だった。しかし，2008年11月6日に予測を変え，売上23兆円，営業利益6000億円，純利益5500億円に修正した。さらに，2008年12月22日の予測は，売上21.5兆円，営業損失△1500億円，純利益500億円となった。そして，2009年2月6日の予測は売上21兆円，営業損失△4500億円，純損失△3500億円と激減し59年ぶりの赤字決算に陥った。まさにリーマン・ショックの大きさを物語っている。

　しかし，歴史的な販売不振の救世主として投入した（トヨタ渡辺捷昭社長）という環境対応の3代目ハイブリッド車「プリウス」（ホンダのインサイトに対抗し，事前の予想よりも20万－30万円安い最廉価版205万円，旧型プリウスは189万円に値下げ）が人気だ。4月18日に発売したが，発売前に8万台超の受注を獲得した。今後は，カローラに次ぐ人気車種になるとしている。

　ホンダの新型ハイブリッド車「インサイト」（189万円の最低価格）

も発売3か月で約2万台が売れ，4月の国内新車ランキング（登録車）でハイブリッド車として初の国内販売首位にたった。

　パラダイムシフトが起きて，対応を変えた（政府の買い換え補助金，上限25万円の効果も含む）結果である。言い換えれば，官民一体の需要掘り起こしの努力の成果が出始めたとも取れる。

　超優良企業の村田製作所もしかりである。2009年1月－3月の工場稼働率は45％であった。しかし，いくつかの施策の効果が上がり始めていることも事実だ。2009年4月の稼働率は70％に回復している。セラミックコンデンサーが携帯電話に使われており，中国からの引き合いが伸びているからである。

　特筆すべきは，この成果が，従来の商品開発段階での補助金や技術開発等の企業支援ではなく，消費者への直接支援による点だ。中国政府が，50兆円を超える景気刺激策として，購入者に13％の補助を与えた結果であることだ。

　一方，日本おける，液晶テレビや冷蔵庫等のエコ商品に対するエコポイント政策（2009年5月15日から金額に応じて9000円－3万円の価値のポイントをつける）も，消費を刺激している。

　政府による，消費者への直接支援政策が功を奏している。両国とも，政府レベルのパラダイムシフトへの対応事例である。

第4章
経営品質とは何か?

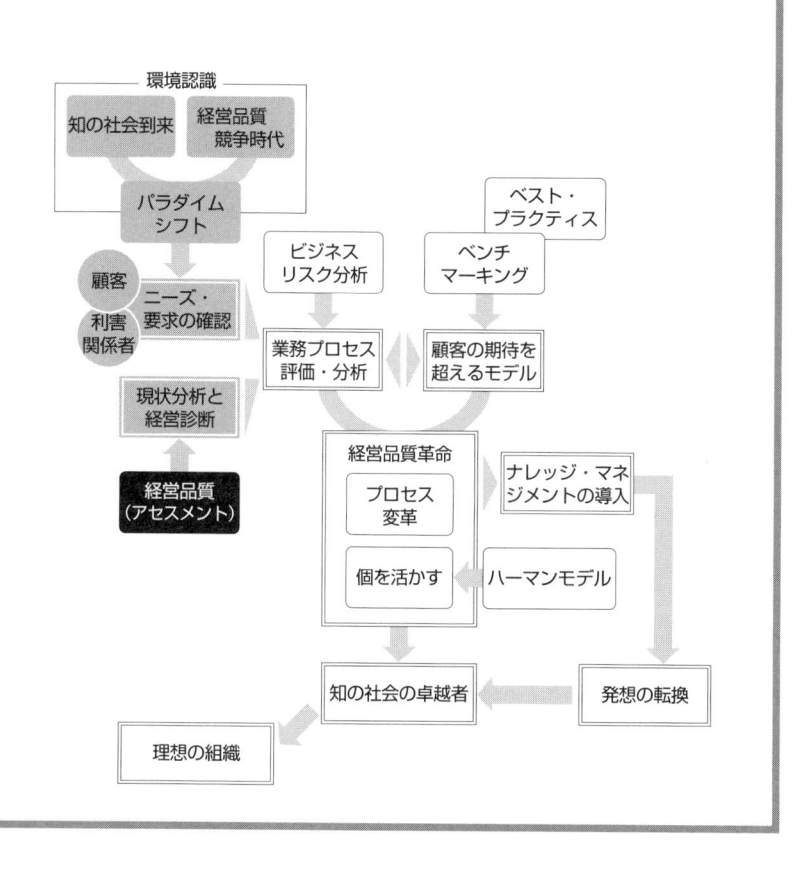

1. 「経営品質」という概念は,いつ生まれたか?

　本章,第2項で,その誕生の歴史をみる前に,著者の「経営品質の定義」を明確にしておきたい。現代のQuality（経営品質）は,「社会責任を全うし,顧客満足を最大化するために,短期及び長期における社会・顧客・ビジネスパートナー・従業員・経営者・株主その他の利害関係者の満足の調和のレベル」と定義できることは,第2章,「3. 品質管理の歴史」（26頁）で述べた。

　つまり,経営品質とは「企業経営が社会的責任を果たすと共に,利益の源泉である顧客の視点から運営され,適正利益を確保しつつ,新たな価値（社会価値と顧客価値）を創出し続ける仕組みの達成度」である。経営全体の品質は,企業経営全体を見据えた上で,個と全体との関係をQualityと考えれば良い。

> ➕解説　トヨタのハイブリッドカー「プリウス」が,環境に配慮した自動車として売れている。あらゆるメディアで環境問題が報じられている昨今,時代の要請と品質がマッチした代表例といえる。

　今でも良いモノで売れる製品も多いが,良いモノにもかかわらず売れない製品が出てきた。一言でいえば,それは時代と合致していない製品という見方ができる。

　1990年から現在は,バブル経済の崩壊,平成不況,金融ビッグバン,規制緩和,情報システムの高度化,消費者志向の多様化,グローバリゼーション,少子化,合併,労働の流動化,ITバブル崩壊,価格破壊,世界同時株安,円高,世界同時不況など,1970年からの20年と比べものにならないほど,環境が激しく変化している。この環境の中で,今,何が求められているかを考える必要がある。これが,経営品質の考え方である。

　特に,地球温暖化の問題は深刻で,環境に配慮したトヨタのハイブリッドカー「プリウス」が売れている。世界同時不況で,自動車の販売も不振の中で,2009年にはホンダもハイブリッドカー「インサイト」を発表し,その販売は好調である。

　このような状況の前から,経営品質が生まれる素地が,そこにあった。そ

れは1,980年代に「ジャパン・アズ・ナンバーワン」といわれた日本に対するアメリカの逆襲でもあった。

2. 米国の逆襲

　自国が一番でないといけないという意識の強いのが米国の国民性であるが，1980年に米国の三大ネットワークの1つNBCは，米国の製造業が日本の製造業に負けたことを認めるテレビ番組「If Japan can,why can't we?」を放送した。その後相次いで，米国の産業再生に向けた研究発表・提言が活発に行われた。

　1979年　「Japan as No.1」（エズラ・F・ヴォーゲル著）
　1980年　「日本にできて，なぜわれわれにできないのか」（NBC）
　1985年　「ヤング・レポート」（産業競争力委員会）
　1987年　「マルコム・ボルドリッジ国家品質賞の創設」（連邦法100～107）
　1989年　「メイド・イン・アメリカ　復活への提言」（MIT）

　「ヤング・レポート」は，レーガン政権が設立した「産業競争力委員会」（委員長：ジョン・ヤング　ヒューレット・パッカード社長）がまとめたものであり，その後マサチューセッツ工科大学の学者グループが中心になって「産業生産性調査委員会」を組織し，日米欧の産業比較をした「メイド・イン・アメリカ」を発表した。「マルコム・ボルドリッジ国家品質賞」もレーガン政権のプロジェクトとして法制化したもので，制定に尽力したマルコム・ボルドリッジ商務長官の名を冠したものである。つまり米国は，国を挙げて産業再生に取り組んだ。

　「マルコム・ボルドリッジ国家品質賞」は，毎年末に，ホワイトハウスにおいて，「経営品質がダントツに高い企業」に大統領より授与される。企業にとっても大変に名誉なことであるが,受賞した企業は，翌年の2月～4月（通常は3月）に行われるクエスト会議で成功の秘訣を公表する。また，3年間,産業界や他企業にその成功の秘訣を伝播しなければならないことが義務付け

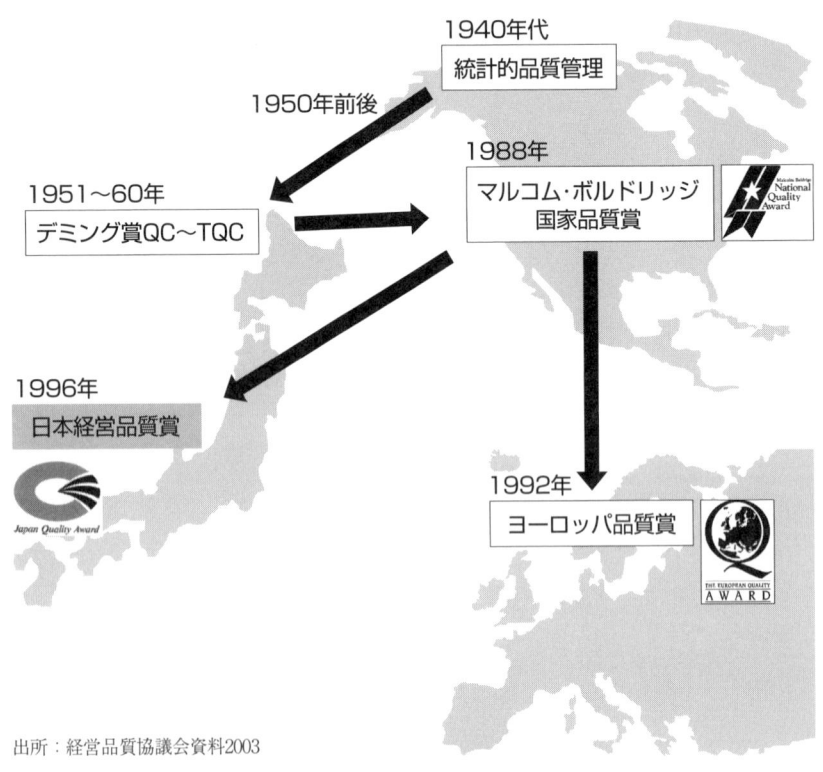

```
1940年代
 統計的品質管理

1950年前後

1951～60年
 デミング賞QC～TQC

1988年
 マルコム・ボルドリッジ
 国家品質賞

1996年
 日本経営品質賞

1992年
 ヨーロッパ品質賞
```

出所：経営品質協議会資料2003

【図4-1】品質管理から経営品質への変遷

られている。「成功企業から学ぶこと」を法制化してしまったのである。

　図4－1の年度は，制度が創設されて，第1回経営品質賞が実施された年等を示している。日本経営品質賞は，1995年12月に制度がスタートした。

> **＋解説**　「メイド・イン・アメリカ　復活への提言」を発表したMIT産業生産性調査委員会は，2年間に日米欧の200社の企業を訪問調査しているが，調査の結果，アメリカ企業には，以下の特徴があった。

① 深刻な生産性の問題を抱えている。
② 低生産性の原因は，勤労態度や組織の脆弱さにまで及んでいる。
③ 世界で活躍している米国企業の経営活動を他の企業に伝播させることを

第4章 経営品質とは何か？

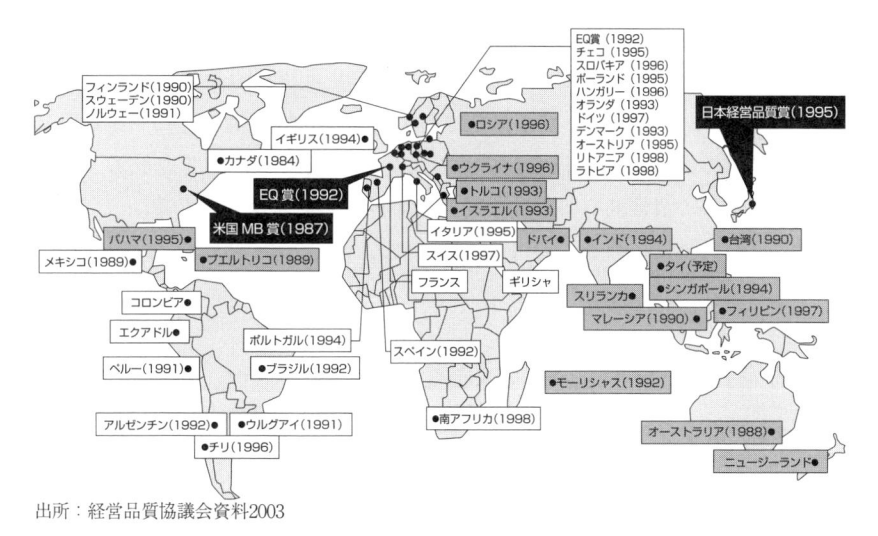

【図4-2】経営品質の世界への広がり

出所：経営品質協議会資料2003

拒む信念・態度・慣行がある。
④ 創造性と企業家精神，米国人1人1人のエネルギーが強みである。
米国はこの調査結果を素直に認め，官民が一体となって再生の取り組みを行った。

現在，経営品質の考え方は，瞬く間に世界各国に広がっている。米国のように，品質の賞を法律にすることは異質に思えるかもしれないが，殆どの国が法律で定め，世界60ヵ国余でマルコム・ボルドリッジ国家品質賞（経営品質賞）と同じコンセプトの表彰制度が創設され実施されている（図4−2）。

知の考察 「形式に陥らないカンファレンス」

クエスト会議のすごさは，千数百人のビジネスマンが一堂に会して，経営品質の向上の秘訣を知識共有する仕組みである。受賞企業はその成功の秘訣を産業界に伝播することを義務付けられている。

51

> 　大人数が集まる日本のカンファレンスでは，その場で質疑応答がされないことが多いが，マルコム・ボルドリッジ国家品質賞の発表会では，3日間のセッションのほとんどが，受賞企業ごとにわかれた会場での質疑応答に振り向けられている事実からも見て取れるように，いかに情報共有の実践の場を重要視しているかがわかる。

3. リエンジニアリングを超える

　マルコム・ボルドリッジ国家品質賞と同時期に注目を集めたのが「リエンジニアリング」である。「リエンジニアリング」は1980年代の中頃，米国で行われていた経営改革手法であるが，マイケル・ハマーとジェームズ・チャンピーの著書『リエンジニアリング革命』(1993年) によって，日本でも有名になり，そのコンセプトが企業に広がった。

　リエンジニアリングは，今のやり方では勝てない，現状の考えを推し進めても駄目だ，抜本的にまったく新しいやり方をしないと勝てないという考え方である。現状に固執すると，今の技術，今の人材，今動かせる資金という制限の中で思考する。これでは改革はできないので，現実に行われている経営のあり方，運営，プロセス等をすべて否定し，現状を一度忘れて，ゼロベースで考えるというコンセプトであった。

　「リエンジニアリング」は正しい考え方であるが，実際にゼロベースで考えること，つまり現在動いている業務を止めることは実務的でなく，その実行を難しくしており，また現状を否定するという意味ではマイナス思考が強い。そこで，実際にはリスクを避ける経営者マインドから，多くのケースでは，リエンジニアリングではなく，人員削減や不採算部門からの撤退という「リストラクチャリング（通称リストラ）」が行われる結果となった。

　1990年代のバブル経済崩壊後，海外拠点への生産シフト，人員削減，外注加工費の削減，直接間接のコスト削減，不採算部門の廃止，分社化など「リストラ」が多くの企業で行われた。その結果，成功した企業もあるが，明確に成果を示せない企業も多く，当時の不況から脱出できていない企業もあり，

第4章　経営品質とは何か？

その状況は，失われた10年や15年と呼ばれた。もちろんマクロ経済の問題でもあるが，企業経営上，リストラだけでは，成功するとは限らない状況を直視すべきであろう。

> **+解説**　リエンジニアリングの象徴的な成功事例が，クライスラーの"NEON"といわれている。

米国といえば大型で高価な車が主流であったが，1994年1月に，クライスラーが，2.0リッターエンジンを搭載する小型セダン"NEON"のベースモデルを，US$9,000（約100万円）を切る値段で販売を始めたため，日本のマスメディアでは「日本車キラー」と報道された。

実際に，足回りやトランクルーム内側の塗装コーティングを省略する等，コストダウンを徹底して行った結果であった。

その意味で"NEON"は，リエンジニアリングの象徴であるが，「顧客価値を生む商品を安い価格で」という経営コンセプトの転換は，後の章で詳しく説明する「ベンチマーキング手法」を取り入れた結果であった。クライスラーは，日本のライバル車であるホンダや，異業種のGEもベンチマーキングしているのを見て，このコンセプトとベスト・プラクティスにたどりついたと考えて良いだろう。

第1章の図1-4，1-6，1-7で示したように，日米の生産性が再逆転し，日本の凋落が始まり米国の時代が来た年が，1994年であるが，その逆転の証左の1つがネオンの開発コンセプトでもある。

> **知の考察**　「リエンジニアリングの本質は？」
>
> 図4-3に，3つの代表的な経営改革手法の比較を示してある。リエンジニアリングは，現状否定・実施のリスクが高い・概念が先行している等の理由で，経営者に諸手を挙げては受け入れられなかった。一方，ベンチマーキングは，抜本的なプロセスの再編成は同じ

53

コンセプトであるが,ベストに学ぶという成功の姿が目にみえることから,世界中に広がり,経営品質にも取り入れられている(ベンチマーキングの詳細については,第7章参考)。

「ベンチマーキング」と「リエンジニアリング」の大きな違いは,成功の担保があるか否かである。「ベンチマーキング」が,現状を否定せず,すでに実態のある業界外や世界の成功事例等に学ぶのに対し,「リエンジニアリング」はゼロベースで物事を考え,場面によっては未知の領域に踏み出し,最適を模索する改革手法である。成功するとは限らない,また成功の担保が

	ベンチマーキング	リエンジニアリング	リストラ
改革の方法	ベスト・プラクティスへのアプローチ＝現状の肯定	抜本的改革＝現状の否定	見直し＝現状の肯定
改革の程度	成功企業に学ぶ	全社的改革手法	部分的改善方法
焦点	最善を探索する	改革に焦点がある	改善に焦点がある
対象	ベスト・プラクティス	ビジネスプロセス全体	不採算部門
効率化	全体的な効率化であり,必ずしも人員削減に結びつくものではない	結果的に人員削減(＝合理化)に結びつくことが多い	部分的効率化,人員削減も主目標のひとつ
成功の担保	既に成功例がある	将来の成功の担保がない	短期的採算性
思考の方向性	成功に学ぶ経営者マインドからするとプラス思考	リスクを避ける経営者マインドからすると,どちらかというとマイナス思考	短期思考で合理化という意味ではマイナス思考

【図4-3】ベンチマーキング・リエンジニアリング・リストラの比較

ないという点が実務上期待したほどに伝播しなった理由といえるだろう。

製品の改善・改革でも，経営の改善・改革でも，理想状態と現実のギャップが課題であり，埋めるべき差を，どう捉えどう導入するか，が鍵となる。その理想を，現状を否定してゼロベースで考えるのか，ベスト・プラクティスを有した成功企業のやり方をまず目指すのかが，2つのアプローチの違いである。

4. 経営品質のアプローチ

一方，「経営品質」では，「ベンチマーキング手法」をその評価基準の中に取り入れているが，自社と成功企業とを同じ見方，同じ基準で比較しないとどちらが優れているか，判断する場合に比較の意味がない。

経営品質では，世界的レベルの評価基準（アセスメント基準）により，まず，自社の現在の経営レベルを評価（アセスメント）する。このアセスメント基準といわれる世界標準の基準（各国でその文化の違いにより修正をしているが基本的にはマルコム・ボルドリッジ国家品質賞を範としている）を使用することで，世界のベスト・プラクティスが比較でき，世界の「経営品質の高い企業」から学べるのだ。

業界のベスト，日本のベスト，世界のベストに学んで経営を改善・改革し，その状態をまたアセスメントする。

したがって，評点ガイドラインは，組織成熟度の考え方を基本として作られており，自社のアセスメントによって，図4-4に示したように，ベスト・プラクティスと呼ばれる「AAA」レベルから，何も行われていない「D」レベルの6段階11レベル（Dレベルを除き，AAA，AA，A，B，Cには+－がある）に評価され，次に目指すべき目標が明確になる。そして，自社のレベルに合ったベスト・プラクティスを導入すべく，重要な箇所を順番に改善・改革することで成長し続けることを目指している。

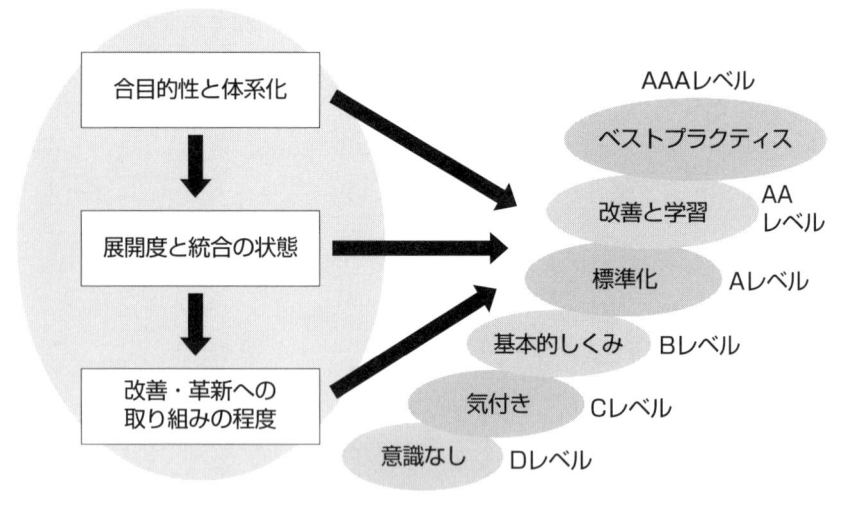

【図4-4】成熟度評価の3つの視点とレベル

5. 経営品質で目指すもの

これまでの解説で，何度か出てきているが，改めて，著者の「経営品質」の定義を明記する。

> 経営品質の定義
>
> 経営品質は，企業経営が社会的責任を果たすと共に，利益の源泉である顧客の視点から運営され，適正利益を確保しつつ，新たな価値（社会価値と顧客価値）を創出し続ける仕組みの達成度である。

日本経営品質賞委員会が発行する『2009年度版日本経営品質賞アセスメント基準書』によれば，日本経営品質賞は「顧客の視点から経営を見直し，自己革新を通じて顧客の求める価値を創造し続ける組織を表彰する制度である。…本書（基準書）は，将来の創造に向けて，現在の成果を生み出したこれまでの経営を体系的に振り返るための基準である。…」

第4章 経営品質とは何か？

さらに,「経営品質向上プログラムとは,顧客,競争(独自性),社員,社会のすべてにおいて高い価値を作り出すために革新し続ける経営作り…」としている。

日本経営品質賞は,「①組織の競争力の強化,②顧客・社員・社会による経営の評価,③製品・サービスだけでなく,すべての業務改善,④経営システムの展開とその改善,⑤優秀な戦略と成果についての情報の普及」等を目的とし,Quality(経営品質)重視とそのシステム(経営品質システム)に卓越し,優れた成果を収めた組織を表彰している。また経営品質向上プログラムでは,「卓越した経営」を目指し,その活動の基本理念を図4−5のように設定している。

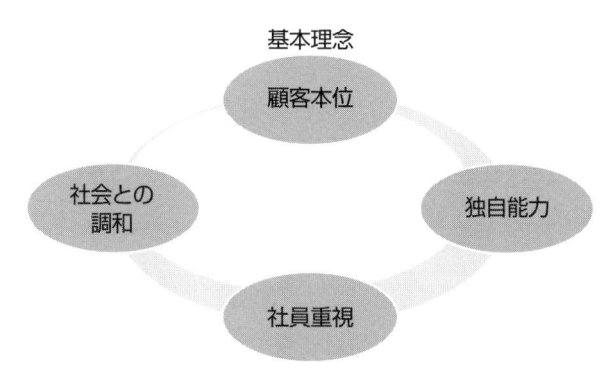

【図4-5】経営品質の基本理念

(基本理念:顧客本位,独自能力,社員重視,社会との調和)

変化し続ける環境において,お客様の価値を創出し続けるための基準は,自社本位ではなく「顧客本位」であり,継続して自己革新と新たな挑戦を必要とする。その活動の源泉の1つは社員の意欲と能力であり,それを引き出す「社員重視」の経営が必要である。また企業の競争力を高めるためには「独自能力」を認識し,磨く必要があり,企業組織は社会の一員であるとの考えに基づいて,社会に貢献する「社会との調和」を目指す活動が求められる。

> ➕解説 本当の競争力は,今までと異なる「独自能力」から生み出される。

同質的な競争意識に偏ると，単なる模倣，目先の管理，部分最適などに陥る可能性が高い。「独自能力」は，競争相手と異なる見方，考え方，方法による企業独自の価値実現を目指すものである。また業種内外からエクセレントな他企業・組織から学ぶ（ベンチマーキング）ことによって，「独自能力」は向上させることができる。もちろん自社の成熟度に合った独自能力であり，環境変化に対応した能力でなければない。

「社員重視」の考え方は，意外に浸透していない。単に福利厚生制度を手厚くするとか，給与を高くすることではない。最前線で働く社員が，自律し，社員の独創性と知の創造による企業・組織目標を達成できるような環境を整えることが重要になる。そのためには，社員が知的好奇心を持ち，学習意欲を高める場作りを通して，知を尊ぶ企業文化・風土を形成することが必要である。

支配統制型の経営（従来型のピラミッド組織の経営）が向いている組織もあるが，個が主張する現代において多くの企業は，社員の自主性と創造性の発揮による目標設定と自主管理による経営を目指すことで，より効果が上がる。

6. 経営品質プログラムのフレームワーク

日本経営品質賞の考え方を用いて，顧客本位に基づく卓越した業績を生み続けるための経営革新を実現する考え方や体質作りの支援として，経営品質向上プログラムが提供されている。

経営品質向上プログラムが目指す方向は，「パフォーマンス・エクセレンスの追求」を目指す理想の姿であり，その達成に向けた「基本理念」「重視する考え方」「フレームワーク」を全体として捉えることが重要である。「理念」を実現するために，経営の様々な場面で，判断や意志決定の指針とすべき考え方として，7つの「重視する考え方」がある。

第4章 経営品質とは何か？

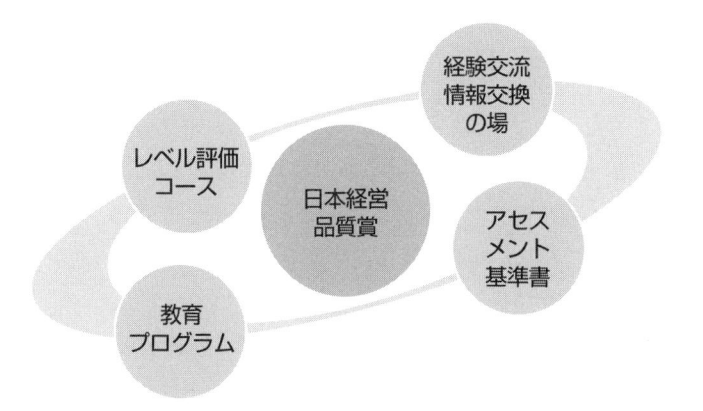

【図4-6】経営品質向上プログラムの体系

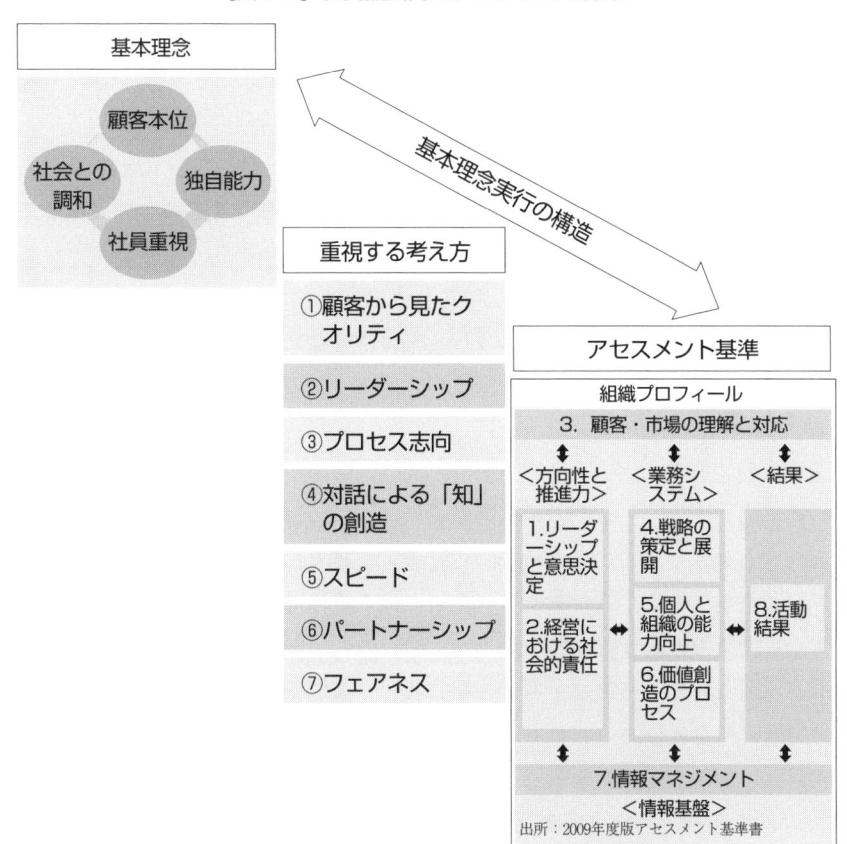

【図4-7】経営品質向上プログラムの目指す方向

7. 経営品質向上プログラム～重視する考え方

　重視する考え方とは，「基本理念に基づき，その時代時代の経営環境上求められることや経営上の重要な関心事や課題に対応するためのもの」（2009年度版日本経営品質賞アセスメント基準書から抜粋）である。以下当該基準書の7つの重視する考え方を簡単に説明する。

①**顧客からみたクオリティ**

　自社ではなく，顧客にとって価値があることが「顧客からみたクオリティ」である。それは，「顧客が製品サービスなどを購入・使用する際の目的に合致している」こととされている。つまり顧客の生活や心を豊かにするものでなくてはならない。

②**リーダーシップ**

　マネジャーを「管理者や管理職」と訳するのが一般的であるが，ここで求めるリーダーシップは「変革者」である。それは，「社員を単なる企業・組織との契約上の従業員から，目的意識にあふれた組織の積極的な仲間に変えていくことがリーダーシップである」としている。つまり，顧客価値を生まない従来の見方や考え方に気付き，新しい見方や考え方に変える必要がある。組織構成員の全員が変われるように，気付きを与え，気付ける環境を提供する必要がある。一言でいえば，本書のテーマ「知の経営」を実践できるリーダーである。

③**プロセス志向**

　経営品質では，すべての組織活動を機能だけではなく，業務の流れ（プロセス）と考えている。それゆえ，「業務プロセスと共に高い価値を求めてプロセスを変えていく経営革新プロセスに焦点を当てている」としている。つまり，従来の縦割り組織的な見方だけではなく，組織を横割りでみることである。別な角度から物事をみることにより，課題が浮き彫りになり，組織の枠を超えて全体最適のプロセスが実現できる。

④**対話による「知」の創造**

　1人1人の頭の中にある知識は，組織の知として活用できない。成功や失敗体験を共有し，多角的な視点で組織の知として磨くことが重要である。

悪い情報ほど報告されないのは，会社で一番悪いことであり，日頃からの対話が重要である。対話の多い組織ほど，知の蓄積は自ずと多くなる。

別な視点からみると，重視する考え方の④は，まさに本書の提案する「知の経営」の実践を「対話」というコミュニケーション方法と「知の創造」という目標の明確化によって示していると考えて良いだろう。

基準書には，「業務活動を知識創造プロセスと捉え，求められる能力として『知』を重視しています。『知』には情報や知識・知恵を含めてあらゆるものが入ります」と説明されている。

⑤スピード

1人1人の業務時間を短くすることも重要であるが，組織全体でみたときの時間がより重要である。基準書では，「価値前提が明らかであれば，物事の優先順位がはっきりしていますから，どのようなこともスピーディに行うことができます」としている。

つまり部分最適ではなく，全体最適の考え方で，時間という資産を配分する戦略的な問題と位置付けられている。

⑥パートナーシップ

パートナーとは，従業員，サプライヤー，購入先，株主，地域社会だけでなく，利害関係者すべてを指し，対等な関係で接することを求めている。基準書では，パートナー意識の欠如の事例として，「部下への支配統制的対応，仕入れ先や購入先への横暴な態度，顧客への不当販売や不誠実，株主の軽視，地域社会との不調和」などを挙げている。

⑦フェアネス

人は決定した事実よりも，決定プロセスのあり方に公・不公平を感じる。当事者の意見を聞いた上で，決定のプロセスと背景，決定に対する期待事項が説明されていることが重要である。社員に対して以外にも，基準書は，「企業・組織は社会システムの1つです。社会システムは技術システムが生態系を汚染・破壊することのないように監視，抑制する機能を有します。…明確なプロセスと達成目標，評価尺度・指標の確立，そして事実をすばやく広報する公正さ（フェアネス）が社会の一員として不可欠なのです」と記している。

8. 「経営品質」のセルフ・アセスメントと成熟度評価

　自分の会社を客観的にみて，あるべき姿とのギャップから，強み・弱みを明確にすることが出発点となる。日本経営品質賞では，組織プロフィール，8つのカテゴリー，20のアセスメント項目，60の記述範囲によって，現状把握をすることにしている。

　図4-8のバックになっているのは，当該企業の業種・業態，経営目標，顧客，競争環境，経営資源，経営戦略，成熟度，地理的シチュエーションなどのいわゆる組織のプロフィールである。組織プロフィールに合わせて，何をすべきかを明確にしようとしているフレームワークである。

　つまり，組織プロフィールをベースとして，顧客本位で考えることを上部に示し，経営情報を適切に管理することを図の下部にインフラとして配置している。それは，顧客と情報は特に全体にかかわり重要であるため上部と下部に配置をしているが，本来は中央の業務システムの一部である。フレームワークの真ん中に「業務システム」を配置している。

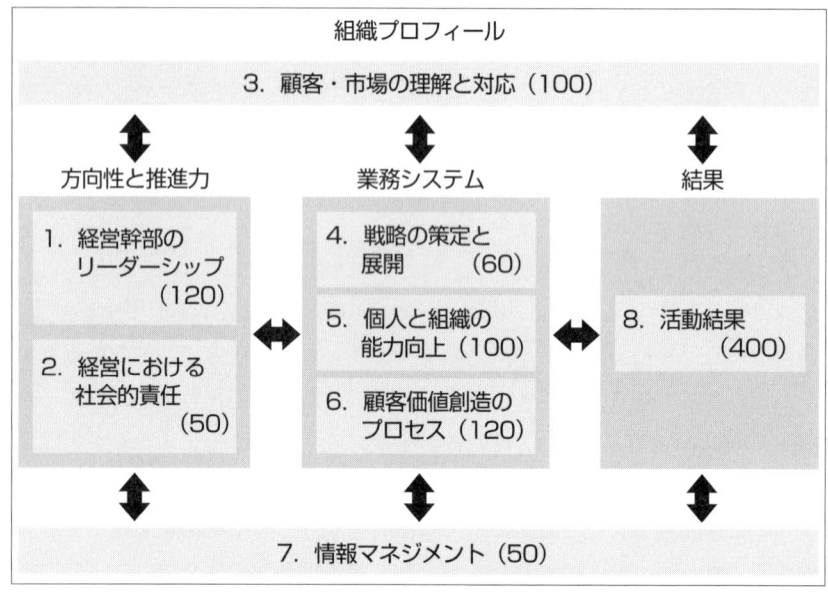

【図4-8】 2009年度アセスメント基準のフレームワーク

第4章 経営品質とは何か？

左側に，業務プロセスを動かすナビゲーターとしてのリーダーシップと社会的責任を配している。

図の左側の「方向性と推進力」にしたがって，真ん中の業務プロセスを適切に動かすことによって，右側に示した「結果」がでる。

実際の経営品質賞のアセスメントでは，図の（　）に示されている点数の合計1000点満点で評価を行う。経営品質協議会のアンケート調査では，1部上場企業の平均は300数十点のレベルと発表された。600点程度で受賞レベルといわれており，非常に厳しい採点基準である。

> ➕解説　アセスメント基準は，顧客価値を生み出す経営の要素の，相互の関係を明確にした構造になっている。このフレームワークでは，多様な企業の「組織プロフィール」がベースとなっている。

組織プロフィールは，①組織が目指す理想的な姿，②顧客認識，③競争認識，④経営資源認識，⑤変革認識，⑥組織情報という認識を主とした6要素で構成されている。

目指す理想的な姿を明らかにし，顧客・競争・経営資源の3つの点で，理想とのギャップを明らかにする。「ギャップ＝問題」として捉えて，取り組むべき経営課題を明らかにする。これが「変革認識」となる。

組織プロフィールは，経営評価の前提を明らかにする重要なものとして，アセスメントのベースに位置付けられている。アセスメントによって，当該企業の成熟度を11のレベルで診断するのが日本経営品質賞の制度だ。その診断のもとになるのが次の7つのカテゴリーである。詳細は，日本経営品質賞委員会発行の『2009年度版日本経営品質賞アセスメント基準書』を参考にして欲しい。

> 考えよう　自社の経営のレベル(成熟度)をいかに診断するのか？　また，その評価基準に何を入れ，何を評価したら良いのだろうか？

■著者は，日本経営品質賞の創設時から2007年まで12年間判定委員として，また基準の作成にも参画してきたが，基準書は，時代の変化と共に常に新し

63

い経営の考え方を取り入れている。2009年度のアセスメント基準の8カテゴリーについて以下に解説する。（　）内の数値は，1000点満点の配点である。

①経営幹部のリーダーシップ（120）
　経営の方向性を明確にし，組織構成員をその方向に進むように導くことが重要である。組織構成員が待ち受け型の業務遂行ではなく，自主的，自立的，自律的に遂行していく環境を作ることが，一番重要である。基準書では，「経営幹部は経営に対する自らの『思い』を明らかにし，顧客・社員・株主・社会といった関係者との対話を通じて納得感や共感を得られるものとなるよう働きかけることが重要です」としている。

②経営における社会的責任（50）
　昨今，コンプライアンス経営といわれ法律遵守の考えが強くなっている。企業の不祥事が多く発生していることが，大きく取り上げられている一因であるが，法律や規則を守ることは当然のことである。ここでいう社会的責任とは，法律遵守に加え，企業活動によって生じる社会の不利益を減らすことや地域貢献を意図している。前者は，廃棄物の削減，渋滞，CO_2排出削減，後者は，地域行事の支援や施設の開放などが挙げられる。したがって，基準書では，「良識ある社会の一員として公共性や社会的健全性を重んじて，組織が顧客価値提供を行うにあたり，社会的責任をどのように捉え，それを果たそうとしているかに焦点をあてています」と表現している。

③顧客・市場の理解と対応（100）
　品質管理基準のISO9001で示されている「顧客満足」も，著者が委員として参画したJIS Q9005（ISO9004の先行日本版認証基準）では「顧客価値創造」としてみえている要求に対する満足から，顧客価値を創造するための存在していない革新的な製品・サービスを開発する組織品質にまで対象を広げている。新たな価値を創造するために，いかにニーズを吸収するか，また既存の顧客も含めた関係性構築をいかに図るかが重要課題となる。
　基準書では，「顧客本位の経営を行うために顧客・市場を深く理解し，その深い理解に基づいて顧客との継続的な信頼関係を築いていくための一連の活動…」に焦点を当てている。また，「顧客との継続的な信頼関係の構築・

強化には，顧客との接点において顧客が意見や苦情を述べやすくする状況を，第一線社員を中心に作り出し，顧客が満足して納得する対応が大切です」としている。

④戦略の策定と展開（60）

机上の計画ではなく，環境動向を踏まえ，実際の行動に結びつく実効性の高い計画を策定し，組織構成員に周知されていることが重要である。また組織構成員が，自分の能力を高めながら，付加価値を高める活動にしていく作戦が戦略である。

基準書では，「戦略策定と形成のプロセスでは単に分析的に作られた計画を上位から下位に伝達していく手順を求めているのではなく，その過程で顧客や社員からの『現場の声』や，内部環境・外部環境に関する情報を取り入れ，組織全体での対話を繰り返しながら学習することによって戦略が形成される『創発』が行われていることを重視しています」としている。

⑤個人と組織の能力向上（100）

多くの会社では，組織や人材育成に関する諸施策・諸制度を有している。この諸施策・諸制度が，組織の理想に向かって効果的に機能していることが重要である。

基準書には，「卓越した経営を目指す上での組織と個人の能力向上に焦点をあてています。高い顧客価値を実現するためには，組織の目指す理想とする姿を共有し，組織を挙げてその能力向上に努めなければなりません」とある。

⑥顧客価値創造のプロセス（120）

会社には，マーケティング・製品開発・設計・製造・購買・営業・サービスなど一連の業務フローがプロセスとして設定され，業務遂行，運営を行っている。プロセスをもとに，業務が遂行されているので，顧客価値を創造する目的が十分に達成できない場合には，プロセスの見直し，変革が求められる。

基準書には，「顧客価値創造のプロセスでは，顧客のニーズを具体的に創造する基幹プロセスと，これらの基幹プロセスの能力を高める支援プロセスから構成されます。基幹，支援プロセスともにプロセスの一端を担う外部の組織との協力関係が不可欠です」，また「顧客の求めるニーズとそれを実現

する組織の能力を十分考慮した上で，独自のプロセスが構築され，顧客やビジネスパートナーのプロセスも含めた運営が実施されているかを重視することが必要です」と記されている。

⑦**情報マネジメント（50）**

単に企業に情報システムを入れているか否かを問うているのではない。情報システムについても，単にITを指しているのではなく，ユビキタスで，いつでも誰でも必要なときに必要な情報が取れ活用できることを意味している。多くの経営情報を入手できるか，いかに活用しているか，それらが組織の目的を果たすために機能しているかが重要である。また社会問題に発展しかねない情報漏洩も含めたリスクマネジメントも含む仕組みがなければならない。

経営上必要な情報の選択と分析の良し悪しによって経営判断の善し悪しが決まるので，情報マネジメントは，企業経営のすべての活動のインフラとして非常に重要である。

したがって，情報マネジメントは，情報の収集・共有・活用の最適化を図るナレッジ・マネジメントの有効な実施が重要成功要因となるだろう。本書の「知の経営」は，このナレッジ・マネジメントの進化型であり，経営品質の本質に焦点を当てている経営概念・経営手法といえるものである。

事実，ナレッジ・マネジメントの重要性については，日本が模範としたマルコム・ボルドリッジ国家品質賞の評価基準書『卓越した業績基準書』（*Criteria for Performance Exellence*）のカテゴリー4 "Measurement, Analysis, and Knowledge Management"（日本のカテゴリー7「情報マネジメント」に相当する）で，ナレッジ・マネジメントが取り上げられていることからも理解できるだろう。ここでは，組織がデータ・情報に加えて，知的資産（Knowledge Assets）の選択・収集・分析・管理・改善をどのようにしているかをチェックしている。

このカテゴリー4は，"4.1 Measurement, Analysis, and Improvement of Organizational Performance" と "4.2 Management of Information, Knowledge, and Information Technology" との2つの評価項目から構成されており，特に4.2では，「ナレッジ」が明記されている。

評価項目4.2では，組織が従業員，取引先，顧客などの利害関係者にとって必要としているデータ・情報・ソフト・ハードウエアの品質と有効性を確保しているかをチェックしている。そして，どのように知的資産を構築し管理するかも問うている。そして，データ・情報・ナレッジの①正確性，②適時性，③完全性と信頼性，④安全性と機密性，を要求している。

　そして，次の組織知（Organizational Knowledge）をどのように管理しているのかをみている。

① 従業員の知の収集と移転
② 顧客知，供給者の知，パートナーの知，協力者の知の移転
③ ベスト・プラクティスの迅速な識別・共有・導入
④ 戦略策定プロセスでの知の集合と移転

　評価項目4.2は，まさに「知の経営」の要求である。

　日本のカテゴリー7「情報マネジメント」が50点の配点に対して，アメリカの基準では，カテゴリー4に全体で90点と日本の倍近くが配点され，実際に「知の経営」が重要視されていることがわかる。

⑧活動の結果（400）

　上記カテゴリー①～⑦の計画－実行－チェック－改善により得られた結果が，⑧に集約される。リーダーシップと社会的責任の結果，個人と組織能力の結果，その他プロセスの結果，が示される。さらに，総合結果として，顧客満足・社員満足・財務の結果について評価される。様々な観点で数値化されるが，この数字で一喜一憂するものではない。各項目間との因果関係と，組織の成長度合い，競合他社との比較により，今後の経営戦略や方針策定のための拠り所となる。

　次に，セルフ・アセスメントを実施した評点結果を表示したサンプルを示す（図4-9）。外側の輪が理想の経営レベルを表し，内側でベンチマーク企業（ベンチマークとベンチマーキングの違いは，第8章参照）と当該企業の評点を比較する。このように，世界の"物差し"で評価することで，自社の現状のレベルや強み弱みが明確になり，経営改善サイクルの結果を，客観的にみつめることができる。

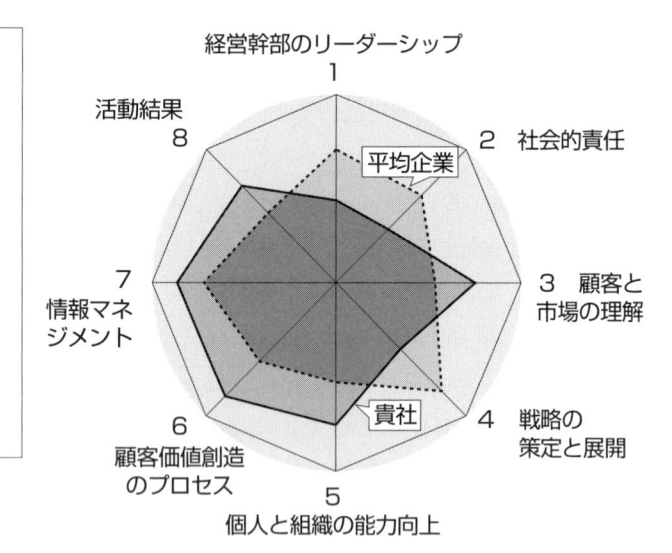

【図4-9】セルフ・アセスメントの評点結果サンプル

> **考えよう**
> 「経営品質賞」では，現状を記述させることから始めている。「あなたの仕事を書きなさい」というと，意外と書けないものである。それは経験で仕事をしており，あまり考えていない表れといえるかもしれないが，さて読者の皆さんは？

■業務の現状を，文章で説明しなさいといわれて，毎日行っている仕事について，意外に記述できないことがわかる。それは，経験で行っていて，実際は，①その目的・効果・方法・評価等についてわかっていないことがあるか，②自身が表面的にしか考えていなかったことがわかるか，③改善していても真因に届いていなかったか，④勘違いしていたか，等々に気付いていなかったからである。

現状を評価した後，自分たちのレベルを評価するのに，業界情報はもとより，国内や世界各国の調査結果が有用である。世界の優良企業のものさしで比較し，客観的に自分たちを評価し，ベストとのギャップを認識し，改善・

第4章 経営品質とは何か？

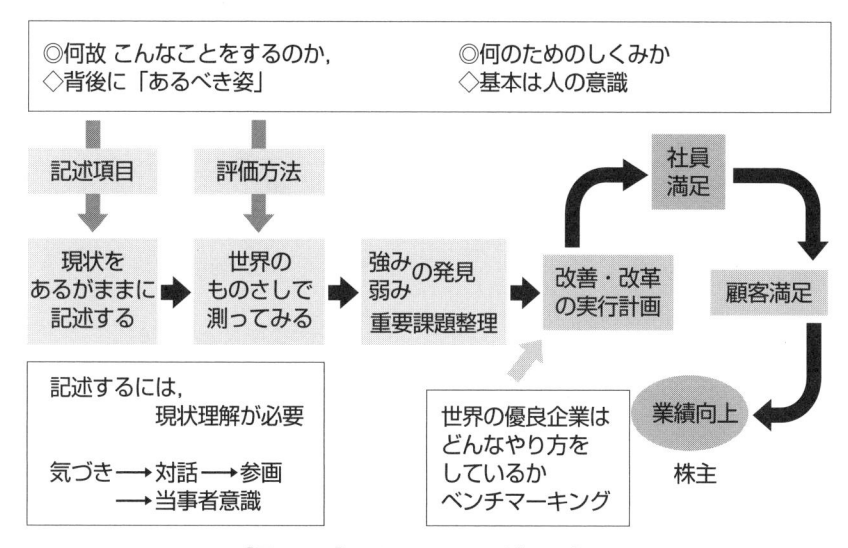

【図4-10】アセスメントの流れと狙い

改革を行う。この経営改善・改革サイクルを回し，利害関係者の満足度を高めることが，経営品質向上のアプローチである（図4-10参照）。

9. 「全体最適」のマネジメント

　ISO9001では，Productにはサービスも含めて謳われている。しかし，Productというと，一般には，「物作り」にだけ頭がいきがちである。経営全体を良くするには，物の品質だけをみていれば良いわけではなく，→もの→モノの品質，つまり，経営や知へとより広く考える必要がある（第1章，「5. 知の経営，『知の考察』」16頁参照）。

　一般に，業務が時間で流れていく中での改善・改革は，機能に対して行う。機能という場合は，縦の組織機能が問題となり，事業部門や部課ごとに専門家が集まって対応を行う。これでも一応の成果は出せるのであるが，あるところで壁にぶつかる。壁を突き破るためには，プロセス志向で考えて，部門を超えた抜本的な改革を行わなければならない。縦の改善は効率的に進むが，縦を繋ぐ部分，つまり横に改革のヒントが隠されている。

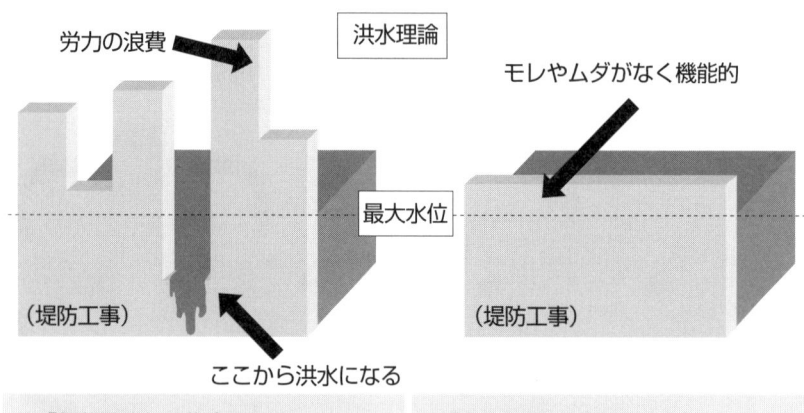

労力の浪費　　　洪水理論　　モレやムダがなく機能的

最大水位

(堤防工事)　　　　　　　　　　(堤防工事)

ここから洪水になる

<「部分最適」の集合>
●部分の集合は全体最適にはならない
●最も低い部分が全体の性能になる

<「全体最適」を狙う>
●全体を設計してからとりかかる
●モレやムダが発生しない

成果を出すのは，「プロセス全体」である。

【図4-11】全体最適の事例（P・F・ドラッカー）

　このことを，ピーター・F・ドラッカーは，彼の著書『マネジメント』でダムを事例にして説明している。縦の機能組織である部門が一生懸命に改善を行っても，ある部門がサボっていたならば，全体としての成果は得られない。全体が関係している企業組織では，最も改善の遅れている部署が，全体の改善レベルになる。図4－11の例でいえば，低い堤防から洪水になる。つまり，部分最適が全体最適にならない例だ。

> **＋解説**　縦の機能が強い行政には，多くのムダをみることができる。テレビ朝日の「サンデープロジェクト」に，部分最適の事例がいくつか紹介されていた(出所：テレビ朝日 2006.4.16「サンデープロジェクト」◇公共事業のムダを解消！スゴイ村をみつけた)。

① 岩手県の田野畑村の事例：県道に石が落ちていたら，まず県に落石の情報を出す。それから各種の手続きを経て，2日後に石が取り除かれていた。

自分たちでやれば15分の仕事である。
② 北海道の事例：国・道・市町村がそれぞれの道路（国道・県道・市町村道）を除雪する。国の除雪車は，県道を走っているときはシャベルを上げ，国道に入ってから除雪を始める。一方，県の除雪車は，県道を除雪し市道に入ると除雪を止める。交差点に取り切れない雪だまりができていた。この国・県・市町村の公共事業の「権限」「財源」「人」の３点セットを市町村に移譲し，成功しているのが①の岩手県の田野畑村である。現在は，村を走る県道を村が管理できるようになっている。
③ 岩手県の旧大東町の事例：雨が降ると橋に流木等がひっかかるので，川幅を広げる工事をしたい。県に依頼すると，手続きで多くの時間がかかっていた。また工事後も，川の管理に7億数千万円を要していた。これを自前で行った。結果，6300万円の補修費で済み，現地の業者で1割安くできた，すぐに現場に行けるので，着工も早い。

これらの事例は，縦の組織で動くよりもプロセス全体で考えることのメリットを示している。ここでは，あくまでも参考に一部の事例を取り上げた。新聞やTVなどのメディアで報道されるため，行政（特に国）のムダはクローズ・アップされ易いが，自分たちの会社に目を向けてみると，同じようなムダが生じていないだろうか？　改革を断行するには，しっかりと現状把握を行う必要がある。

第5章
ナレッジ・マネジメントから知の経営へ

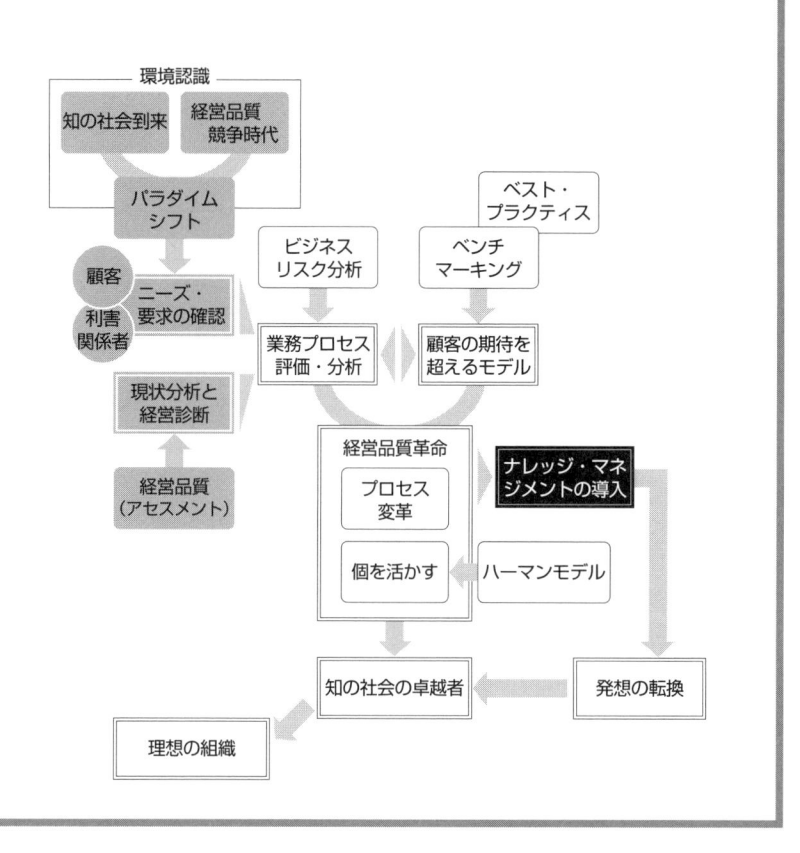

環境認識
- 知の社会到来
- 経営品質競争時代

パラダイムシフト

顧客
利害関係者

ニーズ・要求の確認

現状分析と経営診断

経営品質（アセスメント）

ビジネスリスク分析

業務プロセス評価・分析

ベスト・プラクティス

ベンチマーキング

顧客の期待を超えるモデル

経営品質革命
- プロセス変革
- 個を活かす

ナレッジ・マネジメントの導入

ハーマンモデル

知の社会の卓越者

発想の転換

理想の組織

1. ナレッジ・マネジメントの出現とその進化

1960年代の工業社会の時代，合理化を主としたコンベア方式の生産が主流であった。そこで働く人は，どちらかというと機械の歯車のように扱われ，20世紀初頭のT型フォードの大量生産方式が象徴とされる，人間の尊厳が失われ機械の一部になっているような，チャールズ・チャップリンの「モダン・タイムス」(1936年) が批判した世界と変わらない状況だった。人が機械に動かされ，機械に追われる姿である。

1970年代に入り，コンピュータを活用する情報社会となって状況が様変わりする。機械の自動化などにより効率化が一層進み，人ではなくコンピュータが機械を動かし，モダン・タイムス型の人が機械に追われる姿が減ってきた。パラダイムシフトによって，結果的に人間が本来の頭を使う仕事にシフトしきた。

元々，人は皆，知識や知恵を持っている。それは，親から子に，親方から弟子にと伝授されてきた。この時点で，「ナレッジ」という経営概念はなかった。特に日本では，親方が業務のすべてを教えずに，弟子が「仕事を盗む」ことが慣わしであった。このような長い間の伝統によって，教える側の親方は，弟子に伝授するときにナレッジとは何か，知恵は何かを深く考える必要がなかったのだ。当時は，今と違って時間がゆっくり流れていた。

> **＋解説** 従来の管理のしにくい生産現場の改善を目指して，フレデリック・テイラーが，科学的管理法(Scientific Management)を提唱したのが20世紀初頭であった。

その後，ガント，ギルブレスらによって発展した労働者管理の方法論として，科学的管理法が確立した。現代においても，経営管理論や生産管理論の基礎となっている。それまでは，人の経験や組織の習慣などに基づいて，その場しのぎ的な「成り行き経営」や「成り行き管理」が一般的であった。テイラーは，①1日のノルマを意味する課業管理，②時間と動作に対する作業の標準化，③計画とその執行を分離した作業管理のために最適な組織，の3つを唱え，生産現場の管理を行い生産性を上げ賃金を上昇させるという仕組

第5章　ナレッジ・マネジメントから知の経営へ

みを考えた。しかし，結果的に，モダン・タイムスのような人の機械化現象が起きてしまった。

　上述したように，時代が変わり，時間が早く流れ始めた。コンピュータによる仕事の効率化により，必然的にコンピュータの扱うデータや情報についての研究が盛んになった。一方，結果的に人は考える仕事のウェイトが高まり，当然に「情報の取り扱い」という意味で「ナレッジ」を意識し始めた。

　1966年にハンガリー人のマイケル・ポランニーにより書かれた*The tacit Dimension*（『暗黙知の次元』マイケル・ポランニー著，高橋勇夫訳，紀伊國屋書店，1980年）が「暗黙知」という概念を初めて提示したのがナレッジ・マネジメントの起源になったといわれている。簡潔にいえば，ポランニーは，現行の知識が示唆する探求可能性によって発見がもたらされるとするが，そのプロセスには，予想のつかない事や検証のしにくいことが混じっており，それを暗黙知（Tacit Knowledge）と呼んだ。しかし，まだその頃は，経営学として体系化されたものではなかった。

　これを体系的に整理したのが，ナレッジ・マネジメントである。

　"知の変換過程"として，野中郁次郎先生の著書『知識創造の経営』（日本経済新聞社，1990年）と，"The Knowledge-Creating Company"（*Harvard Business Review*掲載，1991年）に公表されていたが，1995年に*The Knowledge-Creating Company*（オックスフォード大学出版／*Harvard Business Review*掲載論文の増補版）が出版された。これにより，ナレッジ・マネジメントが体系化されたといわれている。1996年に日本語翻訳版『知識創造企業』（野中郁次郎，竹内弘高著，梅本勝博＝訳，東洋経済新報社，1996年）が出版された。

　日本の成功企業を研究した結果として，文字にならない知識=「暗黙知」があり，「暗黙知」を「形式知」にすることが成功の鍵であることに注目した。

　知が創造されるプロセスとして，4つの流れ（①～④）を想定し，「暗黙知」→①→「暗黙知」→②→「形式知」→③→「形式知」→④→暗黙知のサイクルを考え「SECI（セキ）モデル」を開発した（図5-1参照）。

　このSECIモデルは，図で示しているように，Socialization（共同化：暗黙知→暗黙知，共体験などによって，個人が暗黙知を獲得・伝達するプロセ

75

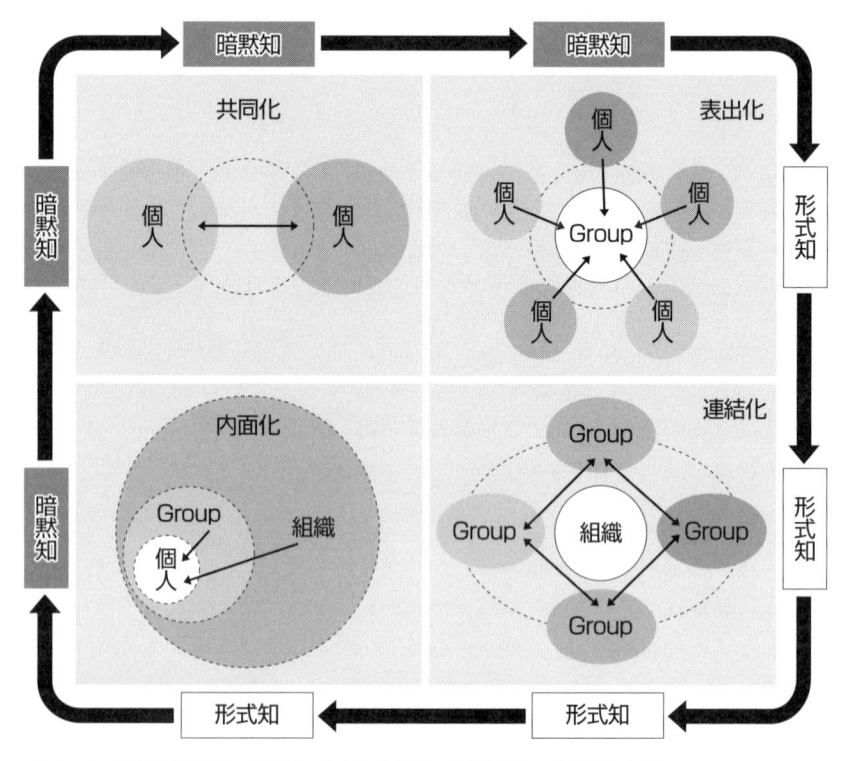

出所:『知識創造企業』野中郁次郎,竹内弘高共著,梅本勝博訳,東洋経済新報社
【図5-1】SECIモデル（知の創造4モード）

ス）－Externalization（表出化：暗黙知→形式知，得られた暗黙知を他者と共有できるよう形式知に変換するプロセス）－Combination（連結化：形式知→形式知，形式知同士を組み合わせて新たな形式知を創造するプロセス）－Internalization（内面化：形式知→暗黙知，利用可能となった形式知をもとに，個人が実践を行い，その知識を体得するプロセス）の4つの知の創造のプロセスの頭文字をとったものである。

2. 競争力の源泉・現れる知

　知識社会（知識社会から知の社会への進化については，第1章，「5. 知の経営」16頁参照）の到来を看破したのが，ピーター・ドラッカーやアルビン・

第5章　ナレッジ・マネジメントから知の経営へ

トフラーであった。アルビン・トフラーはその著書『パワーシフト』で，21世紀には「知」を持ったものがその時代を征すると書いた。

「知」を持つためには，「今の知」だけではなく，新しく生まれる「現れる知」が何かをわかっていないと，知の社会の競争に負けてしまう。

図5－2に示したように，既存の市場が形成されている中に新しい市場が生まれると，顧客が消えていくという現象は，今も昔も起きている。しかし従来の安定した社会では，環境があまり変わらなかったので，既存の技術で勝負すれば良い時代であった。ところが今は環境が変化し顧客が変わり始め，すぐに既存市場から退散してしまう時代になった。次から次へと新しい波に乗り移る，いわゆる「サーファー型消費」（第3章，「2. 顧客志向の移り変わり：顧客が消える！」図3－1，36頁参照）である。結果，既存市場が小さくなっている。

従来の安定した社会では，「仕組みによる統治」が行われてきた。仕組みを教えることや学ぶことは時間さえかければ簡単であり，例えば，ISO9001

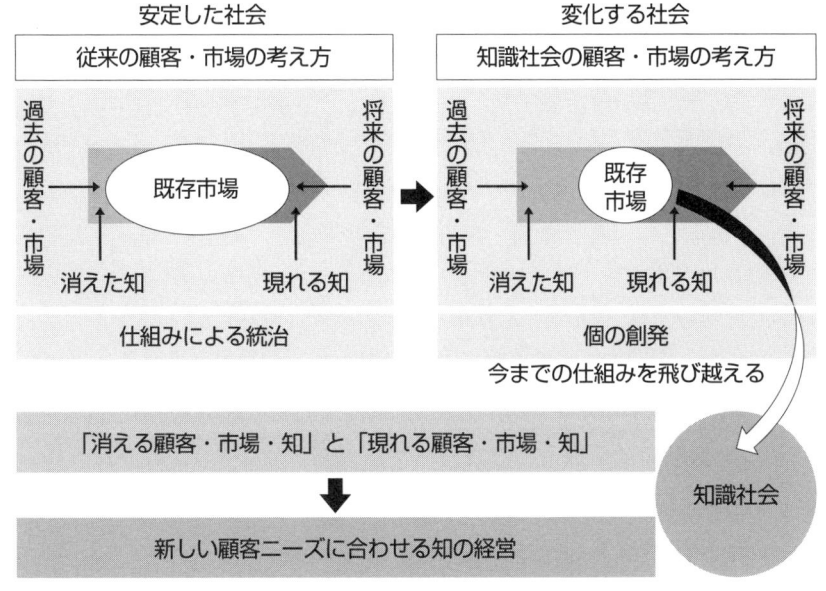

【図5-2】「消えた知」と「現れる知」

の認定は，やる気のある企業ならほとんどが取得している。「消えた知」も少なく，仕組みを推し進めて，市場で勝者になれるのであれば良いが，近頃は「消えた知」が多くなり，「現れる知」も多くなって，そうはいかなくなってきた。例えば，ISO9001の求める文書化は「形式知」として関係者が知を明確にし活用することであるから良いことであるが，やり過ぎると時間やコストがかかって重くなり，むしろ効率化が損なわれ，結果として競争力が落ちてしまうことも多い。

変化する時代には，従来の仕組みでは管理しきれない事象が多く起きていることに着目し，新しい管理手法や経営の視点をみいださなければ，新しい競合相手に対抗できない。

環境変化が激しい時代には，表面的に経営全体をみるのではなく，仕組み自体も見直して中身を掘り下げる必要がある。「組織の目的・目標を達成するためには，価値を創造する知（知識・知恵・知心）を発見し，理解し，共有し，創造し，活用する体系的アプローチを行い，適切な時期に適切な場所で適切な人が，知をスムーズに移転し，活用できるようにする効果的な仕組みを構築し運営すること」（知の経営の定義）が求められている。

> **＋解説** イギリスの『ナレッジ・マネジメント・ジャーナル』誌が　ナレッジ・マネジメントの効果について，調査を行っている（1998年）。

その上位を挙げると，①意志決定に効果がある（89％），②顧客への応対の良さが増加する（84％），③社員と業務の効率性が改善する（82％），④イノベーションが向上する（73％），⑤製品・サービスの質を改善できる（73％）となっている。この結果は，知の発見・理解・共有・創造によって，業務の抜本的な改革がもたらされていることを示している。

3. 知の定義と知のピラミッド

私たちの周りには，様々な，いわゆる「情報」が存在している。それらの多

第5章　ナレッジ・マネジメントから知の経営へ

くは，整理されていない事実や数値であり，それは，単なる「データ」に過ぎない。このデータを収集し，整理することにより，意味のあるデータ＝情報にすることができる。しかし，データにしろ情報にしろ，これらはいわば事実そのものを示すデジタル的なもの（データ）であり，意味付けしたデータが情報となるのであるが，重要なことはこの「意味付け」である。これを「データの情報化」と呼ぶ。知の経営の対象をピラミッド型構造で示すと，データを最下層に，情報をその上に示すことができる（図5－3「知のピラミッド」参照）。

一方，知識や知恵は，人に依存する幅と深さを持ち，情報の記憶や知識を使って体得したことなどのアナログ的要素を持つといっても良いだろう。人にかかわるため，使える，また使う情報として上層に位置付けられる。このように情報を記憶することを「情報の知識化」と呼び，その知識を使って行動した結果を「知識の知恵化」と呼んでいる。このように，情報を人の領域に入れ込むことが，経営情報の収集として非常に重要である。

しかし，知識や知恵があっても，心理的開示がなされていないならば，人は動きたがらなかったり，消極的な活動になったり，真の行動に結びつかず，経営上，業務上の効果は発揮できない。個々人の意識や企業風土・文化の中

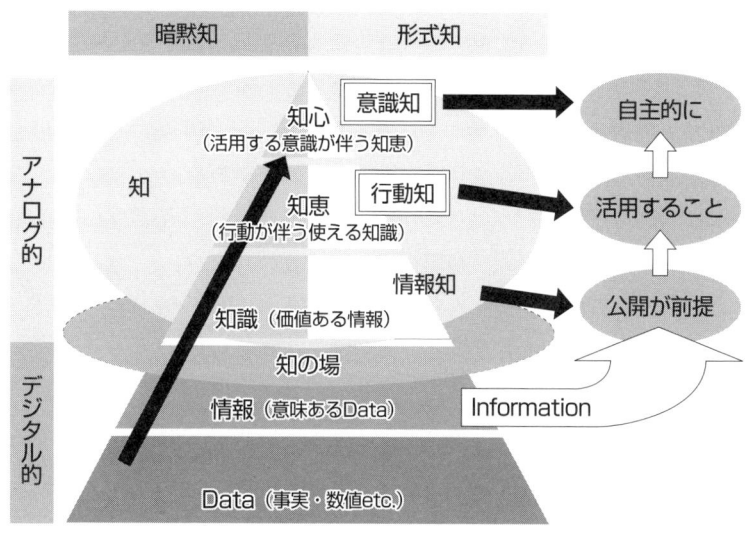

【図5-3】知のピラミッド

で、組織の目的を達成するための最適解を探す活動は、知の場を通して、データ・情報から人の領域にどのように吸い上げるか（知識化）、そして、その知識をいかに活用するか（知恵化）にかかわる人の心（知心）が成功・失敗の鍵を握ることになる。知の経営では、これらの知の各階層を総合的にマネジメントすることが、重要成功要因である。「知の経営」の定義については、第5章、「2.競争力の源泉・現れる知」78頁参照。

したがって、知の経営の「知」の定義は、一言でいえば、「知は、知識・知恵・知心の総合概念」である。

大辞林によれば、「知識は、①ある物事について知っていることがら。②ある事について理解すること。認識すること」であり、「知恵は、①正しく物事を認識し判断する能力。②事の道理や筋道をわきまえ、正しく判断する心のはたらき」である。大辞林では、単なる学問的知識や頭の良さと区別している。一方、「知は、①物の道理を知り、正しい判断を下す能力」としている。

つまり、知は、何か物事を知っているという知識にとどまらず、行動して初めて体感しわかるような知恵や、人の意識を含む概念である。人の意識については、著者は、知識・知恵と平仄を合わせるため、「知心」と表現している。したがって、知＝知識＋知恵＋知心という方程式が成り立つ。

知識は、静態的な脳に記憶すること。情報を選択して記憶すると知識になる。いわば、「情報知」といえるモノで、価値のある情報を記憶した集積だ。

知恵は、動態的な人の行動から経験した知識を意味する。「行動知」とするとわかり易く、行動が伴う使える動態的な知識である。

知心は、人の行動に繋がる精神状態や意識。「意識知」と表現すべきモノで、活用するよという意識が伴う知恵を促進する要因である。

したがって、人の脳（頭）にかかわる上層と人の周囲や外部の環境に存在する下層の2種類に分けて表現したのが図5－3「知のピラミッド」である。上層と下層は知の場で区切ってある。知の場は、下層のデータや情報を取り込むための会議室やカンファレンス場等の物理的場所や空間的な場であり、電話やファックスで情報共有する繋ぎの場でもある。

上層はさらに3層に分けている。この3層（知識・知恵・知心）を総合して「知」の概念を表現した。また知には、文字などで明文化されたり、言葉で述べら

れた「形式知」と，個人の頭の中にあるような明文化されていない，また表現されていない「暗黙知」とが存在している。この「暗黙知」を表出化させ，いかに組織全体の知にするかが重要である。なぜならば，個人の頭の中にある知は，個人にとどまり個の能力の発展に過ぎない。暗黙知を表出（公開）することにより，関係者と知の共有化ができ，組織としての新たな知の創造が生まれ，それが企業力向上の源泉となる。図5－3では，知の左側に暗黙知を陰で示した。右側の白地は形式知を表している。

さて，「知のピラミッド」（ピラミッドの底辺から「データ」「情報」「知識」「知恵」「知心」と層になっている）の概念を使った，データから知心までの階層を昇るストーリーを考えてみよう。

【階層ストーリー】

◇まず，人が動くきっかけは事実を知ることから始まる。例えば，具体的な問題を観察した結果が，最初の経営上のデータとなる。これら収集されるべきデータは，意味を持ってこそ情報となり，使えるモノになる。そこで，データの意味化が重要となる。100というデータは，経営上，例えば，先月の売上高が100億円だったという意味付けがなされ情報になってこそ，意味のあるものになる。しかし，情報は氾濫しており，必要な情報を新聞・テレビ・インターネット・電話・ファックス・メール・口頭や文書の報告等から収集しなければならない。そのために各人が情報を記憶することになるが，それが知識(Knowledge)である。つまり，情報を知識として取り込む"知の場"（会議室の設置・PCの配付・ネットワークの開設・会議／対話の設定・ナレッジ・データベースの構築・研修／セミナーの開催・調査・相談デスク等）作りが経営上非常に重要となる。つまり，経営の改善・改革のためには，情報の収集をし知識にすることが第一段階である。実は，知識はどちらかというと静態的であり，極端な言い方をすれば，知識は使わなければ意味がない。第二段階は知識をどう使うかである。しかし，知識を使ってそのまま効果が上がるとは一概にいえない。思った効果が上がらないこと（思った通り動けない，思った通り組み立てられない，思った通り作れない，思った通り説得できない，思った通り書けない等々）が多い。そのために教育が必要であり，訓練が必要であり，実行が必要である。それこそ，人が体験をして得られる動態

的な知恵（Wisdom）であり，知恵を活用することでより多くの価値を生み出すことができ，知識の行動化が前に進む。さて，第三段階のケースになると，知恵を駆使して作った仕組みも動かないことがある。そこで，もう1つの重要な成功要因が知心（Mind）である。それは，業務にかかわる人たちの多様な心や意識を意味する。やる気のない人とやる気のある人，気にしない人と気にかける人，気付かない人と気付く人，前向きな人と後ろ向きな人等々で，大きな差が出る。この知心の良し悪しが，方法論・仕組み・手続き・システム・仕掛けなど従来の機械システム型経営を超越した効果に結びつく。

> **＋解説** 知は誰が持っているのだろうか？　どこにあるのか？

　人の脳に記憶されるため，企業では個人が持っている（個人知）という回答が1つ。しかし業務上，1人で動くこともあるが，皆で協力して事に当たることが多い。そこで，個が集まって集団で決めたことは，個の意見ではなく集団の意見（集団知）として1人歩きを始め，個人の意識を超越する。

　個人知を集団知にするためには，知の共有プロセスが重要であり，「知の場」が重要な意味を持ってくる。ただし知の共有に対して，経験や理解度，人間関係・立場などの個人の多様性が共有の妨げとなる。言い換えれば，個人的事情の影響や抵抗が存在する。

　情報は気付くことと，捕まえることが出発点であり，知識にした後の活用と，その後の知のフィードバックと融合が大きく経営の成熟度に影響を及ぼす。

　個の多様性と業務の特性をいかに整合させるか，個人知，集団知，組織知をスムーズに直結させ，集積した知を顧客価値創造プロセスの変革（第5章，「6. 知の経営のフレームワーク」92頁参照）にいかに結びつけるかが，現代の経営者の責務である。

> **考えよう** あなたの会社では，どのような「知」が存在していますか？
> 　それらすべての「知」を引き出し，経営で使い切る（組織知にする）には，どうしたら良いでしょうか？

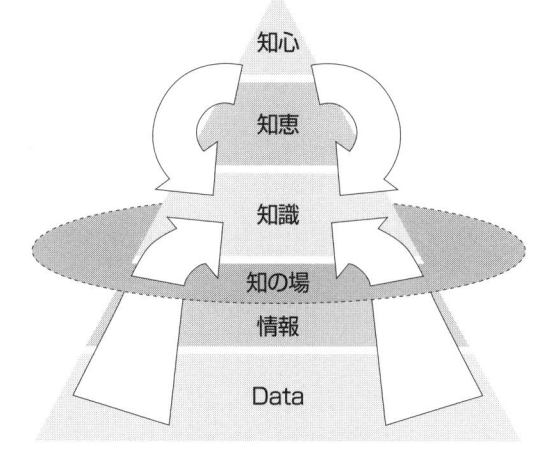

第5章　ナレッジ・マネジメントから知の経営へ

【図5-4】情報のパス

■企業の中の至る所に存在する種々のデータを，どのようにして情報に変換し知識・知恵・知心に引き上げるのか？（図5-4参照）　暗黙知から形式知にして，個人知から組織知にするには，どのようなアプローチが効果的なのか？　これが「知の経営」で解消すべき課題の最初のテーマである。

> **知の考察**
>
> 💡 「1＋1＝3になる」
>
> 　数学や物理（技術も）の世界では，1＋1＝2になるが，経営では必ずしもそうはならない。1＋1が3になる場合もあるし，1＋1が－2になることもある。経営には曖昧さがあるが，それで当たり前の世界でもある。それは，人がかかわる世界（社会システム）だからである。影響する項目が，1つだけではなく，2つ，3つあると考えれば良い。みえないことがあり，また色々な角度からの見方があることがわかれば良い。

83

データを整理して情報にし，情報を収集して，価値のあるモノを知識化して使うが，量と時間に制約され必要なデータの一部しか知識にはならない。人は，知識を使って行動するので，いかに情報を集めるか，つまり知識にするかが成否を握る。

　また同じ知識を持っていても，経験のない人は上手くいかないし，気分が良い時は上手くいったものが，気分が悪いときには上手くいかない場合もある。人によっては，知識を小出しにしたり，出さない人もいる。これは人間社会で当たり前のことであり，したがって経営の効果を上げるためには，心までマネジメントしなければならない。これが「知心」である。

　知のピラミッドをよく理解し，「データ，情報，知識，知恵，知心」のどの階層の話をしているのかを整理して，話し合いをし，事を進めると上手くいく。

> **知の考察**　💡「知心の事例：トフラー」
>
> 　アルビン・トフラーは，「社会には，単なる認識だけではないすべての種類のスキルが必要である。それらは感情的であり，それらは愛情である。データとコンピュータだけでは社会は実現しない」と本質を看破している。

4. 知の5相関の環

　これまで，時代の移り変わりとナレッジ・マネジメントの出現の背景について，そして環境の激変がナレッジ・マネジメントを知の経営に進化させたことを述べた。そして，知のピラミッドの構造からわかるように，人の意識にかかわることが，今の時代の経営の成否を左右する。したがって，マイケル・ポランニーや野中先生のキーワード「暗黙知」の表出化が重要となる。

　この暗黙知が形式知として表出される要因を5つの動機に分類しまとめた

モノが，著者が提案した「知の5相関の環」(図5-5参照）である。ここでの趣旨は，それぞれの輪に，「知のイネイブラー（表出を促進するエンジンとなるもの)」を抽出して知心の事例をリストアップすることによって，企業経営や業務の改善・改革に資することである。

そこで，まず「知の5相関の環」を構成するそれぞれの輪の意味について説明する。

① 「環境知」：自分が置かれている立場・環境に起因するもの。(例)トップが直接，現場の社員に，「100年に一度の世界同時不況の影響で最悪の経営状況にある」こと等を隠さず真摯に説明し，協力して欲しいと訴えること，など。

② 「経験知」：自分が当該企業で経験してきたことに起因するもの。(例)成功体験や知を表出した結果のインセンティブなど。全体の過半数が，この経験知に起因し，改善・改革のアイデア出しがこの知に関係していると考えられる。しかし，他の知を活用しないと，改善・改革の効果が上らない

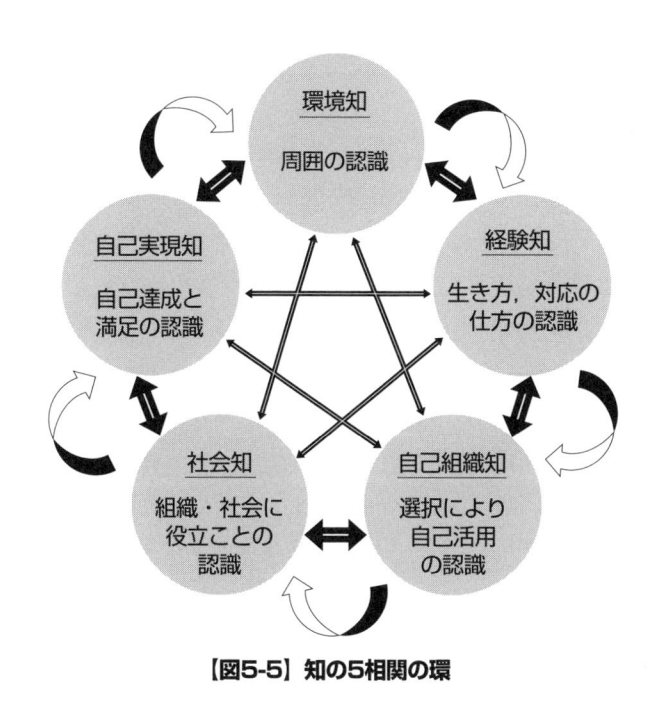

【図5-5】知の5相関の環

場面に多々遭遇する。
③「自己組織知」：組織に属しながらも自らの意志で行動したことに起因するもの。(例) 東京，渋谷のスクランブル交差点では，誰も相談し合っているわけではないのに，他人とぶつからずに歩いている。同様に個の能力に任せ，各個人に何をするかの「選択の自由」を与えて，自己判断させ活動させることで組織の目的を達成する知である。自己認識している一部の社員に使える知である。
④「社会知」：知の表出化が社会に役立ったことの認識に起因するもの。(例) 表彰など自分の仕事の結果が周囲に認められることなど。経験知の次に多い知の表出化の要因と考えられる。
⑤「自己実現知」：達成による満足に起因するもの。(例) 自身の業務が業績に大きく貢献したことを感じたり，自己啓発により自分が成長したことを実感するなど。

> **考えよう** 知識を人に話すと損をするという人もいます。新製品の開発において，暗黙知を表出化させる要因（イネイブラー）を考えてみましょう。

■例えば，図5－6に示したように，社長が研究室にやって来て，「生き残りのために，新製品開発が必要で，我社の浮沈にかかわる。力を結集して頑張ってくれ」と肩を叩かれた。会社に入って初めて，直接，社長から声をかけられた。これで頑張ろうという気になる（環境知のイネイブラー）。5年前の製品では特別ボーナスでバイクを買った。今回の新商品は，前の製品よりも戦略商品であるし，開発ができたら，給料も上がるだろうし，特別ボーナスも絶対に出るだろう。今回も気合いを入れるかという気になる（経験知のイネイブラー）。新製品開発の目的が性能を△△に上げることは明確になっているが，その手段は任されている。エンジニアのレベルが高いほど，手段を規定されることを好まない。この自由裁量を設けることで，個の力が引き出される（自己組織知のイネイブラー）。新製品が世に出て，その開発に対する社内表彰や，その表彰の社報などへの掲載も，仲間や家族から褒められ「知」を動かすイネイブラーになる（社会知のイネイブラー）。新製品開発が

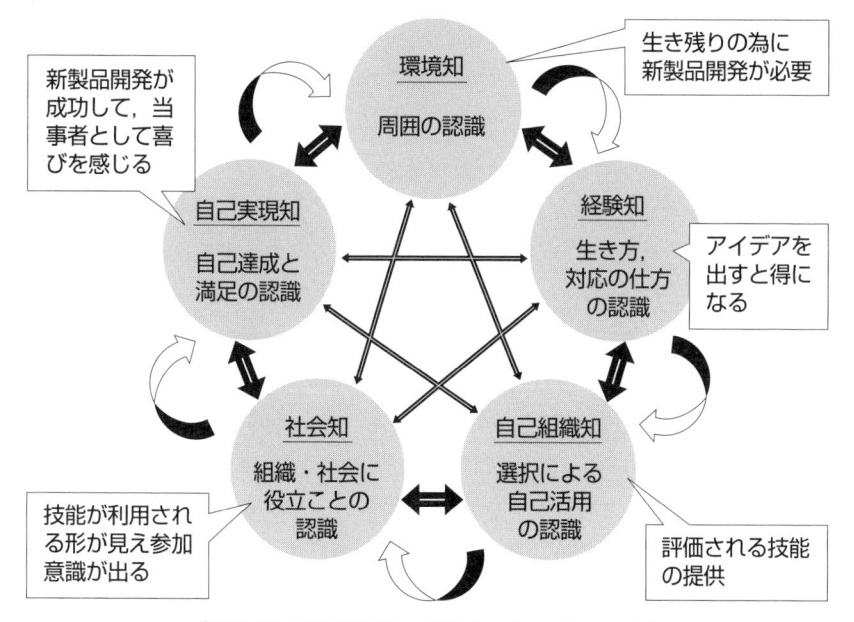

第5章　ナレッジ・マネジメントから知の経営へ

【図5-6】新製品開発におけるイネイブラーの例

成功したときに当事者として喜びを感じることや，自分が学習してきたことの結実としての喜びを感じる（自己実現知のイネイブラー）などだ。

> **+解説**　ドイツのダイムラーは，米国のクライスラーと合併して，その後わかれた優良企業だが，合併の実を挙げるためにナレッジの共有政策を実施した。INSEADでは，世界から教授陣と学生を受け入れている。

　ダイムラーは，合併の効果を上げるため，企業の中に大学（DCU：ダイムラー・クライスラー大学）を創設した。独米の国を超えて，共同で運営される大学である。知の共有がいかに大事であるかを物語っている。一般の大学は，自分たちの国，地域で，通って来ることのできる学生を中心に考える。しかし，本当に実を挙げるためには，その考えを突破しなければならない。

　また，INSEADは，世界を1つと考えている。フランスにあるビジネスス

クールであるが,学生の大多数は外国人だ。教授陣もフランス人だけでなく,日本,インド,イギリス,アメリカ等の先生が多数教鞭をとっている。

先生も学生も世界中から来ている。それは,国も文化も異なる中にいると,いろいろな考え方に触発されるからだ。

著者が,米国系の金融会社で社内研修の講師をしていたときの話だが,文化が異なるので,何でこんなことをいっているのか？ ということが多々起きる。例えば,日本での授業では一生懸命に教えて,ときには時間を過ぎることもある。それが,日本では当たり前で,学生も評価してくれる。そのときも,「時間がないので,5分間だけ休憩しよう」というと,直ぐに,「20～30分休ませて貰えないと勉強になりません」というインドの人がいた。文化が違うのだ。5分,10分の休憩では頭が休まらない,休みは休みでリフレッシュする効果があるので,もっと休ませて欲しいといわれた。そういう考えもあるのかと気付くことが,国際社会では重要だ。

知の5相関の環は,個人個人で感じ方が異なるので,個々に適したアプローチが必要になる。

5. 知の経営の方法論

知の経営の方法論が有効に働くためには,その前提となる4つのイネイブラー（実現促進要因）が確立していることがまず問われることになる（図5-7参照）。

1) ファシリテータ型リーダーシップ

経営管理方法の特徴として,日本の良さはボトム・アップの考え方であり,アメリカの良さはトップダウンである。環境変化の激しい時代には両方を合算したやり方が良い。経営用語としては,「トップダウン・ボトムアップ・アプローチ」と表現すると良いと思う。

現場での顧客の行動,競争相手の動きなどに合わせた,緊急戦略が策定され即実行できるかが重要となる。それには,現場で戦略を作る権利を与える権限委譲が条件である。これを通常,経営用語で「創発戦略」と呼んでいるが,

"Emergent Strategy：エマージェント・ストラテジー"のことである。トップ判断は事後でも構わない，市場でのタイミングを失わないように即時に判断することが重要だ。

知の経営では，あくまでも人がベースであり，改善・改革に影響を与える組織としてのイネイブラーとなる。そこで，リーダーは，人にやる気を起こさせるファシリテータ型のリーダーシップが求められる。

2）学習する組織

ピーター・センゲは，クリス・アージリスとドナルド・シェーンが最初に提唱した"Learning Organization（学習する組織）"という概念を，世に広めた人物で，1990年の著書『最強組織の法則』（原題：*The Fifth Discipline*）で，複雑性や変化が加速する世界に組織がどのように適応すべきかを述べている。学習する組織による競争優位は，個人とチームの双方の継続的学習から生まれるとして，その組織には，次の5つの要件が存在するとしている。

① 「ビジョンの共有」：企業価値・ビジョンが社員に共有されていること。
② 「チーム学習」：個人の経験を共有するためチームで学び合うこと。そのためには，ダイアローグ（意見交換）とディスカッション（議論）を区別することを提唱している。ダイアローグは問題点をどんどん探し出してゆくことで可能性を広げるものだが，ディスカッションは将来の意思決定のために最善の選択肢を絞り込むことである。
③ 「自己マスタリー」：自分が大切だと思うことを，自分で達成できるように自分のレベルを向上させるように自己実現を目指していくこと。
④ 「メンタルモデル」：固定観念にとらわれないこと。既成の思考パターンの影響力の大きさに注意を促し，これらのパターンの性質を検証するオープンな仕組み作りが必要とされている。
⑤ 「システム思考」：組織を独自の行動様式と学習パターンを持つ生きた存在と捉えるシステムアプローチであるが，今の環境に合わせる全体最適の思考であると考えると理解しやすい。

3) 評価システム

　図5-7にあるように，知の経営の方法論が実施された場合は，結果が適切に評価され，フィードバックされることが三番目の前提（イネイブラー）である。

　この評価に関しては，欧米の企業と比較すると，特に日本では課題があるといわれている。村社会的な発想をする日本では，個人の評価の差をあまりつけずに，また結果も曖昧にしがちである。評価が曖昧だと，自分は何をやっているのかと疑問が湧き，迷いが生じる。公平な評価システムが構築できていないと，有能な人材が外部に流出したり，評価に疑問を持つ者からの内部告発にも繋がりかねない。

　適切な評価の中で，個々人が迷うことなく，同じベクトルで改革に邁進するためには，全員が納得する評価システムの構築が重要だ。

4) 情報システム

　そして最後に，「知」を活用するための情報システムが構築されていることが必要だ。トム・ダベンポートは，「世の中には兆単位のデータが存在する」としているが，必要なデータや情報をいち早く入手し，関係者と共有するために「知識・知恵・知心」に昇華しなければ環境変化の激しい競争社会で，勝ち抜くことは難しくなる。

　「ファシリテータ型リーダーシップ」「学習する組織」「評価システム」「情報システム」の4つのイネイブラーが整っていない企業は，まず，その重要性を学ぶ活動や仕組みの導入，そして知の経営に合った企業文化を構築する必要がある。これら4つを兼ね備えた組織においては，「知の経営の方法論」を参考に，新しい視点から経営や業務の改善・改革をすると良い。

　「知の経営の方法論」は，情報の収集-共有-活用の3つの基本的なステップ（図5-7の3. 6. 11.）としてナレッジ・マネジメントで提唱されてきた従来の方法の詳細を示すものであるが，外部の知の導入も含めて，著者は12のステップに分類した。この内，特に戦略との整合性が要求されるステップには矢印を付してある。このステップが適切に動くための前提として，4つのイネイブラーを周囲に配置し，さらに人ベースの経営として，個の多様性

第5章 ナレッジ・マネジメントから知の経営へ

【図5-7】「知の経営」の方法論

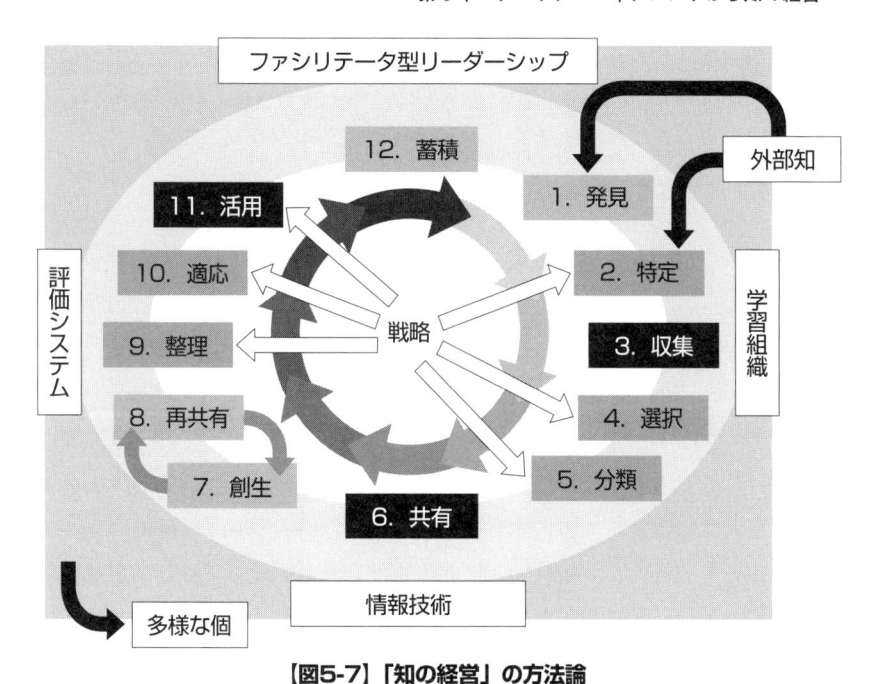

を示す「個の集まり」をバックにあしらったのが、図5-7になっている。

　矢印のないステップ、つまり戦略に規定されずに、まず、広く情報を捉えたり自由な発想で共有し新しいアイデアを創生するようなステップも重要である。

　「①発見〜④選択」までが、「知の収集」のステージである。「1. 発見」された情報が戦略課題に整合するものであることを確認するために、「2. 特定」する。戦略により限定されるが故に収集範囲が狭まるので、収集活動ではまずは、自由に柔軟に大量に集めて必要な情報を発見することが出発点になっている。戦略に合わせて、課題を特定し、「3. 収集」（特定されたためさらにインターネットなどで再収集する）し、「4. 選択」（使えるモノを選ぶ）へと向かう。

　「⑤分類〜⑧再共有」までが、「知の共有」のステージである。「5. 分類」では、

どの組織の問題か責任の所在を明確にし，責任部署で「6. 共有」する中で色々な意見をぶつけ合い，そこから賛成・反対の2択とは別の第3の新しい案も「7. 創生」される。創生と「8. 再共有」を繰り返し，組織の知とする。

「⑨整理～⑫蓄積」が，「知の活用」のステージで，戦略に合った形で「9. 整理」し，何を改善・改革をするのか「10. 適用」する業務を決めて「11. 活用」へと繋げていく。知をデータベースなどに「12. 蓄積」することにより，次の発見の種となる。

6. 知の経営（チ・マネジメント）のフレームワーク

図5-8は，知の経営のフレームワークを示している。従業員1人1人の暗黙知を形式知に変換し，「個人知」を，各部署等のグループの「集団知」にする。次に集団知を全社的な「組織知」にする。プロセスの変革には，必要であれば組織知以外に「外部知」を活用し，外部のベスト・プラクティスから学び，

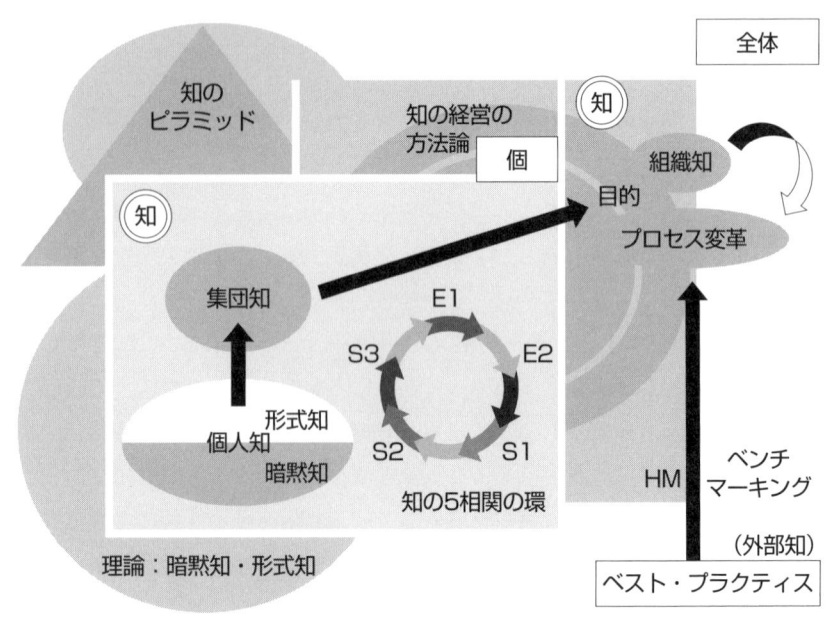

【図5-8】知の経営のフレームワーク

第5章 ナレッジ・マネジメントから知の経営へ

自社に合ったベスト・プラクティスを導入し，時代に合った競争力を培っていく。

　この知のフローを下支えする形で，「知のピラミッド」や「暗黙知・形式知の理論」が前提知となっている。また，「知の経営の方法論」が具体的に情報（知）を共有するステップである。そのバックにあるHM（ハーマンモデル）は，個の多様性を現している。この構図を頭に入れておくと，知の経営を円滑に推進することができるだろう。

　個人知を表出化させるには，「知の5相関の環」の方法論（**第5章，「4. 知の5相関の環」84頁参照**）を活用すると効果を上げられる。知の経営のフレームワークでのキーポイントは，「個人の暗黙知をいかに表出化させるか」と，「経営や業務の改善・改革に組織の知と外部の知を結集する」ことである。環境変化の中で，生産性を向上させ，さらに競争力を強化するためには，すべての事象が「個の多様性」がベースになっていることを再認識して欲しい。

第6章
『知の経営の前提知』

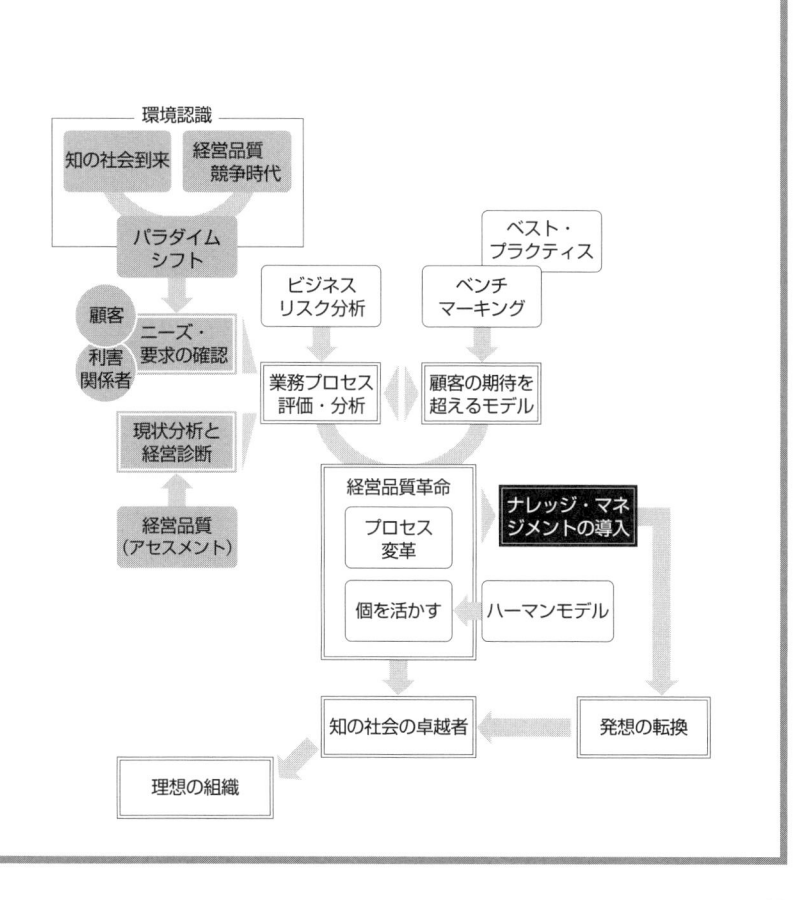

本章では，アットランダムに，ナレッジ・マネジメントや知の経営に関係する事項についての考察を加える。読者の視点に合わせて参考にして欲しい。

1. ナレッジ・マネジメントは特別なものか？

1998年，「アメリカ人のふるさと」といわれているウィリアムズバーグ（イギリス植民地時代の州都があった）で，APQC（アメリカ生産性品質センター）主催のナレッジ・マネジメント・シンポジウムが開催された。世界のナレッジ・マネジメントの先進企業が事例を発表した。2日間の会議で配付された資料に多数出てきたキーワードをKJ法でまとめてみたのが，図6-1である。

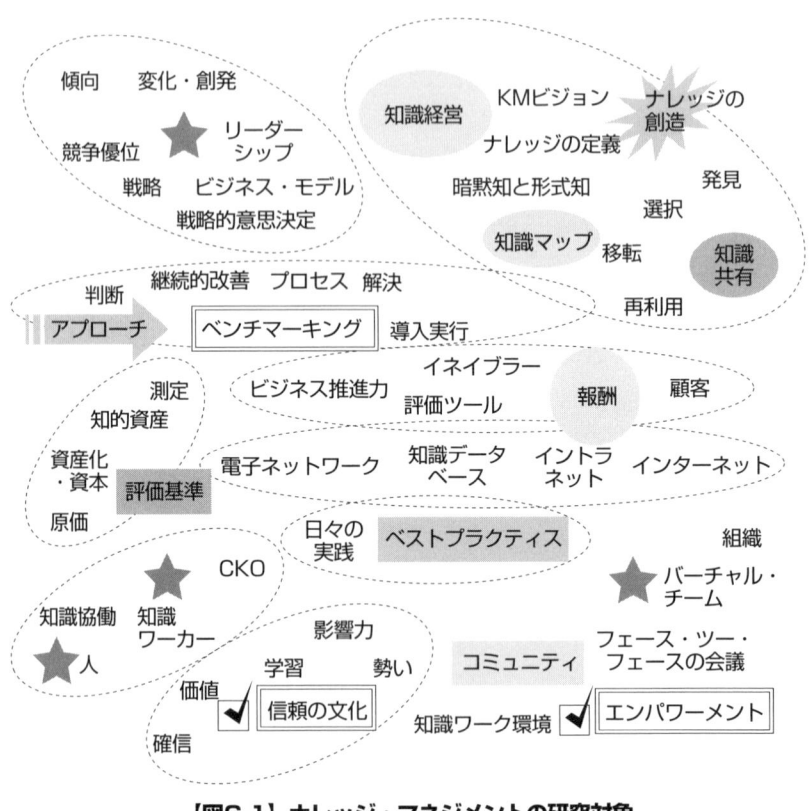

【図6-1】ナレッジ・マネジメントの研究対象

図6-1の右上の楕円形で囲んだ部分が，ナレッジ・マネジメント特有の言葉の集合である。ここでは，10のカテゴリーに分類しているので，全体の約10％と思えば良い。他に経営用語が約90％あるということは，ナレッジ・マネジメントの対象は，普通の経営とほとんど変わりないことを意味していると考えて良いだろう。10年経って，今，知の経営に進化しているが，対象はまったく変わらない。

本書では，パラダイムシフトから入って，顧客や市場の変化を捉え，競争力を向上させるために，新しい経営の視点を強調しているが，その全体に流れる概念が人ベースの考え方である。それは，経営や業務の改善・改革を「知の視点」から見直す事を意味している。

ナレッジ・マネジメントも知の経営も特別なモノではなく，本来の企業経営の目的を達成するために，組織の原点に戻って，組織を形作る人に着目してすべての経営プロセス・業務プロセスを見直す「人に優しい経営システム」である。

この新しい組織は，誰にとっても「透き通った組織」でなけれならない。

2. ナレッジ・ワーカー

図6-1の左下の楕円形に，"知識ワーカー"と表記されているが，知識社会における知的活動をする職位を，ピーター・F・ドラッカーは，"ナレッジ・ワーカー"と呼んだ。事例として，看護師の仕事がまさにナレッジ・ワーカーだとする。

企業での部課長は，PDCAを回して，社員が計画通り仕事をしているかどうかを管理することが部課長の仕事だと考えている。しかし，知の経営におけるナレッジ・ワーカーとしての部課長は，ロボットや情報システムに任せられることは極力任せ，社員が情報を共有できる仕組みを作ることが本来の部課長の役割だ。つまり，知的活動をするのであるから，自部門のことだけを考えて，①計画通り物事が進んでいるか業務を縦割りでみるのではなく，②計画が環境変化に整合しているか，③関連他部門とのすり合わせに影響を及ぼす事象が起きていないか，④現状のやり方を何か改善できないか，⑤これから先，競争力のある計画として保持して良いモノか，等々，ほとんど

の問題は横断的視点でみることが必要である。

　また仕事が上手く回らないことの多くが，情報の共有不足で生じており，横割りで知を共有することは，重要な仕事である。やる気のない人は，組織の進むべき道から外れそうな危なっかしい存在であるが，知を共有していれば，みんなで助けることもできる。横割り縦割りであろうが，知心に焦点を合わせ，組織全体の意識を高めることができれば，会社全体が上手く回る。こうなると，ピーター・ドラッカーがイメージしたナレッジ・ワーカーは「知のワーカー」に昇華できる。

> **考えよう** 一度，自部門の役割機能を忘れて，組織と組織を繋ぐジョイントの仕事だけを，ピックアップしてみてはどうだろう？

　■ほとんどの場合，機能と機能の間に，また部門間の流れに，新たな発見・課題がみえてくるはずである。

　では，どうして横割り思考が弱くなったのだろうか？　また，日本は戦略に弱いとよくいわれるが，大学での教育の効果がなかったのだろうか？

　『英タイムズ紙』別冊高等教育版（The Times Higher Education Supplement）が発表した「世界トップ200大学2008年度版」では，日本の大学は100位以内にわずか4校しか入らなかった。また，IMD（国際経営開発研究所）の大学教育ランキング2005年度版（各国のビジネスマンに対する自国の大学教育についてのアンケート〈6段階評価〉の結果を順位化したもの）での日本のランキングは60ヵ国中，56位であった。

　原因として，①大学教育や教育制度が競争経済のニーズを満たしているか，②産学間の知識移転は円滑に行われているか等の項目が低評価なのが，響いている。その意味で，日本の大学教育は特に公開性や柔軟性が弱いといえるのではないだろうか。知の経営の視点からみれば，知識は持っているが，知恵・知心が弱く，他の人と知を共有することが苦手な人が多い考えられる。そういう人材が，企業のコアメンバーとして中心的な役割を果たすのであるから，管理者は，情報公開を意識し，顧客ニーズの本質を見極め，広い視点で物事をみなければ，組織力として「知」を活用できない。これができるのが知のワーカーである。

> **+解説** ノキアは，社内の情報を共有するため内部で公開する。経営方針にTransparency（透明性）を掲げている多国籍企業である。建物もガラス張りで，空がみえ，緑がみえるつくりになっている。

　1865年にフィンランドで製紙パルプ会社として設立されたノキアは大成功を収め，1898年にはゴム長靴やタイヤなどの各種ゴム製品の生産を始めた。1912年にはケーブル事業をスタート。1960年代は通信機器を発売し，1970年代後半から携帯電話機や通信インフラ製品を開発してきた。ノキアは現在，"connecting People" という企業理念の下，高度なモバイル技術とパーソナライズされたサービスを融合するなど，新たな取り組みを進めている。

　ノキアは，1世紀半に渡って業態を変えてきたが，その経営方針の基本は透明性である。

　3S（整理・整頓・清潔）の指導者が机の上を散らかしていたり，汚い格好では説得力がない。タバコはよくない，痩せようという人が，もしヘビースモーカーで太っていたら，誰もいうことを聞かないだろう。ノキアは，透明性／公開を建物含めたすべてで実行しているところが，知の経営としてのすごいところである。

　「…顧客満足，個人の尊重，目標の達成，継続的学習を重視する価値観は，ノキアの企業文化の中心にある…」（CEOヨルマオリーラ）という価値観も透明性がベースである。

3. 知の教訓

　APQCでは，くだんのシンポジウムの発表で「知の10教訓」を挙げている。

教訓　1：　情報や知識はどこにでも存在する。
教訓　2：　知識の90％を占める暗黙知の移転は極めて難しい。
教訓　3：　現状の組織や人間関係を無視する場合もある。
教訓　4：　ナレッジ・マネジメントは利益を生む。
教訓　5：　ナレッジ・マネジメントには情報技術が必要である。

教訓　6：　ナレッジの移転は個人を主体とする。
　　教訓　7：　ネットワークを活用したナレッジ・サービスが重要である。
　　教訓　8：　大きな投資で大きな成果を得られる。
　　教訓　9：　ナレッジの付加価値領域を特定する必要がある。
　　教訓　10：　業務プロセスをよくみて結果を評価する仕組みが必要である。

　教訓2では，「知識の90％が暗黙知であり移転が難しい」といっているが，これを引き出すことができれば，組織の競争力の源泉となり，教訓4の「利益を生む」ことができる。
　これまでの章でも説明してきたが，教訓5の「情報技術」は単に情報システムを指しているわけではない。いつでも，どこでも，誰でも引き出せるユビキタスな情報システムを意味している。とかく情報システムは，多大な投資が行われるにもかかわらず，導入して満足してしまうことも多い。重要なのは導入した後の運用である。そこでは，進んで情報を公開し，入力し，皆で共有し，活用するような状況をイメージすればわかるように，知識以上に知恵・知心の視点の強調が成功要因である。
　関連している教訓7のネットワークは，情報システムを作れば良いといっているわけではない。会社の中には，公式のチームと非公式のインフォーマル・チームが存在する。相談相手や飲み会仲間などのインフォーマルな場が重要である。知心にかかわることは，悪い意味では，会社の足を引っ張る事に繋がりかねない。良い意味では，チーム学習と同様な効果が上がり，会社をよりよくする新しい発想やヒントが隠されている。

4. 歴史に学ぶ

　知に纏わる多くの先達の言葉がある。これらの言葉は，経営の視点で，また経営の立場で喩えれば何を意味しているのか？　現代に当てはめて考え，歴史に学ぶことが重要である。

第6章 『知の経営の前提知』

①知の重要性：

「智なき者は木石に等し」（出典：成語林）
【意】智恵は人間の大切な条件の1つで，これのない人は，物事を正しく判断し，処理する能力がないから木や石と同じであるという意。

経営の立場で考えると，これは何をいっているのだろうか？ 知識ではなく，智といっている。つまり，知識を超えて知恵が重要であることを厳しく問うている。

②知の柔軟性：

「智は円ならんことを欲し，行いは方ならんことを欲す」（出典：淮南子）
【意】智恵は円満で片寄ることなく対応できるようにしたいし，行いは正しく厳格でありたいということ。

「円：Round」は，丸い，活発な，周囲の…等を表し，柔軟な自由である様を示す。「方：Square」は，四角いという意味で，きちんとした，また，堅物で旧式，型にはまった等々の解釈をすることができる。つまり，「知」は柔軟でなくては変化に対応できない。そして，行動に繋げる必要がある。

③知の社会性：

「智に働けば角がたつ」（出典：草枕）
【意】世の中というものは，理知的な判断だけで動こうとすると他人と摩擦を起こすことになる。

合理的であるから人は動くとは限らない。人を動かすのは，感情であり，心である。知の社会性を理解し，人間関係の重要性に目を向ければ，ファシリテータ型リーダーシップの意味が理解できるだろう。「知のピラミッド」の頂点，知心が重要なのである。

④ トキ[注]の知：

「智恵有りと雖も勢いに乗ずるに如かず」(出典：孟子)
【意】智恵があっても時の勢いにはかなわないもので，何か事を成そうと思ったら時の勢いを利用すべきだということ。

　孟子は孔子の孫に学んだ人で，『孟子』は紀元前3世紀に弟子が孟子の言行録をまとめたものである。それから2300年，現代においても環境変化に対する適応力が企業には問われる。時の勢いを利用するためには，時を読む力を持っていないと，上手くいかない。情報を入手しても，活用するまでに時間を要したら，すでに古い情報である。「知」には適時性が求められる。

　先達の言葉でも挙げられているが，知には色々な側面がある。共有の難しい知である暗黙知と，言語で説明できる知である形式知。また，知には静態的な「知識」と動態的な「知恵」がある。頭に詰め込む「知識」では物事は動かない。成功体験や失敗体験を通して，活用できる「知恵」にしなければならない。

　さらに知の創造と共有に影響を与える，根源的な基盤として人の生まれながらの能力や適性，また感情，立場，関係，意志，思い，意識等の多様性を表す「知心」がある。

　心は常に一定ではなく，動き易い。不用意な言葉によって，業務遂行能力は，著しく低下する。

　人間の行動には，3つの「知」が深くかかわっていると考えられるので，知の経営ではこれらすべてを対象とし，マネジメントしなければならない。

注) トキとは，時間の流れ，経過ばかりでなく，経営資源投入のタイミング，経営戦略実行の速さ，市場の状況や成熟度，経営環境への適応度，起業の体制の善し悪しなどを含む概念。

5. 知の概念

　著者が，ナレッジ・マネジメントの研究をしていると，その幅の広さと深さ，そしてその影響の大きさに驚かされる。

第6章 『知の経営の前提知』

　例えば，物事を記憶するナレッジには「知識」（ナレッジ）だけでなく，過去の失敗体験・成功体験に裏打ちされた企業経営としての「知恵」（ウイズダム）の積み重ねよって普遍的なナレッジとして知識になることも含まれる。その意味では，広く伝播される前の個々の知恵の状態もナレッジに含まれそうだ。そう考えると，前者が狭義のナレッジとすれば，後者は広義のナレッジである。もちろ「4．歴史に学ぶ」で考察したように，物事は道理だけでは動かない。「知に働けば角が立つ」ような場合は，知識や知恵がそのまま通らない。

　そのまま通らないケースをよく考えると，生まれながらの能力をはじめ，感情や意識，さらには企業風土など，知識・知恵では計り知れない要素があることがわかる。ピーター・ドラッカーが何十年も前に看破した知識社会は，特に個性が重んじられる社会であり，個人の価値観や哲学などが経営活動に大きな影響を与えると思われる。

　これらは，どちらかというと人の心にかかわる要因，つまり「知心」（第5章，「3．知の定義と知のピラミッド」参照）と表現するとわかりやすい。ナレッジはより広く解釈するしかないのだが，しかし，学者ではないビジネスマン等に，ナレッジの狭義・広義をいっても始まらない。したがって，著者は，それぞれの違いを明確にして，知識・知恵・知心とし，3つのナレッジ項目の総合概念として，「知」を当てはめた。

　この知を最適な形で把握し経営の効果を上げる考え方を示すために，どちらかというと株主価値最大化を目指した白黒をはっきりさせる欧米流の「知識管理」や，アメリカ流の情報の共有に焦点を当て，情報システムを中心にナレッジ・システムを考える「ナレッジ・マネジメント」や「ナレッジ」にフォーカスした「知識経営」と翻訳されるナレッジ・マネジメントではなく，利害関係者の多様性を受容した人ベースの知識・知恵・知心の総合概念としての「知の経営」を体系化することが21世紀に住むわれわれに与えられた責務である。

　過去数年に起きた企業不祥事や社会的責任にかかわる問題は，80年代のジャパン・アズ・ナンバーワンのおごりを引きずり，90年代の米国の復活に盲従してしまい，あまりにも欧米流の企業統治型の仕組みに力を入れすぎ

た結果ではないだろうか？

　これからは，人中心の「知の経営」を自然体で行うこと，それは，アルビン・トフラーが彼の著書『戦争と平和』（徳山二郎訳）で，「世界システムはプリゴジン的性格を帯びつつある」と評価した世界観に基づく。1977年に「散逸構造論」でノーベル賞を受賞したベルギーの物理学者イリヤ・プリゴジンの提唱する，「われわれが住むのは，成長したり減衰したりする多様な〈ゆらぎ〉の世界であり，その〈非平衡不安定な状態〉における〈個の自由〉なふるまいから，〈全体の秩序が創発〉されてくる」とする生命論的世界観を素直に受け入れるべきではないだろうか？

　個の多様性をベースとした社会構造の現象の1つが企業活動であるとすれば，本当に個々人の能力を可視化し個人の自発性に委ねる経営こそが，組織能力を最大化する「知の経営」である。

6. ナレッジ・マネジメントの効果〜MAKE調査

1) MAKE調査の目的

　英国ロンドンにTeleos社というナレッジ・マネジメント調査会社がある。このTeleos社が運営している「KNOWネットワーク」（Teleos社のサービスマーク）は，ベンチマーキングの対象となる「優れた事業成績を引き出す最良の知識実務」を共有できるウェブ・ベースの専門家の知識コミュニティーだ。

　このKNOWネットワークのメンバーには，2008年3月現在，アクセンチュア，アジア開発銀行，アジア生産性本部，アーンスト・アンド・ヤング，バックマン・ラボラトリーズ，西オーストラリア州政府，ハイネッケン，インフォシス・テクノロジーズ，インドネシアテレコム，IBM，韓国水資源，KPMG，マレーシア中央銀行，ペプシコ，ペトロナス，ポスコ，プライスウオーターハウス・クーパーズ，ロールスロイス，ロイヤル・ダッチ・シェル，サムソン生命，シーメンス，タタスチール，3M，TRW，世界銀行等々が参加している。KNOWネットワークは，1999年から以下の目的で，MAKE（Most Admired Knowledge Enterprises：最も賞賛される知識企業）調査を始めた。

著者は，MAKEの主宰者であるテレオス社の代表者Rory Chase氏から，日本での調査権利を取得し，日本ナレッジ・マネジメント学会でMAKE-Japan調査を始めた。

―〈 MAKE調査の目的 〉―――――――――次の9項目を挙げている。

1. インフォーマルなナレッジ・マネジメント・ネットワークの構築
2. 職務の再設計
3. 業務プロセスの再編成
4. 現状のアセスメント
5. フォーマルなナレッジ・マネジメント・ネットワークの構築
6. ナレッジ・マネジメント戦略の策定
7. ナレッジ・マネジメントの必要性を認識させる
8. ナレッジ業務に対する報酬・動機付け
9. その他

2) MAKE調査の方法

① MAKE調査はDelphi法の調査技術に基づいており，専門家のグループが一連の質問に対して彼らの専門知識またはインサイダー知識を使用して回答するよう依頼される。将来起きる可能性のある事象（技術的，社会的等）の調査に使用される場合，この調査技術は極めて有効な予測ツールとなり得る（それゆえDelphi［デルファイ］法と命名されている）。

② MAKE調査用紙はフォーチュン誌の世界500社（売上高による）のそれぞれの最高経営責任者，筆頭財務役員及び筆頭技術役員／筆頭情報役員に送られる。これらの個人は自社の競争相手及び同業者の知識ベース業績についてコメントするために最も相応しい立場にいると考えられた。

③ ②に加え300人の筆頭知識役員及び指導的KMの専門家が，ナレッジ・マネジメントの専門知識及びどの会社が優れた企業業績を導く組織目標を達成するためのナレッジ・マネジメントを実行しているかについての知識があるという理由で選ばれている。合計で1800人の専門家がこの調査に参加している。著者もそのアンケート調査に参加した。

④ 2000年のMAKE調査では，全体の回答率は18.4％であった。地域別の

回答率は北米で52.9％，ヨーロッパで26.5％，また残りの世界で20.6％であった。
⑤ MAKEの回答者たちは，全世界のすべてのセクター（非営利及び公共部門を含む）から最大3社までの知識ベースの優れた組織を指名する。
⑥ 下記の8つの知識基準に照らして採点する。各基準に対して，指名された企業を，1（最不良）から10（最優秀）までの10段階で採点する。
　知識基準として，競争優位と知的資本の成長を明確に促進する知識パフォーマンスの主要視点を8つ挙げている。

- creating a corporate knowledge-driven culture
  （ナレッジ主導の企業文化の確立）
- developing knowledge workers through senior management leadership
  （トップマネジメントによるナレッジワーカーの育成支援）
- delivering knowledge-based products/services/solutions
  （ナレッジベースの製品・サービス・ソリューションを開発・提供する能力）
- maximizing enterprise intellectual capital
  （企業の知的資本価値の最大化による効果）
- creating an environment for collaborative knowledge sharing
  （ナレッジを共有する環境の効果的創出）
- creating a learning organization
  （継続的な学習する組織の構築の効果）
- delivering value based on customer knowledge
  （顧客主導の価値を提供することによる効果）
- transforming enterprise knowledge into shareholder value
  （組織知を活用して株主価値を向上させた成果）

> **考えよう** 知識パフォーマンスの8つの評価基準は，どこの会社でも使えるものである。自社をこの基準に照らして，評価してみよう。

■例えば，
①普段から顧客の意見を収集し上司やトップに報告する文化があるかどうか。また，
②社員が知を共有するように，指導しているか？
③チーム学習を進め，新商品開発をした。
④顧客知を収集し，顧客価値向上の結果，リピーターが増えた。結果として，
⑤売上が増加し業績向上が達成できた，等々だ。読者の会社では，従業員満足調査をしているか？

3) MAKE調査結果

全体の回答率ならびに地域別及び職能別の回答は1999年のMAKE調査で得られたものとほぼ同じであった。2002年以降の調査結果の上位20社を図6-2に示す。

賞賛される企業の多いアメリカ企業のトップの考え方を知ることは，重要であるが，最近の傾向では，BRICS，特に中国，インドが伸びているのが特徴である。インドのTataグループは，日本の三井・住友のような企業グループであるが，ナレッジ企業として，Winnerの1社に選ばれている。

日本においての調査では，2008年度MAKE-JapanのWinnerとして，10社が選ばれた。フォーチュン500社の日本駐在の経営陣とナレッジ専門家による投票結果である。

- Brother Industries
- Canon
- Fuji Xerox
- Honda Motor
- Kao
- Nintendo
- NTT DoCoMo
- Sharp
- Sony

"Most Admired Knowledge Enterprises" (アルファベット順)		
2002年	2004年	2006年
Accenture	Accenture	Accenture
BP	Amazon.com	Apple Computer
Buckman Laboratories	BP	BHP Billiton
Clarica Life Insurance	Buckman Laboratories	Buckman Laboratories
Ernst & Young	Dell Computer	Dell Computer
General Electric	Ernst & Young	Ernst & Young
Hewlett-Packard	General Electric	Fluor
International Business Machines	Hewlett-Packard	Google
KPMG	IBM	Hewlett-Packard
McKinsey & Company	Infosys Technologies	Honda Motor
Microsoft	Intel	McKinsey & Company
Nokia	McKinsey & Company	Microsoft
Royal Dutch/Shell	Microsoft	Novo Nordisk
Schlumberger	Pricewaterhouse Coopers	Pricewaterhouse Coopers
Siemens	Royal Dutch/Shell	Sumsung
Skandia	Sumsung	Sony
Toyota	Siemens	Tata Group
Unileiver	Toyota Motor	3M
US Government	World Bank	Toyota Motor
World Bank	Xerox	Unileiver
Xerox		

[図6-2] MAKE上位20社 (2002〜2006)

第6章 『知の経営の前提知』

1. 米国企業に影響する主要トレンド：

①グローバリゼーション

②ナレッジ・マネジメントを改善することと新しいIT活用（88％）

③コストの削減とサイクルタイムの短縮

2．米国企業の強み：

①コストの削減とサイクルタイムの短縮

②ナレッジ・マネジメントを改善することと新しいIT活用（優れている23％）

③グローバリゼーション

3．CEOの能力の改善：

①グローバルに考える能力

⑧学習する組織を創生する能力（49％）

出所：ルイス・ハリス＆アソシエイツ社，1988年。（　）内は，トップが選択した率。

【図6-3】米国のトップが重要視している項目

・Toyota　（アルファベット順）

2008年度 MAKE-Japan 調査によれば，10社の企業は卓越した業績を上げているとしている。
・ 売上高利益率は，世界のフォーチュン500社の平均値よりも28％高い。
・ 総資産利益率は，世界のフォーチュン500社の平均値よりも75％高い。

2008年度 MAKE-Japan 調査から，日本企業が活躍している姿がみえてくる。とは言いながらも，残念ながら，まだナレッジ・マネジメントを経営の柱に据えている日本の企業は殆どない。一方，米国トップはナレッジを重要視している（図6-3参照）ことがみて取れる。日本の企業は，コスト削減の意識は強いが，この認識が大きく世界と異なっていると思われる。ただ，

米国のナレッジ・マネジメントは，情報システムによる知識共有に焦点を当てているケースが多い。そうであるなら，アメリカ型金融システムの崩壊に起因する世界同時不況を乗り切るのは，ナレッジの仕組みではなく，より広く人の尊厳をベースとしたナレッジ・マネジメントへの進化であり，つまり，より人的な視点から「日本的な知の経営」を確立できれば，「21世紀は日本の時代だ！」といえるのではないだろうか。

　変化の時代には，個々の能力を最大限に発揮できるような仕組みを作って組織にする事が重要成功要因だ。バラバラなものを会社の目的に合うように統合していくのが，世界の潮流である。日本には日本の良い文化もあるので，例えば，米国流をまねする必要はないが，その概念を参考にする必要はある。世界の企業と競争しなければならないのだから，日本の企業の良い文化を取り込み，独自性を発揮する「知の企業 (Chi Enterprise)」を作り上げれば良い。それは当然のことである。

第7章
知の考察

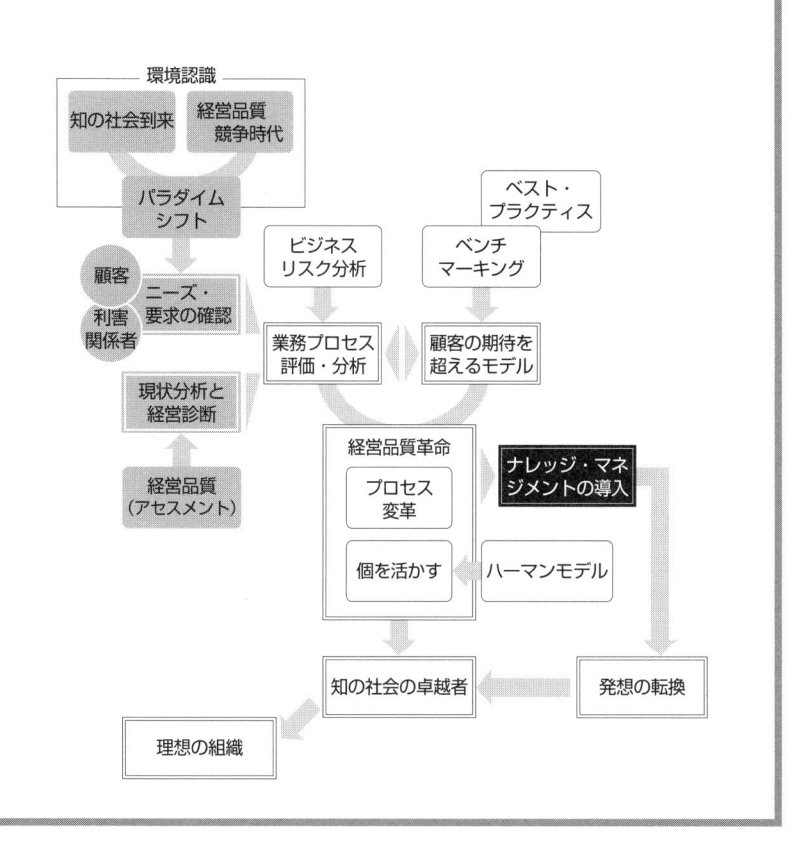

環境認識

- 知の社会到来
- 経営品質競争時代

パラダイムシフト

顧客
利害関係者

ニーズ・要求の確認

現状分析と経営診断

経営品質（アセスメント）

ベスト・プラクティス

ベンチマーキング

ビジネスリスク分析

業務プロセス評価・分析

顧客の期待を超えるモデル

経営品質革命

- プロセス変革
- 個を活かす

ハーマンモデル

ナレッジ・マネジメントの導入

発想の転換

知の社会の卓越者

理想の組織

I. 理論事例編

　本章では，著者が経済産業新報に連載してきたナレッジ・マネジメントと知の経営についての理論を，一部抜粋して紹介する。内容については，寄稿文を原則，そのまま掲載するが，読者によりわかりやすくするために，今までの研究の成果を取り入れて，一部表現を変更したり，また加筆したりしてある。

1. 「ナレッジをみる目」連載の視点

　ナレッジをみる目の連載では，「人を中心とした経営とは何か」に目を向けてみたい。それは，20世紀に世界が駆け抜けてきた科学的管理や品質管理の世界から抜け出た外の世界かもしれない。あるいは，「もの作り」の隠れた知に着目し，経営の原点に回帰することかもしれない。

　3世紀に渡った大変革とは，①明治維新による変革，②第二次世界大戦の敗北による変革，そして③平成維新といわれる今である。

　企業を取り巻く環境が激しく変化する今は，企業競争力を保持するために絶え間のない改善／革新が必要であるとされる。一般に，経営の話はこの仮説からスタートする。「ナレッジをみる目」の連載では，この仮説も含めてもう一度，何が必要かを考察する。地球に生きる自然人である人と同じように，自然人の集まりである社会システムの中で生きる法人としての企業を「人の視点」つまり「ナレッジをみる目」からもう一度見直すことが著者の趣意である。

　社会システムは，機械システムと違って人間の価値観や規範によって動かされる。それは人間が意識的に設定した目的を追求するための行動様式である。それ故に，技術システムのように，反復性，予測可能性，設計されたメカニズム，標準化，全体を部分に分解できる等の性質はないと理解した方が良い。ナレッジをみる目の対象は，「人と社会システムとしての企業」である。

　さて，「企業を取り巻く環境が激しく変化する今は，企業競争力を保持するためには絶え間のない改善／革新が必要である」とする仮説は，マイケル・

第7章 知の考察

ハマーが唱えるような，米国流の経営変革手法の導入，つまり「変化に対応するためには，既存の仕組みを打ち破り抜本的なプロセス変革やプロセスの再編成（リエンジニアリング）が必須となる」という解決策を導くことになる。

この考え方において，著者に投げかけられた課題は，4つあると考えた。

第一の課題は，この仮説に対するアンチテーゼがあるかどうかである。

そして，

第二の課題は，アンチテーゼを受け入れるのであるならば，何をどうすれば良いのかということに精力を注がなければならない。

第三の課題は，仮説が正しいとした場合には，現在の経営の世界でいわれているような解決策で良いかどうかを見極めることである。

したがって，

第四の課題は，その解決策あるいは別な解決策があればその解決策が，実際に効果を上げる重要成功要因，つまりイネイブラー（実現促進要因）は何かを明瞭に把握することである。

前提を変えることや視点を変えることによって，課題をいくつでも挙げることができるが，本書では，仮説をひっくり返すことをせず，今の自由主義経済の枠組の中で，競争が最適な仕組みを導き出すという前提を踏襲したい。今経営の世界で先達が体を張って挑戦している第三と第四の課題に絞り込むことによって，「今まで」と「今」，そして「これから」のすべてを受け入れて，最適解を探索することに傾注したい。第一の課題と第二の課題については，謙虚で賢明な読者の洞察と研究に任せたい。

さて，ナレッジをみる目とは何なのだろうか？　仮説からすれば，今までの知識・知恵に依存していては解決策が出てこないということであろう。つまり今やこれからの知識・知恵，それも柔軟で抜本的な知識及び知恵に依存しなければならないことは理解できる。しかし，本当に今までの知識・知恵が使えないのであろうか？　当然ながら，見過ごしている知識・知恵が他にいっぱいあるのだろうという推測はつく。もしかすると，それは知識・知恵の範疇に入らない何か，「みえざる知（ナレッジ）」なのかもしれない。著者の勝手な洞察からすれば，みえざる知は「ナレッジDNA」「ナレッジ・コンセプト」「ナレッジ・コンテキスト」「ナレッジ・コンピタンス」「ナレッジ・

イネイブラー」等と表現できる何かと考えている。それらは，ある機能やアクティビティのナレッジではなく，それらの間にある，またはそれらと他との関係に目を向けるいわば，「関係性のナレッジ」に焦点を当てたものであると思われる。それらのバランスの上でベスト・プラクティスが達成できる「ナレッジの場」ができあがれば，「トータル・コンピタンス」が向上しその成果として，企業経営の「パフォーマンス・エクセレンス（卓越した業績）」が達成されることになる。

　このようなスタンスの上に立って，「ナレッジをみる目」の連載では，「従来の企業経営の常識にチャレンジ」，「従来の経営のニッチに新しい可能性を探索」，「従来の経営の落とし穴を修復」，「新しい経営の知を探索」，そして「新しい経営のベスト・プラクティスを発見」していきたい。読者が，経営革新に邁進していくための判断能力を高めることにこの「ナレッジをみる目」が役立つことを指向している。

2. ナレッジとは何か〜ナレッジの階層

1) ナレッジの分類

　企業のパフォーマンスを向上させるためには従来の成功・失敗体験とは別なナレッジが必要である。本稿では，ではどんなナレッジなのかについて考察をする。

　抜本的改善・改革をするためのイノベイティブ・ナレッジ（革新的な知）が必要なことはいうまでもないであろう。このナレッジを分類すると，①階層別，②意識の有無別，③主体の内外別，④主体別，⑤出所別，⑥新旧の別等いろいろある。これらを理解した上で経営に有効なナレッジは何かを論議しないと効果がそがれることになる。

　これまで解説してきたように，ナレッジの定義には，共有の難しい知である暗黙知と言語で説明できる知である形式知があり，またナレッジの蓄えを意味する静態的な「知識」と行動パターンと結びついた動態的な「知恵」がある。前者は個人が有するナレッジを外に表出するかしないかという「主体の内外」の分類であり，後者は「階層的分類」である。ここでは，後者の内

容について詰めてみたい。一般にナレッジというと知識と翻訳するが類似なものとして，データや情報がある。別な言い方をすれば，この知識はデータ・情報の分析・収集及び個人の経験を通して獲得される。

2) ナレッジ・ピラミッド（「知のピラミッド」に進化する前のピラミッド概念）

　ナレッジ・マネジメントの研究団体である日本ナレッジ・マネジメント学会（奈良久彌会長，森田松太郎理事長）が発表しているナレッジ・ピラミッドは，データ，情報，知識，知恵及びGの5つの要素がデータを底辺に階層を構成している（図7-1参照）。

① 「データ」とは，事実・数値・資料・与件・観察対象等を意味する。例えば，顧客番号・顧客名・住所・購入商品番号・購入商品名等のリストがそうである。

② 「情報」とは，事柄についての知らせ・判断行動のベースになるデータ等で意味のあるものである。つまり，関東地域の顧客番号・昨年よりも多く購入している顧客名・販売代理店テリトリー内の顧客住所録・売れ筋順の購入商品番号と商品名などの意味のあるデータである。

ナレッジ・ピラミッド
Knowledge Pyramid

G
知恵 Wisdom
知識 Knowledge
情報 Information
データ Data

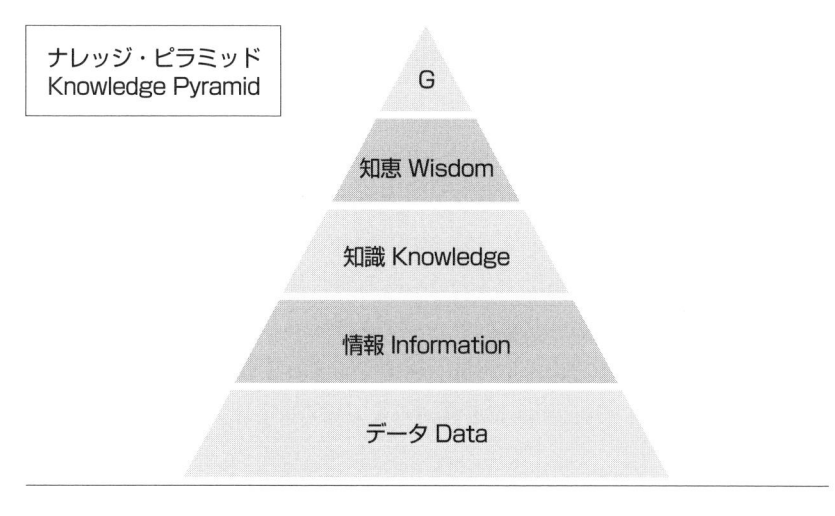

【図7-1】ナレッジ・ピラミッド

③「知識」とは，事柄について知っていること，客観的妥当性を要求しうる判断の体系，認識によって得られた成果等であり，価値を創造するために使える情報である。したがって上記の情報を，今月の販売強化月間に利用するために自分に合ったシナリオをたてて必要な情報をナレッジ・データベースから検索し，また販売会議等で理解することで初めて使える知識となる。
④「知恵」とは，物事の理を悟り適切に処理する能力，人格と深く結びついている哲学的知識を含み，優れた行動と結びついている。具体的には，知識を駆使し，競合企業の販売活動と差別化すべく，顧客別に好みを理解しニーズに合った商品を顧客の要求する時間帯に届けたり，顧客の個人史的イベントに有用な情報を届けるなど，顧客との緊密な関係を気付く行動等である。

3）知識・知恵以外の「知心」が鍵

さて，ナレッジ・ピラミッドの最上層にはGが含まれているが，それは，知識・知恵の定義では決められない何かがあると思われるからである。例えば，自然の摂理や高潔な哲学，普遍的に使える価値など人の尊厳にもかかわるもの等が考えられる。この意味では，Gは，GoalやGodの"G"といって良いかもしれないというのが，学会の考え方であった。

別な視点から考えれば，人の生まれながらの適性，後天的に影響を受けた感情，立場，関係，意志，思いなど，知識・知恵でカバーできないものと考えると理解しやすい。知識・知恵と並べて，自然の摂理や人間活動の根元を意味するもの，つまり人の意識にかかわるものとして「知心（Mind）」という言葉を当てはめると，企業活動の葛藤の中で表面的・形式的な仕組みや手順にかかわる知（知識・知恵）以外の，人のやる気や企業文化の違いを説明できる。

それは，ベスト・プラクティスといわれる同じ最先端コンピュータシステムを導入した企業が知識・知恵のレベルで実行しても，その成果が，大成功から大失敗まであるように，担当者や利害関係者の対応で大きく差が出ることが理解できれば，「知心」の重要性がわかるだろう。

したがって，「知心」は，人の心理の原点に戻れば，本質・本物であり純粋なものと考えられ，Genuineの"G"と説明してもおかしくない。そう考えると学会が公表してきたナレッジ・マネジメントを象徴する知のピラミッ

第7章 知の考察

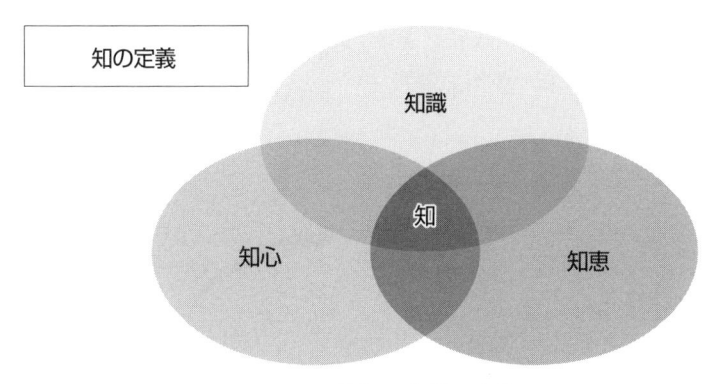

知の定義

【図7-2】知の定義

ドのGにも整合することになる。著者の考え方では，GoalやGodの"G"と同義では，無理があり，図7－2のように知識（Knowledge），知恵（Wisdom），知心（Mind）の3つをまとめて「知」と呼びたい。

注）この"G"の考察については，Gの代わりに「知心」をピラミッドの一番上に置いた「知のピラミッド」で概念を詳しく説明している（第5章，「3. 知の定義と知のピラミッド」78頁参照）。

3. 知とは何か〜知の意識

1) 知の意識

競争力向上に必要な知を理解するには，「データ・情報・知識・知恵・知心」という階層思考が必要であることを，前項で考察したが，本稿では，別な視点で知の検討をしたい。

ナレッジは，一般に自分が知っているものを「知識」，知らないものは「まだ知識になっていない段階」とみる。しかし，自分にとっては知らないものでも，抜本的改善・改革をするためのイノベイティブ・ナレッジ（革新的な知）を社内の誰かが有しており，その事実を知っていれば，その人にとっては「これから知る知識（潜在的な知）」である。このように考えると，「ナレッ

117

ジの階層」で解説したナレッジ・ピラミッド図の上の3つの層が意味をなすことになる（図7-3「上層と下層」参照）。

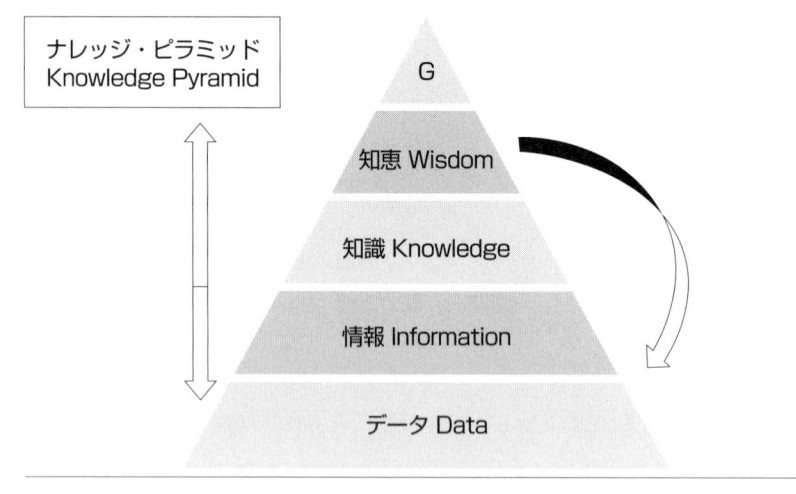

【図7-3】上層と下層

言い換えると，下層のデータ・情報を何らかの知の共有の場を通して知識・知恵・知心にする仕組みが重要となる。

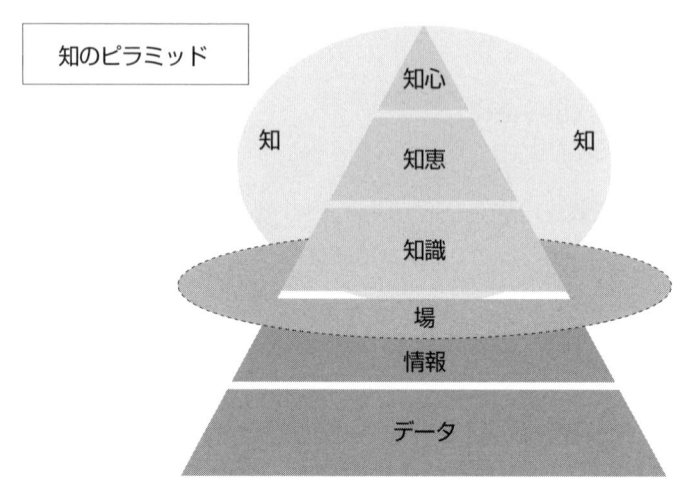

【図7-4】知のピラミッド

第7章 知の考察

　図7-4は，ナレッジ・ピラミッドを改善し，上層の知識・知恵・知心をまとめて「知」とし，「知のピラミッド」と呼ぶことにしたものである。この「知」は「既知」であり，その前の段階の知（データ・情報の一部）は「未知」である。

2）既知

　例えば，「未知」である前述の革新的な知を知りたくても，本人が話してくれなければ「既知」つまり実際の革新に繋がらない。知には共有の難易差があることになる。

　知の経営は，この共有の難易差を克服するイネイブラー（実現促進要因）について取り扱っているが，本章ではまず，知の所有者がどんな意識をもっているのかの観点から「知」を解説したい。

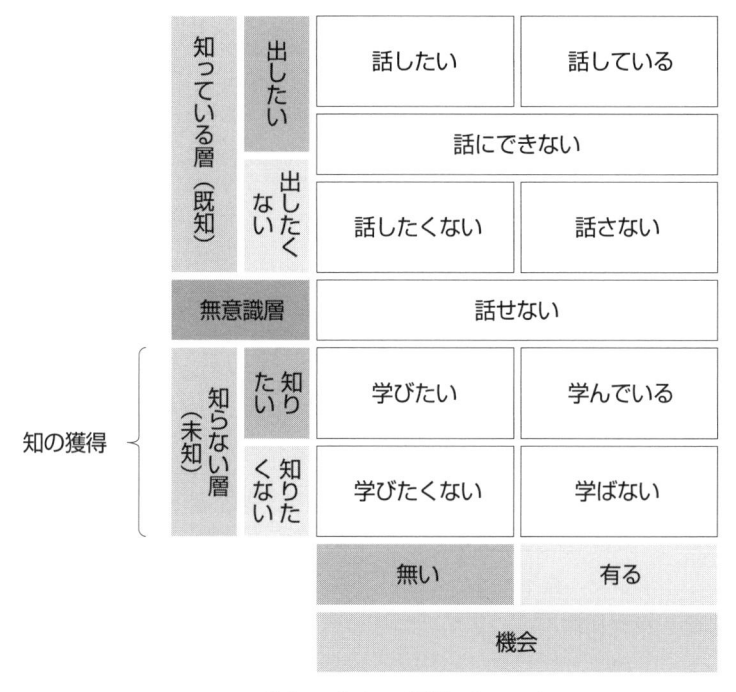

知っている層（既知）	出したい	話したい	話している
	出したくない	話にできない	
		話したくない	話さない
無意識層		話せない	
知らない層（未知）	知りたい	学びたい	学んでいる
	知りたくない	学びたくない	学ばない
		無い	有る
		機会	

（左側：知の獲得）

【図7-5】知の意識マトリックス

図7-5（知の意識マトリックス）の上部の「知っている層」にあるように，「既知」は本人が「出したい知」と「出したくない知」に分けることができる。そして，それぞれに知を出す機会が「有る」「無し」で，①話している，②話したい，③話さない，④話したくないの4つに区分できる。したがって，②話したい人に対しては，インタビューや会議等その機会を作ることが重要となる。④話したくない人にも機会を与え話したくなるように仕向ける。機会があっても③話さない人には，なぜ話したくないのかの根本原因を突きとめることになる。

　さらに既知の中の暗黙知の部分に「話にできない」もの，つまり表出化して形式知にできない種類の知が存在する（暗黙知・形式知については別稿で解説する）。

3) 知の意識マトリックス

　知は意識の有無によって図7-5のように①既知，②無意識，③未知の三層に分けられる。この三層は機会の有無によって大きく2つに区別できる。さらに個人の意思によって最終的に10の窓に分割される。

　知の意識マトリックスの中間に，無意識の層があるが，これも暗黙知のジャンルである。

4) 未知

　ナレッジ・マネジメント（本書では「知の経営」としている）でいういわゆる知の獲得（発見・特定・収集・選択）の対象（第5章，「5.知の経営の方法論」88頁参照）が最下層の未知の分野である。未知に対する人の意識は，図7-5の下層のごとく意思によって「知りたい」，「知りたくない」の2つに分けられる。ここでは，知の獲得が先でその後上層に転換し既知の話になる。

　既知と同様に，それぞれに機会が有る無しで，①学びたい，②学んでいる，③学ばない，④学びたくないの4つに区分できる。したがって，①学びたい人に対しては，教育研修制度や補助金等その機会を作ることが重要となる。③学ばない人にも機会を与え学びたくなるように仕向ける，機会があっても④学びたくない人には，なぜ学びたくないのかの根本原因を突きとめること

第7章　知の考察

になる。さらに外国語を解さない，ネットワークがない等の理由で「学べない」未知も存在する。

　したがって，知の経営では既知に対応するやり方と，無意識や未知に対する方法は自ずと違ってくる。企業が変革を望み，競争力を向上させようとするからには「知の層」「知の意識」の理解が前提となる。

4. 知とは何か～知の主体

　知には階層（データ・情報・知識・知恵・知心＝知のピラミッド）があり，また意識の有無によって既知と未知がある。さらに個人にとっての既知は意識しているもの（知識・知恵・知心＝知のピラミッド），そして未知は無意識層を除いた知らない層（データ・情報の一部）であることを考察した。知をこう考えると，知のピラミッドは個人によって当然ながら大きさも中身も違うことになる。そこで，本章では知の主体について検討する。

　知は誰が持っているのだろうか？　個人が持っているという解答が1つである。知は頭脳の大脳新皮質や辺縁系内の記憶として捉えられるので本来個が有するものと解すべきであろう。しかし，組織経営の視点からは，個が集まった集団で決めたことは，集団の意見として1人歩きする。組織や会社全体の意見も同様である。そのとき，知は個人の意識を超越する。

　したがって，場を広げれば，村の知，町の知，市の知，都道府県の知，国の知，国連の知，等があって良い。

　しかしながら，どの知であっても個がそれぞれの組織の一員であるので，知は第一義的に個に所属し，前項で述べた「知の意識」によって分類できる。つまり，個人知（Individual-Chi）は知のピラミッドの上層，知（Chi：知識・知恵・知心）で表される。

　知が個に所属するのであるから，ある個人にとって未だ知らざる他人の知は，単にデータ・情報の範疇であり知のピラミッドの下層を意味する。つまり，データ・情報には，他の個人の知が含まれる。

　図7-6の，個人としての知のピラミッド（下層に示した3つの小さな3層

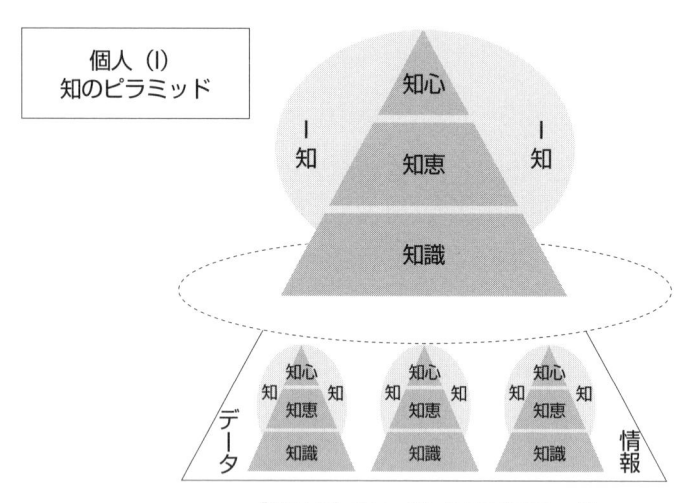

【図7-6】個人（I）知のピラミッド

の知のピラミッド：他の個人知）がそれを表している。

　では，個人知（Individual-Chi）が集まった集団知（Group-Chi）や組織知（Organization-Chi）はどのように表されるのか。

　図7－7の集団知，組織知のピラミッドに内包されている5つの小さな3層の知のピラミッドが個人知を表す。全体のピラミッドの上層は，集団や組織の一員である個人が集まり個を超越した知を形成する。

　このような知の主体，個人・集団・組織が，それぞれの知を，それぞれの目的を達成するために活用するのが活動である。個人の活動は，組織内の業務責任を全うするために個人知を有効に利用し業務の効率・効果を上げるプロセスを意味する。したがって，個人知は広く捉えるべきであり，例えば，目的，プロセス，手続き，ルール，ノウハウ，技術，方法論，評価値，製品，コスト，価格，顧客，ノウフー，知的資本，成功経験，失敗経験，企業文化，ベスト・プラクティス等々，知は至る所にあると考えられる。

　個人知をチームや部署の集団知にするためには，知の共有のプロセス（知の経営の別稿で解説する）が重要となる。さらに，集団知を組織全体の組織知にするためには，特に全国展開をしていたり海外進出している場合には，高度情報システムやイントラネットなどの活用により知の企業内水平展開が

第7章　知の考察

グループ（G）
知，組織（O）
知のピラミッド

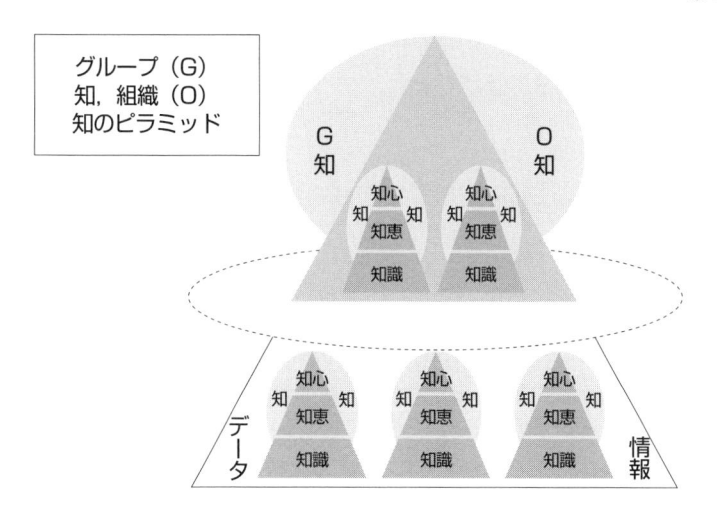

【図7-7】グループ（G）知，組織（O）知のピラミッド

必須となる。

　知の主体が3種類あるということは，三者間の関係が大きな影響を与えることも意味する。ある知の表明（情報，意見，提案等）に対する反対者の知の表明による討論，強者や勝利者の表明する知（成功要因，こうすべきという強硬論等）の影響，弱者や敗者の表明する知の黙殺，悪い人間関係の中での知の表明にかかわる軋轢，上司の表明する知の圧力等々，知の共有の有効性に主体が大きな役割を持つことになる。主体の違いによって，いかに有効性を上げるかという知をマネイジする知の経営（知・マネジメント）が着目されているのは，このような意味での「合意の知」に至るプロセスが必須だからである。

　知の主体の中で特に個人については，知の共有に対して何らかの個人的事情が影響したり，いわゆるレジスタンス（抵抗）が存在する。その理由は組織のビジョンと個人のビジョンの違いであったり，個々人の経験，思い込み，理解度，信頼，必要性，人間関係，評価等々の個を取り巻く状況がすべて違い個の多様性が知の共有を妨げるなどである。

　人を中心とするこれからの企業経営の成功の秘訣は，個の多様性と業務の特性をいかに整合させるかにかかっている。つまり，個人知，集団知，組織

知をスムーズに直結させ，集積した知を顧客価値創造プロセスの変革に結びつけることが，現代の経営者の責務である．

5. 知とは何か～知の明暗

1）みえる知とみえない知

　知識・知恵・知心の3つからなる知には明暗があり，いわばみえる知とみえない知がある．暗黙知と呼ばれる相手からみえない知とは，①隠れていて他人が気付かない知，②本人が隠していて出さない知，また③本人が気付いていない知，等である．この暗黙知は，一般にいう同質を前提とした日本人の「暗黙の了解」等を除いて，知の主体（個人，グループ，組織等）にとって共有の難しい知である．米国のナレッジ・マネジメントの研究機関であるアメリカ生産性品質センターのカーラ・オデール理事長は，個人が有する知の80％～90％が暗黙知だという．したがって，知のほとんどを占める暗黙知をどう活用するかが知の経営の成否を決めることになるだろう．

　みえない知が暗黙知であるのに対して，みえる知は形式知と呼ばれる．本章「3　知とは何か－知の意識」（**117頁参考**）で述べた，ナレッジと知を意識の視点から10に分類した「知の意識マトリックス」の上部に位置付けた既知の5分類（①話している，②話したい，③話さない，④話したくない，⑤話にできない）と無意識（⑥話せない）の合計6分類のうちの1番目の「話している」は形式知である（図7－8の斜線の窓）．2番目の「話したい」は，現在暗黙知であるが機会さえ与えれば即形式知に転換されるものと考えられる．しかし，暗黙知である他の白抜きで示してある機会があっても「話さない」や，機会がないが「話したくない」は暗黙知から形式知にするには，出し手にとっても受け手にとってもかなりの努力がいる．「話にできない」，「話せない」層は，なおさらである．

　このように考えると，言葉や文書になった形式知以上に暗黙知の広さや深さが理解でき，その重要さがわかるだろう．

第7章　知の考察

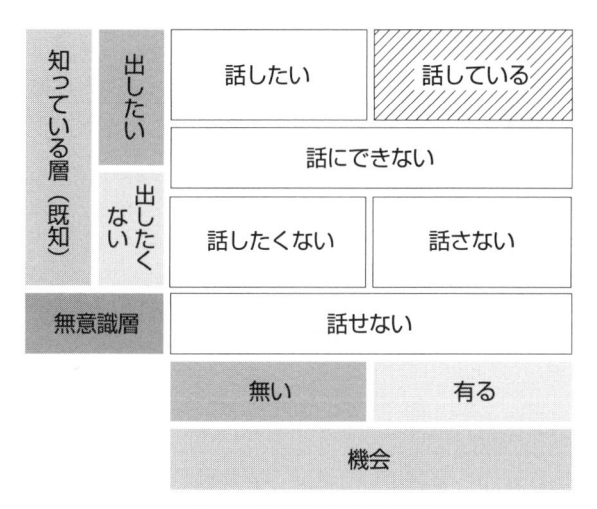

【図7-8】既知と無意識層

2) 暗黙知の影響

　図7-8の6分類は，知（知識・知恵・知心）をどのように意識しているかによって分けているが，外からみえるかみえないかが形式知・暗黙知の分類である。この両者の関係をわかりやすく理解できるようにメタファーに

知の茶筒理論

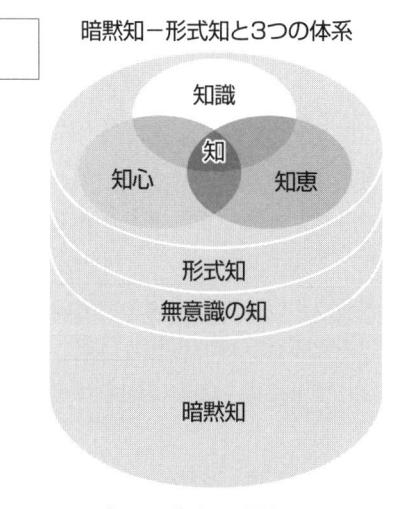

暗黙知－形式知と3つの体系

【図7-9】知の茶筒理論

よって図式化すると図7－9のような,「知の茶筒理論」となる。茶筒のふたの部分に知(知識・知恵・知心)を描いている。これは金太郎飴のように茶筒の底まで続いていると考えて欲しい。ただ,外(上)からみえる金太郎飴のスライスが「形式知」ということになり「ふた」である。下の茶筒の内部がみえない部分が暗黙知を意味する。

この暗黙知の影響は,茶筒が長くなればなるほど大きくなる。例えば,せっかく他人の知を理解しようとしても,個人にとっては,

① 職人の技や匠の技等は形式知化の難しい暗黙知が多い。
② 暗黙知は自分の占有物という考え方も根強い。
③「暗黙の了解」のように共有している暗黙知は,実際は形式知化して共有化し,それぞれの理解を確認しなければ,本当のところはわからない。
　ましてや,グローバル企業は社員の人種も多様化しており,文化の違う外国人とのコミュニケーションは大変である。国内企業であっても,競争力をつけるためには,個人の暗黙知を外に引き出すことが重要成功要因であることは自明の理であろう。

2002年8月31日東京国際フォーラムで開催された「ITCカンファレンス2002」での講演で,ナレッジ・カンパニーを標榜するジャストシステム浮川社長は「企業活動とは,ナレッジの集積」だと話した。ナレッジは,人の資産(成功/失敗体験・業務体験・熟練度/ノウハウ・知識/知恵・人脈・個人能力/スキルなど)と企業・組織の資産(事業構築ノウハウ・事業運営ノウハウ・独自性/独創性・企業理念/ビジョン・企業カルチャー・総合力/組織力など)に分けられるという。それを皆が活用しなければ意味がないので,浮川社長は「知識のみえる化・誰でも使える化」が必要という。まさに暗黙知の表出化(形式知にすること)と形式知の共有の場を作る話である。

さて,図7－5(119頁)で形式知と暗黙知の間に描いたのが,上述した「話せない」無意識層の知である。これは,外からみえないため暗黙知に属する

が，何かのきっかけで意識されると，表出化し形式知にすることも可能である。この無意識に活用している知の中に，匠の技や親方の技術，また企業のトップセールスマンのノウハウなどが含まれることもある。

6. 知とは何か～知の出所

1）ナレッジ主体の拡大

　個人知，集団知，組織知，あるいは場を広げて村の知，町の知，市の知，都道府県の知，国の知，国連の知などは，どちらかというとナレッジ・ピラミッドの全5階層（データ・情報・知識・知恵・知心＝広義のナレッジ Knowledge in a broad sense）にかかわる「場」と「ナレッジの主体」の話であった（図7－10参照）。

　本節では，全てを支える「場」とは別に，ナレッジ・ピラミッドの下位の2層のデータ・情報の上の「知の場」に乗っている上位3層（知識・知恵・知心＝知Chi）の「知の主体」について話を進める（図7－11参照）。つまり，人の意識・判断・行動について，企業や組織に直接かかわる課題を検討する。さらに主体の「知の出所」については，変革によって業績向上を目指す企業業務の流れを意味するバリューチェーンの各プロセスの知に絡めて検討・解説する。

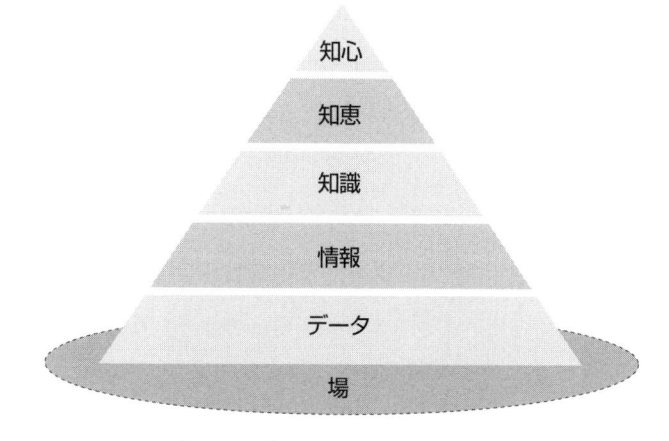

【図7-10】ナレッジ・ピラミッド

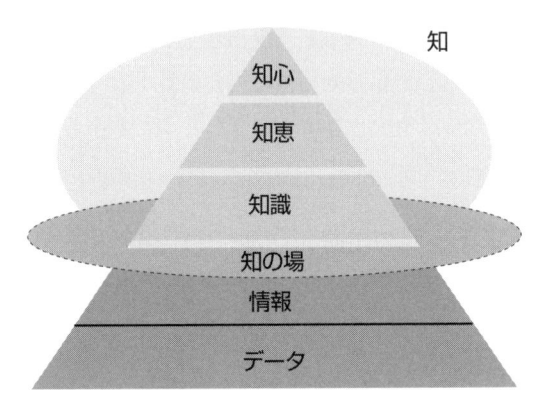

【図7-11】知のピラミッド

2）経験知・環境知・社会知とバリューチェーン知

　企業活動は，主に顧客価値を創造するための基幹業務のプロセスと，基幹業務が有効且つ効率的に動くように補助をする支援業務のプロセスを表現するバリューチェーンによって説明できる。

　変化の時代といわれる今は，バリューチェーンを知の活用によってリエンジニアリングをすることが必要である。知の活用は，このバリューチェーンの各段階に図7－11に示した知のピラミッドが張り付いていると考えるとわかりやすい（図7－12参照）。各段階に関係する知が，1つ目の「知の出所」である。つまり，バリューチェーンのそれぞれの段階に合わせて，顧客価値創造をするために必要な①「サプライヤー知」，②「購買知」，③「商品開発知」，④「マーケティング知」，⑤「製造知」，⑥「販売知」，⑦「出荷知」，⑧「請求・回収知」，⑨「アフターサービス知」，⑩「顧客知」，等を，有する関係者や仕組みを意味する。

　2つ目の知の出所は，バリューチェーンにかかわる知，すべてを別な視点から分類することである。生き方の認識や対応の仕方を意味する「経験知」，組織の置かれている立場や周囲の状況認識を意味する「環境知」，組織・社会に役立つことの認識を意味する「社会知」等に分けられる。

　例えば，3M社のセロファンテープが売れた有名な事例は，上記の「販売知」

APQCのプロセス体系図

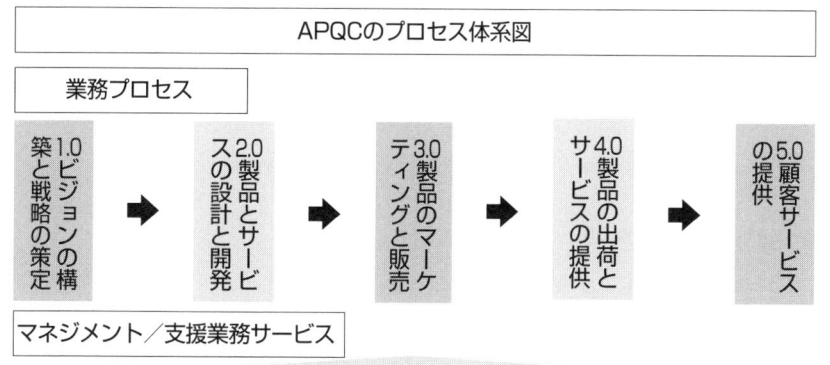

業務プロセス

1.0 ビジョンの構築と戦略の策定 ➡ 2.0 製品とサービスの設計と開発 ➡ 3.0 製品のマーケティングと販売 ➡ 4.0 製品の出荷とサービスの提供 ➡ 5.0 顧客サービスの提供

マネジメント/支援業務サービス

6.0 人的資本の開発とマネジメント

7.0 ITのマネジメント

8.0 財務資源のマネジメント

9.0 固定資産の取得建築とマネジメント

10.0 健康と安全に関わる環境のマネジメント

11.0 外部関係のマネジメント

12.0 知識・改善・変化のマネジメント

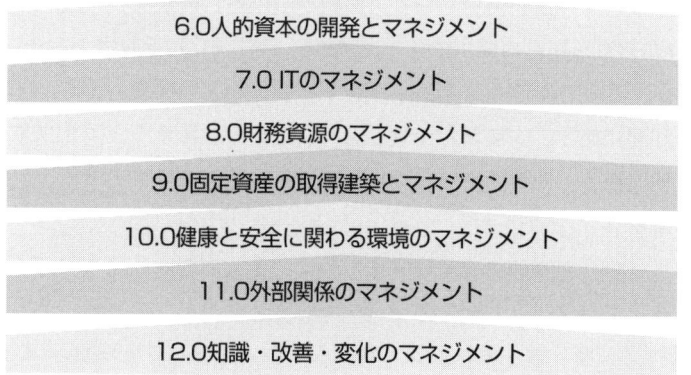

(出所:アメリカ生産性品質センター,APQC)

【図7-12】バリューチェーンの例

「顧客知」「経験知」についての混合の結果である。新製品の薄くて丈夫な無色透明な〈スコッチ〉セロファンテープは,米国の大不況が始まった最初の年に発売されたため,周囲からは最悪の販売のタイミングと思われたが,予想に反して大成功だった(「販売知」の例)。実際には,節約を迫られた時代のなかで,消費者がセロファンテープの使い方を次々と引き出していった(「顧客知」の例)。つまり,生産者が使用目的を狭く考えていたにもかかわらず,消費者は必要に迫られて様々な場面で自らテープの使い道を探すという"暮らしの知恵"を発揮した結果であった(「経験知」の例)。

一方,セロファンテープを開発することになったのは,どんな知によったのか。そのきっかけは,1929年に3Mのもとに,冷凍貨物列車用の断熱材を

開発する途中で，冷凍庫の湿気が製品に悪影響を及ぼしてしまうという課題に直面していた，ある断熱材製造業者から「耐水性を持った包装を密封するのに適した材料を探してくれないか」と依頼がきたことである（「環境知」の例）。

3) 知の使いどころ

　知の出所が理解できると，知の使いどころがわかってくる。前述の3Mの事例は，たまたま，消費者が色々なアイデアを出して使い方を工夫したが，これを企業自身の商品開発プロセスに結びつけることが，「知の使いどころ」，いわば現在のCS経営の原点である。つまり，開発されたセロファンテープを，消費者が「①破れた本や書類，小さなかぎ裂きなどの修理に使う，②壊れた玩具の修理に使う，③崩れた漆喰を天井に止めるのに使う，④オフィスで書類の修理に使う，⑤店頭や家庭で紙幣の補修に使う」等々のアイデアは，顧客知である。

　このような「顧客知」を活用するために，企業内の商品開発の時点から外部の消費者を巻き込み共同で開発（フォーカスグループの組織）することは「知の経営」（第5章「ナレッジ・マネジメントから知の経営へ　4．知の5相関の環」84頁，及び本章，Ⅰ，第8項以降を参照）の当然の活動となる。

7．知とは何か～知の新旧

1) 知の新旧

　知の研究は，古代ギリシャのソクラテスの時代に倫理の原理としての真の知恵の探求からスタートしたといえるが，近年でいえば，産業革命から始まった工業社会の中には数え切れないような近代的な知が散在している。その後の，情報革命の進展は量やスピードを中心にこの知の質を変化させてきた。現在は，知の社会（著者は，知識・知恵・知心の総合概念である「知」が重要であると説いているため，広義の知識と狭義の知識との混同を防ぐため，「知識社会（Knowledge-Oriented Society）」ではなく，「知の社会（Chi Society）」と呼んでいる）に入ったといわれ，質が重視され特に人中心の知

が重視されるようになった。

　つまり，知には時代や環境の変化による新旧がある。もちろん，現代の知にも新旧がある。それは，環境が激変し，現状の経営パフォーマンス向上に結びつかなくなる結果，ある知の価値がすぐ消滅するからである。しかし，パラダイムシフトの結果，現在の知が使えなくなることで，古い知が脚光を浴び急に光り輝くこともある。

　企業が有する流動資産は長い間在庫になると劣化する。短い時間であっても，代替商品が出る等の理由で経済的に陳腐化することもある。また固定資産であっても長期の時間の経過と共に減価する。もちろん物は使用することによって，例えば，ネジは何度も使うと摩耗する。また1つのネジは一か所にしか使えない。しかし，知は別な動きをする。例えば，知は何度使っても構わないし減ることはないので，転用が可能であるという特徴を有する。知はあっという間に価値がなくなることもあれば，いにしえの知が急に輝き出すこともある。

　知にはいろいろあるが，今まで①ナレッジの階層と知の階層（知識・知恵・知心），②ナレッジの意識と知の意識（既知・無意識・未知），③ナレッジの主体と知の主体（個人知・集団知・組織知），④知の明暗（明示知または形式知・暗黙知），⑤知の出所（バリューチェーン知，経験知・環境知・社会知）等について述べてきたが，それぞれの知は，それぞれが存在した時代の知であり，したがって時代の進展，時間の経過と共に，その輝きに変化が生じる。つまり，知には新旧があるので，輝いている知，輝きだした知が，今使えることを意味している。

　こうした知の見方からすると，その時代の経営は，環境・組織・設備機械・仕組み・方法・顧客ニーズ・社員の価値観等の新旧が影響していることになるので，必要であればそれぞれの知をいかに革新するかが，経営変革の根幹をなすことになる。

　このように時間軸で分析すると（図7-13参照），右肩上がりの時代の従来の知は，過去や将来の知をあまり使わず現在の知を活用した改善の知であった。しかし新しい知（今後の知）は，①過去の古い知の見直し，②現在

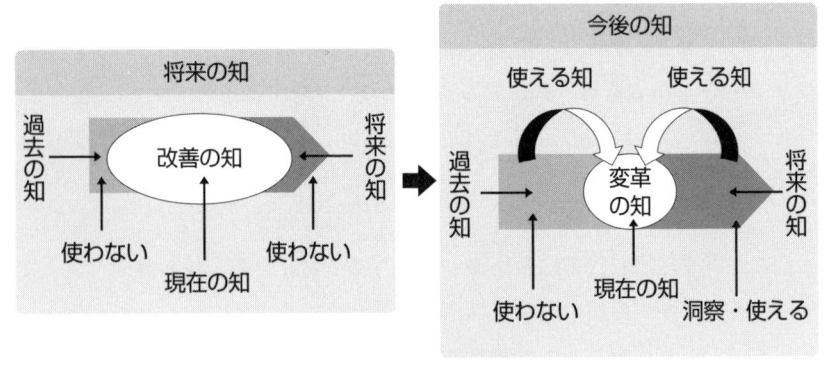

【図7-13】知の新旧

の新しい知の活用，③将来の知の洞察，の総合知といえることになる。

2) 知の視点の多様性

　新しい知には，もう1つの視点がある。それは，同じ時代の知であっても視点が変わると使われていない知が価値を有することである。

　日本ナレッジ・マネジメント学会の評議員をつとめ，学会のナレッジ・マネジメント研究に格別の支援をしておられる野中郁次郎一橋大学名誉教授は，2002年2月に東京で行われた第5回年次大会の基調講演で，「今日，企業はいろいろな形でパラドックスとか矛盾に直面している。グローバリゼーションとローカリゼーション，効率と創造性，暗黙知と形式知というものも皆そうなのですが，そういうパラドックスとか矛盾を総合するところにイノベーション，知の創造が起こるわけです」と述べた。

　著者が主張してきた，経営品質の知（例：システムの知，シナジーの知），トータル・コンピタンスの知（例：全体の知，バランスの知），関係性の知（例：プロセスの知，相互作用の知），等の真髄を「パラドックスと矛盾の総合」という概念で明確に述べてくれた。

　著者が主張する知は，部分ではなく全体の概念であり，個ではなく個と個の関係でもあるので，部分や個が古いと全体や関係も古くなる可能性があることを意味している。また部分や個の知は他の部分や個の知の影響を受けて

変化するが，通常はそれぞれが古いよりは新しい方が効果の上がることが多い。しかし，古い知でも全体や関係性の中で価値が出ることも多い。

特に関係の知は，機能と機能や職務と職務の間のダイナミックな活動に目を向けるので，米国流のジョブ・ディスクリプション（職務記述書）ではカバーできない日本型の知である。

このように考えると，イノベーションや経営変革は新しい知の結果であるとはいえ，過去の知，現在の埋もれた知，将来の知をいかに発見し取り込むかが成功の鍵を握ることになる。

8. 知の経営とは何か〜基本的考え方

「ナレッジ」と「知」の概念をベースに，一般にいわれるナレッジ・マネジメントの中でも，ここでは企業や組織経営にかかわる「知」つまり「知識・知恵・知心」に範囲を絞り込み，それらをいかに有効に活用するかを目的に掲げる「知の経営」について解説する。

「今までの知識・知恵に依存していては解決策が出てこない。つまり，今やこれからの知識・知恵，それも柔軟で抜本的な知識及び知恵に依存しなければならない。しかし，本当に今までの知識・知恵が使えないのであろうか？　当然ながら，見過ごしている知識・知恵が他にいっぱいあるのだろうという推測はつく。もしかすると，それは知識・知恵の範疇に入らない何か，『みえざる知（ナレッジ）』なのかもしれない。著者の勝手な洞察からすれば，みえざる知とは『知のDNA』，『知のコンセプト』，『知のコンテキスト』，『知のコンピタンス』，『知のイネイブラー』等だと考えている。それらは，ある機能やアクティビティの知ではなく，それらの間にある，またはそれらと他との関係に目を向ける，いわば『関係性の知』に焦点を当てたものであることが多い。それらのバランスの上でベスト・プラクティスが達成できる『知の場』ができあがれば，経営の『トータル・コンピタンス』が向上し，その成果として『パフォーマンス・エクセレンス』が達成されることになる」という論理を踏襲する。

したがって，経営者はまず，経営インフラとしての「国が進める社会や経

済の構造改革」を積極的に受け入れ，その新しい枠組の中で，従来のやり方を変革するための「経営の構造改革」を実行しなければならない。それは，重厚長大の企業やオールドエコノミーと揶揄される企業が生き残れないという話ではない。進んで顧客ニーズの変化を読みとることができれば，変化の時代であっても，「不易流行」というように変わらないものと変わるものがあることに気付くであろう。そのためには，従来と同じスタイルの経営に決別すれば良いと安易に考えてはならないことは容易に理解できるであろう。

まず，不易については，経営の基本である①優秀な人材の採用，②最先端設備や技術への投資，③キャッシュフローの確保等について，当然ながら変化の早さを見極めて，決断をすることである。流行については，①環境の変化に神経を集中し，②経営の原点や本質に基づいた新しいビジネスモデルを考え，③それを動かすビジネスプロセスのベストなやり方を業界外や世界から学び，また自ら創造し即座に導入するべきだ。

それゆえ経営の構造改革の実行者は，不易や流行を見極めるため，まず先入観を捨て，企業を取り巻く環境は，①安定的ではなく変化し，②その変化のスピードは速く，実施に時間をかけている暇はなく，③経営活動は，固定的な規則やチェックリストに基づいて厳格に実行しているとタイミングを失してしまうという危機意識を持つ必要がある。

したがって，多様な顧客の期待に応える個別の仕立てをして顧客別に独自の価値を創出するためには，経営者が経営の仕組みを変え，管理者がベスト・プラクティスを導入するベンチマーキング等の変革手法を実行できるような「学習組織の構築」が成功の鍵を握る。この学習組織は，当然ながら仕組みとそれを動かす個の活用を促進する。この場合に，新しいビジネスモデルや再編成したビジネスプロセスは，新しい知識や知恵，さらに人の適性・やる気・意識・思い等の知心を必要とするため，適切な「知の経営」が必須となる。

「知の経営」を実行するには，その基本的考え方を理解することが必要である。よくある事例を下記に示す。

ある経営関係のセミナーをシリーズで行ったときの事例である。有名な先生に講師を依頼したところ，快く引き受けてくれた。当初予測していたほど参加者が集まらず，急遽全員で営業を行うことになり，事務局が会議を開い

て戦略を練った。営業には全員が賛成であった。しかし参加者は増えなかった。事態はすぐに判明した。ほんの一握りの人が一生懸命営業をしただけで，残りのほとんどの人は口先だけであった。つまり，「わかりました」と言いながらまったく動かない人，「誰かがやるだろう」と自らやらなくても良いと思い込んでいる人，「黙っているので了解」と思ったら，何もしない人，縦割り社会では駄目だと総論賛成した人が各論で反対するのはなぜか。先生にも頼もうという話になると，「先生は講義をするのが仕事で営業は無理な話」という人，自分が話すことに自信があって，自分の講演パンフレットを関係者に配るのがなぜいけないのか。どこか，「知」を出し惜しみしている姿が垣間みえる。従来の日本式経営が崩壊しているにもかかわらず…。

顧客からすれば企業内のセクショナリズムはまったく無関係である。このような人達は，顧客が減ったのは営業の責任といっているようにみえる。このような人に限ってボーナスを減らされて文句を言い，リストラされると嘆き，企業が倒産してから知の共有の重要性を理解する。「のど元過ぎれば…」という日本人の性の所為か？ すべての業務は相互に関係しているはずなのに…。

別な言い方をすれば，どんな良い仕組み（ベスト・プラクティス）でも，人によってまったく効果が異なる。この人の意思や心理状態の側面が「知心」である。知の経営はこのような人の側面を取り扱う。

知（知識・知恵・知心）の活用のコンセプトに話を移す。知の経営とは，企業情報にかかわる5つの各層をいかに環境に合わせて最適な形で活用するかである（図7－14参照）。知の経営をより効果的に実行するために，まず世の中に数多あるデータを意味のある情報にし人の目に触れるようにする。この情報のうち企業経営にとって有用なものを知識化し，その知識を具体的に行動に移す知恵化することが重要である。すなわち，各層それぞれが密接に関係していることは明らかである。

したがって，知の経営は，競争力を向上させるために必要なあらゆる知を収集し，実際の業務改善や経営変革に直結させるマネジメント手法である。具体的な方法は，次項の「知の経営のフレームワーク」を参考にして欲しい。基本的な考え方は，あらゆるところに存在する情報やデータを，まず会社の

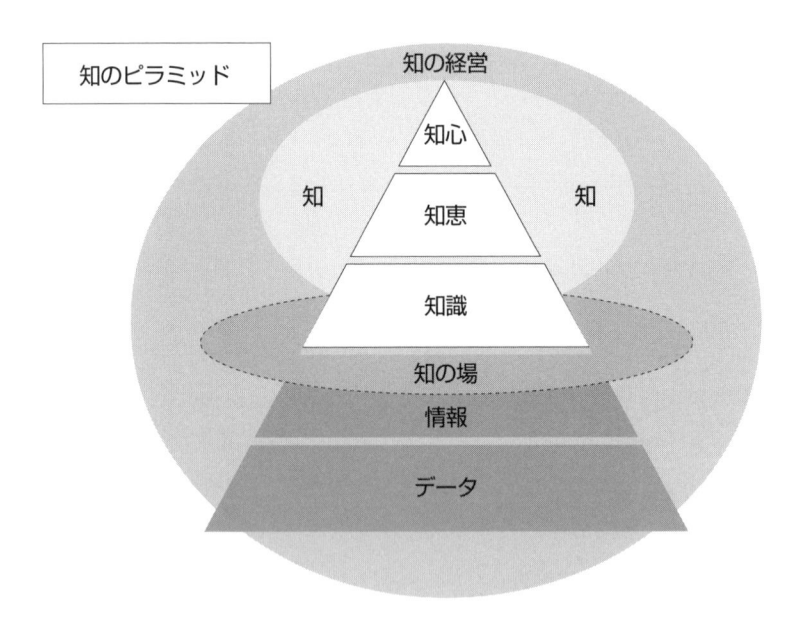

【図7-14】知のピラミッドと知の経営

　知の共有の仕組みである「知の場」を通して個人の知識とする。さらに，それが企業行動と結びついて知恵となり，そして実際にその仕組みが効果を発するために，担当者の能力が最大限に発揮されるような知心を有効に活用する総合的な仕組みを作ることが知の経営である。

　組織の目的を達成するための最適解を探す活動・プロセス・仕組みを人的側面からアプローチするのが新しい日本型の「知の経営」である。

9. 知の経営とは何か〜フレームワーク

　「8. 基本的な考え方」で，「あらゆるところに存在する情報やデータを，まず会社の知の共有の仕組みである『知の場』を通して個人の知識とする。さらに，それが企業行動と結びついて知恵となり，そして実際にその仕組みが効果を発するために，担当者の能力が最大限に発揮されるような知心を有効に活用する総合的な仕組みを作ることが知の経営である」と定義した。

　すなわち，組織の目的を達成するための最適解を探す活動・プロセス・仕

組みを人的側面からアプローチするのが新しい日本型の「知の経営」である。

　事例を挙げてみよう。ある企業の特定部署で特定の業務を実施しているとする。その業務を効率化するために従来は，QCサークルを組成し現場のアイデアを集めた。結果，ムリ（無理）・ムダ（無駄）・ムラ（斑）という3無を改善できた。しかし，ほとんどの企業では，もうこれ以上効率化できないというほど，日本の場合には生産性が向上しレベルが上がっている。そうすると，これ以上にパフォーマンスを上げていくためには，現場のアイデアだけでなく内部の他の部署のアイデアや外部のアイデアを必要とすることは容易に気の付くことである。ここに，QC・TQCに加えて，知の経営を実行する理由がある。

　言い換えれば，経営変革を行うためには自分たちの経験に基づく知の他に抜本的な知がいることになる。それも，知識だけではなく知恵もいる。さらに，内外の知識・知恵を結集して作り上げた仕組みが，計画した通り有効に働くためには，仕組みを動かす担当者の適性・意識・やる気・人間関係など（知心）が大きな影響を与えることに留意する必要がある。

　知の経営を実行する場合に，幾つかの隘路が存在する。

---

1. 必要な知を収集することは，知が個人に属しているために，個人の意思によるという難しさがある。
2. また特定の個人から表出化された知を関係者が共有することも，時間や場所などの制約もあり簡単ではない。
3. さらに，共有された知を社内全員に知らしめ，実際に業務変革に役立てることが最大の隘路である。

そこで，これらを解決するために考えられた概念が，図7－15に示した「知の経営のフレームワーク」である。

　フレームワークの基本的なステップは，①個人知を表出化させ集団知として共有化する，②集団知を組織知にするために関係者全員に知を発信し水平展開する，③組織知をプロセス変革に適用し，新しい業務プロセスを創出す

る，という図7-15の矢印で示された3段階からなる。詳細は第5章～第8章の関連項目で解説しているが，簡単に概略を示すと以下のようになる。

1. 個人知から集団知への矢印が「知の5相関の輪」を意味し，個人が知を出さなかったら出すような仕組みを作れば良いという発想から，表出化を実現させる促進要因（イネイブラー）の5つの方策を示している。
2. 「集団知から組織知への展開」は，知識を知恵にする矢印のことであり，グループで共有化したものを，社内のみんなで共有化するためにイントラネットとかインターネットで組織全体に知らしめるという情報化を行うことを意味する。
3. 組織の知は何に活用するかというと，企業の競争力を向上させるためである。つまり，APQC（アメリカ生産性品質センター）が公表している，プロセス分類図による214の詳細プロセスで示されるような，企業の基幹業務プロセスと支援業務プロセスを顧客の価値を創造する

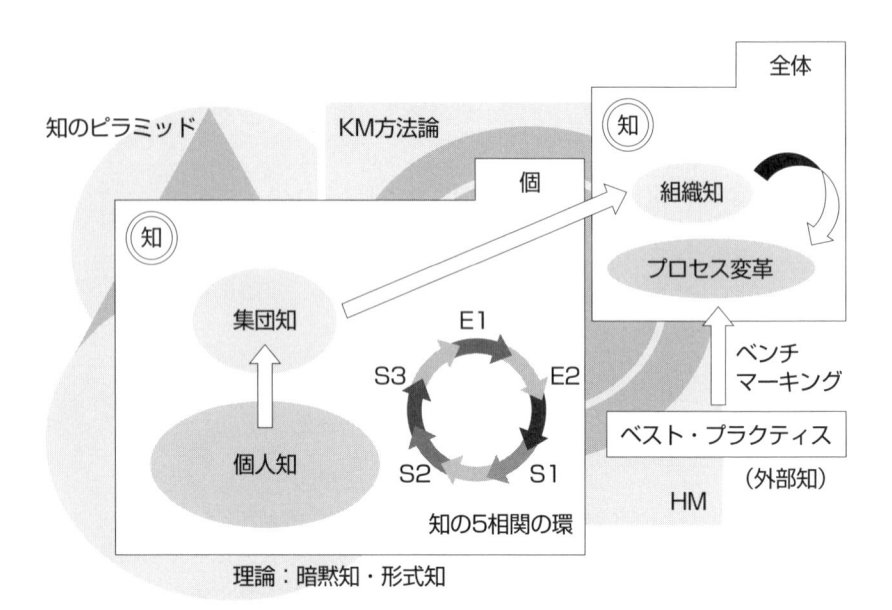

【図7-15】知の経営のフレームワーク

ような仕組みに改革することである。図では，組織知からプロセス変革への矢印で示されている。ベスト・プラクティスにするために内部知ででは不十分な場合は，外部知を導入するベンチマーキングが有効である。

図に示した3段階のフレーム（個人知→集団知→組織知）の下にベースとして示されているのが，知の経営の前提ともいえる理論・概念である。図7－15の左下の知のブロックの下にあるのが，著者の知のピラミッドと野中郁次郎先生の暗黙知・形式知の理論である知の4モードである。3段階のフレームの下に示されている円が，知の経営のPDCAサイクル（収集から蓄積まで）の12のステップ（KM方法論）である。さらにその下の四角によって，経営活動の基礎となる人の多様性を測定する適性・コンピタンスから分析する手法「ハーマンモデル」（HM：GEのジャック・ウェルチの下でネッド・ハーマンが脳科学に基づいて開発した適材適所の診断ツール）を示している。

10. 知の経営とは何か〜知の収集

　ナレッジ・マネジメントの大家のトム・ダベンポート（アクセンチュア戦略的変革研究所ディレクター：現米国バブソン大学経営大学院教授）が，彼の著書『アテンション・エコノミー』で，情報の量について「トリリオンズ・オブ・インフォメーション」といっている。つまり，企業経営で使うことのできる情報は兆単位の量があるというわけである。しかし人間には1日に24時間しかないので，知の収集の観点からは情報の選別が重要となる。ここに，知の経営の存在意義があることになる。
　環境が変わり商品・サービスの幅が増え顧客に選択されるe-Japanの今は，競争力向上に必要な情報を，いかに収集するかが重要成功要因になるといっても過言ではないであろう。①昔からいわれていたホーレンソー（報告・連絡・相談）によって収集した情報，②トップがSWOT分析を実施し集めた戦略情報，③QCサークルからの業務改善情報，④顧客からの意見・苦情等の商品・サービス改善情報，⑤バリューチェーンを効率化するためのプロセ

スオーナーからのプロセス・マネジメント情報，⑥インターネットから検索した企業関連情報，⑦各種教育研修で学習した情報，⑧知識データベース検索による過去の成功・失敗体験の情報，⑨利害関係者からの情報等々，激変する環境の中で企業経営を最適に実行するために必要な数多にあるデータ・情報をどうやって絞り込み知識化するのだろうか？

　具体的な情報収集（絞り込み）の評価基準は何なのか？　闇雲に情報を収集しても意味がない。選択の1つは，環境に合わせたビジネスプロセスの改善・改革に必要な情報に絞り込むことであろう。図7－16にある環境変化・新しいドメイン・新しいビジネスモデル・重要成功要因・経営戦略・重要施策・経営資源等に適合した新しいビジネスプロセスの構築・編成に合わせた情報と考えると，変革のマネジメントに必要な情報（幅の絞り込み）のみが収集できることになる。これが第一義的な評価軸（情報の知識化・知識の知恵化）である。

　顧客情報の例を挙げよう。現在は，従来と比して顧客が有する情報が多くなり，その分賢くなり顧客がマーケットを動かしているといわれる。したがっ

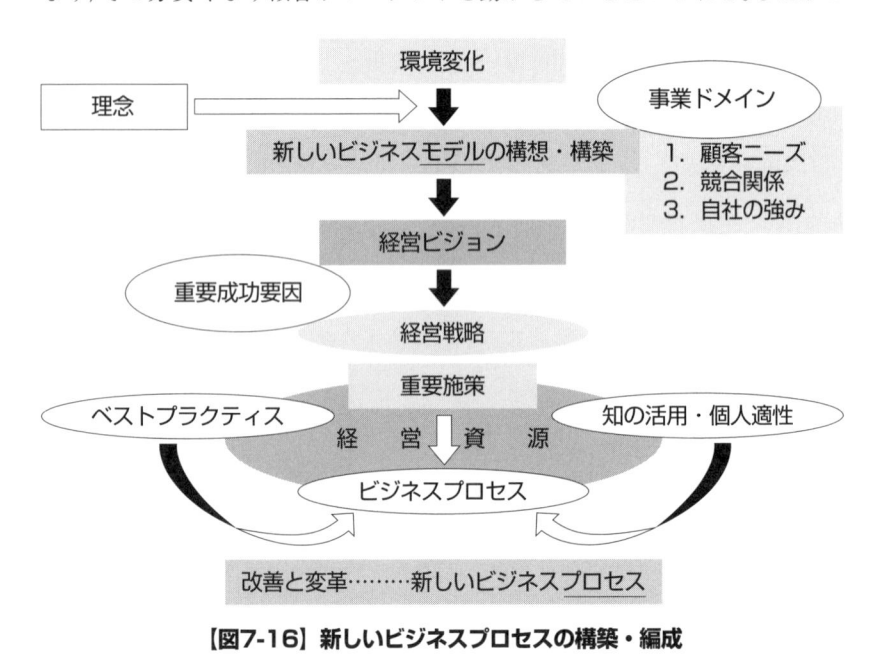

【図7-16】新しいビジネスプロセスの構築・編成

て賢くなった顧客の意見を聴き顧客のニーズを採り入れ，顧客の価値を創造しない限り企業の繁栄はない。お客様の価値を創造することができたら，売上が増加することは疑いもない事実であろう。こう考えると，顧客価値創造プロセスが企業活動そのものと考えることができる。つまり，現在の業務プロセスを抜本的に変革しこの顧客価値創造プロセスにするためには，革新的な知が必要である。この革新的知は，経験や価値ある情報収集の結果である。したがって，全社員が一丸となって顧客が評価するビジネスプロセスを作り上げることが重要成功要因となる。

さて，これだけでうまくいくのだろうか？　バリューチェーンとしての企業活動に必要な情報の「幅の絞り込み」は有効だが，「深さへの対応」はどうすべきなのか？　例えば，まだまだ，①部門間の責任のなすり合い，②総論賛成各論反対，③悪いことは他人に押しつける，④出る杭は打つ，という文化がまかり通っている企業の場合には，せっかくの有用な情報が活用できないことになる。

つまり情報収集も，企業文化や経営の仕組み，また関係者の意識が変化を受け入れる形になっていなければ，ビジネスプロセスを変革するために活用されずまったく意味がない。ちょうど「ザルで水をすくう」ようなモノである。

例えば，ビールのシェアをどん底からトップにした功労者の1人であるアサヒビールの瀬戸社長（現取締役相談役）の話が参考になる。瀬戸相談役は，「緊張感や組織の結束がかけると成長のリズム感が欠如する」という。

つまり，1987年発売のスーパードライの3年間の急成長で，社内に甘えが生じ，成長のリズム感がなくなった1992年に社長に就任した。そこで今また必要なのは，経営の原点に帰ることだと3つのスタンスを強調し，具体的に目標を設定し対話を通じて緊張感を作りだすことだったと述懐してくれた。その緊張感の中で，アサヒビールの独自の個性の戦略を策定した。それが，①フレッシュ・マネジメント，②フォーカス戦略，③情報インフラの完成，④ゴミゼロ工場，⑤国際戦略，だった。

これが情報収集のもう1つの評価軸（知恵の知心化）である。それは，仕

組み・プロセスの改善・改革ではなく，人の心や意識の改善・改革といえる。

11. 全体の思考～心の知の広がり(世界の知)

　ナレッジの対象範囲が広がり，知の階層（知識・知恵・知心）をベースとしたナレッジ・マネジメント（Knowledge Management），ウイズダム・マネジメント（Wisdom Management），マインド・マネジメント（Mind Management）のすべてが最適な形で活用されてこそ，企業競争力が上がる。

　これは，過去10年間の経営コンサルティング結果や日本経営品質賞の経営概念の普及等の実証からいえることである。本節では，この3つのマネジメントを総合した知の経営Chi Managementの「知」の更なる広がりと見方について述べてみたいと思う。

1) カール・ポパーとジョージ・ソロスの知

　科学哲学者のカール・ポパーは「人間は間違いを犯す存在である」という。企業で働く人々は間違うということが前提とするならば，経営活動の良し悪しは，何らかの形でチェックをしなければならない。それは，士（サムライ）の文字が付く資格者，公認会計士であるわれわれが，「武士に二言はない」と言いたくても，監査人である以上，「自己証明は証明に非ず」と経営者にいわなければならない心の葛藤に通じるのかもしれない。

　ポパーはまた，人間には3つの世界が開かれているとする。

①物理的なものの世界

②心の中で発達したものの世界

③両者の相互作用の結果の世界

　「物理的ものの世界」は，人間を取り囲む現実の環境を意味する外部構造を指し，「心の中で発達したものの世界」は，人間独自のイメージ，音，言葉等の意識の内部構造を意味する。「両者の相互作用の結果の世界」は，それらが融合したすべて，すなわち，「物理的なものの世界」に対して「心の中で発達したものの世界」が関係し，判断・対応した多様なものの集積といえる。例えば企業経営はまさにその例であろう。

第7章 知の考察

　こう考えると物事は複雑で複合的で錯綜しており，全体を見据えないと，意志決定ができないことになる。

　1930年ハンガリー生まれのユダヤ人，1兆円の資産家（2006年フォーブス誌発表）であるジョージ・ソロスは，カール・ポパーの弟子であり，彼の著『グローバル資本主義の危機』で，市場のメカニズムのキーワードとして「相互作用性」と「誤謬性」を挙げている。そして，彼のすごさは「私が確かに人より優れている点は，私が間違いを認められるところです。それが私の成功の秘密なのです」と，人間の本質を看破し，それにしたがっていることだ。

　両者の意見に反論がないとすれば，われわれは多様な人の生業の相互作用性や誤謬性の評価を，つまり人のネットワークの全体の効果を評定しなければ，経営の良し悪しは測れない。

2) イリア・プリゴジンの知

　1928年生まれアメリカの評論家，作家，未来学者で，第三の波で名の通ったアルビン・トフラーが彼の著書『戦争と平和』（徳山二郎訳）で，「世界システムはプリゴジン的性格を帯びつつある」と看破したのが，生命論パラダイムの世界である。つまり，1977年に「散逸構造論」でノーベル賞を受賞したベルギーの物理学者イリヤ・プリゴジンの提唱する，「われわれが住むのは，成長したり減衰したりする多様な〈ゆらぎ〉の世界であり，その〈非平衡不安定な状態〉における〈個の自由〉なふるまいから，〈全体の秩序が創発〉されてくる」とする生命論的世界観であるが，これを，経営の中に素直に受け入れるべきではないだろうか？

　個の多様性をベースとした社会構造の現象の1つが企業組織や企業活動であるとすれば，本当に個々人の能力を可視化し個人の自発性に委ねる企業経営こそが，組織能力を最大化する「知の経営」そのものである。

3) ハリー・ポッターの知

　J・K・ローリングの第1作『ハリー・ポッターと賢者の石』が，世界中でベストセラーになったことは，記憶に新しい。

　経営の視点からみれば，「賢者の石」は，経営が対象とする顧客と見立て

ることができる。顧客は，インターネット等を通じて多くの情報を得，知識を交換している。従来と比して顧客は格段に賢くなっていることを経営者は真摯に受け止めなければならない。

多くの情報や知識を得た顧客は商品・サービスだけでなく，企業の在り方や消費者への対応にも口を挟むようになっている。今の顧客が求める支払いの対価（Value for Money）としての顧客価値は，企業倫理や社会的責任を包含する。

「賢者の石」は，いかなる金属をも黄金に変え，飲めば不老不死となる"命の水"を生み出す貴重な石であるが，企業が本来の「顧客価値創造」を目的として変革をすれば，企業にとって顧客はまさに「賢者の石」になるだろう。

その意味で社会から「最も称賛される知の企業」として認められる企業変革を目標とすることが重要である。

4）レスター・サローの知

2003年1月17日，シンポジウム「MIT IN JAPAN」で，MIT Sloan School of Managementの教授で経済学者であるレスター・サローは，「知識（ナレッジ）ベースの世界経済の時代が到来した」「このような深遠な経済原則の変化に対応するには，数年先の技術の動向を見定める，CKO（Chief Knowledge Officer：知識統括役員）の存在が不可欠」であると話した。

経営の視点からは，経済，社会，国際情勢，産業界が急速に変化する中で，従来型の経営者がついて行けなかったと解釈でき，今必要なのは，このパラダイムシフトに迅速に対応のできるトップないし，トップに近い人，つまりCKO（Chief Knowledge Officer：知識統括役員）と呼べる人である。

このように世界の知を紐解いていくと，多様な視点から全体思考をしていることがみて取れる。人や物事の本質，生命論，顧客価値，環境の知等々を，経営全体に絡めて，適切に理解し，変化に対応できる知の経営のプロが，今社会から要請されている。

12. 全体の思考～心の知の広がり(日本の知)

　知の対象範囲が広がり，知の階層（知識・知恵・知心）をベースとした知の経営がうまく回り始めると，新しいアイデアや気付きが生まれ，経営革新による企業経営の進化が始まる。ナレッジ・マネジメント（Knowledge Management），ウイズダム・マネジメント（Wisdom Management），マインド・マネジメント（Mind Management）のすべてが最適な形で活用されて企業競争力が上がるという，知の経営（Chi Management）の「知」の更なる広がりと見方について，本稿では知識や知恵でなく，知心，つまり「心の知」に焦点を当てて日本の知を紐解いてみたいと思う。

1) 宮崎駿の知

　思春期のお客さんを対象に『魔女の宅急便』や『風の谷のナウシカ』を，少年達のためには『ラピュタ』を作りましたという，宮崎駿監督の『千と千尋の神隠し』は，「いろいろ複雑になってくる前，お父さんお母さんに対しても，大人の決めたルールに対してもそれなりに律儀で，というところで生きている女の子達に向けた」アニメである。大人がみても日本人の原点に気付かせてくれる。

　彼は，「悪役は，悪玉とか善玉っていうことよりも，世間なんだっていうふうに思って作っています」という。彼自身が日本の心を持っているので，「あくまでも正義と悪と両極端に分けた人の評価をしたくない」ともいう。そして，八百万の神を例にとって多様性を前提に，すべてを受け入れる日本人の考え方からは「誰かが悪いから，抹殺して良いということにはならない」という趣旨のことを表現したいという。

　宮崎駿の知を経営に応用すれば，欧米流を盲目的に導入するのではなく，日本の良さ，特に経営のベスト・プラクティスを構築するには，個の多様性の再確認が必要となるのではないだろうか。

2) 親鸞上人の知

　親鸞は鎌倉時代の浄土真宗の開祖である。弟子の唯円が編修したといわれ

る『歎異抄』にある親鸞の有名な言葉,「善人なおもて往生をとぐ,いはんや悪人をや」は,その後に「…しかるを世のひとつねにいはく,悪人なほ往生す,いかにいはんや善人をやと」と続く。すなわち,世間でいわれるように,「悪人さえ往生できるのだから善人はいうまでもなく往生できる」というわけではないのだ。

親鸞の真意は,悪人は他力に頼れるから,善人が自力で善行し往生するよりも,なおさら往生できるであった。他力信仰の奥義を示しているようだ。

われわれ凡人からすれば,煩悩を断ち切って悟ることは無理なので,凡人のままで往生できるのは何か救いがあるように思える。

諸説あろうが,凡人である無信仰に近い著者には,人の本質を認めた親鸞の偉大さだと思っている。親鸞の言葉を知るも知らぬも,悪い心を悔い改めた者が往生するのはまた当然であろう。

3）宮本武蔵の知

二刀流の剣豪,宮本武蔵の『五輪の書』もまた,日本人の心を打つ。360年も前に兵法について5つの巻きにしたためられた根本原理が,「地水火風空」である。その最初の

「地の巻」において,「大きなる所よりちいさき所を知り,浅きより深きに至る」と,全体思考の重要性を説いている。

「水の巻」において,「水は方円のうつわものに従い,一てきとなり,さうかい（注：青海原）となる」と,人の柔軟性を唱え,

「火の巻」では,「心を大きなる事になし,心を小さくなして,よく吟味してみるべし」と,変化の速さに対応するスピードを述べている。

「風の巻」においては,「むかしの風,今の風,その家々の風などとあれば,…他のことをよく知らずしては,自らのわきまえ成りがたし」と,環境や関係性の重要性を,そして,

「空の巻」で,「道理を得ては道理をはなれ,兵法の道に,おのれと自由ありて,…」と,タイミングの大事さ自然体を説いている。

兵法である以上,本質は個の力であろう。ただ,五輪（地・水・火・風・空）

との調和を考えている結果,『五輪の書』では,個の力が組織の力に昇華している。

まさに兵法の本質と経営の本質が重なってみえるのは,著者だけであろうか?

4) 秋田雨雀の知

詩人,社会運動家,劇作家であった秋田雨雀の「白鳥の国」という作品は人のサガの妙を教えてくれる。

著者が勝手に,物語をまとめて簡略に説明すれば,

「羽並み,姿の良い白鳥の夫婦が,自分たちは立派な白鳥だと自慢していた。2羽とも目が1つであったが,意見が一致し,世の中を正しくみていると信じていた。

この2羽の夫婦に,4羽のヒナがかえり大喜びした。しかしヒナたちは2つの目を持っており,両親よりも広い世界がみえ,好奇心旺盛で心配する両親を尻目に遠くへ遊びに行く。

そこで,両親は,子どもたちが外の世界に目を奪われるので,子どもたちの目を1つ,夜寝ている間につぶしてしまった。子どもたちの幸福のために実行したのに,あるとき,大鷲が襲ってきて4羽の子ども達を連れ去ってしまった。

子どもたちには大鷲がみえなかったのである。」…という話である。

秋田雨雀は,われわれに人の不完全さ,固定観念や自分勝手な人の性質を再認識させてくれる。

映画監督,宗教家,剣豪,劇作家の4人の知は,今の日本企業の経営に何かを教えてくれる。それは,多様性を認め,人本位の経営をし,全体思考で最適解をみつけるために,それらに気付く目を持てと,経営の神髄を教えてくれているように思える。

13. 知恵の輪「知識と知恵を活用する知脈」

　いにしえの知恵に始まり，千数百年を超えて日出ずる国の文化に醸成されてきた日本人の知をもう一度見直すときが来ているように思われる。現代は情報社会の高度化によって，知識集積が飛躍的に進んでいるが，そこではデジタルの知が主役であり，今後の環境社会にあっては，アナログの知に再登場を願うことになるだろう。

　これからは，人中心の社会になっていくと考えられるために，知識，知恵に加えて，「心の知」ともいえる知心の再発見・交流が飛躍的に伸びると予想される。その兆候は，「地球にやさしい」「ユニバーサルデザイン」「個の創発」「ゆとり教育」「人間回復」「エコ商品」等々の言葉に，すでに表現されている。

　人中心の経営に必要な知（知識，知恵，知心）は，設備や機械のようには摩耗せず，先人の知恵や匠の技のように，いつまでも活用できる。また，忘れ去られていたものが環境変化によって急に燦然と輝き出すことがある。知は誰でもが所有している。知は個の生活のすべてが結集したものである。実は，知は至る所にある。つまり，「みえざる知をみえるようにする」だけで，知の豊かさ，知の深遠さに気がつくだろう。

　それは，「昼間，実は星が輝いていることに気付く」のと同じくらい新鮮なことである。

　知の経営の成否は，今岐路に立っている企業経営に役立つ情報や知識を，必要な人間が，必要な場所で，必要な時期に，活用できるかどうかにかかっている。

　知の経営の基本は，特別に難しいことを行うのではなく，経営の基本に戻って必要な知をいかに速く取得するかにかかっている。もし，必要な情報・知識がすぐみつかれば，それを利用し行動することによって企業活動の知恵とすることができるだろう。人脈に加えて知識と知恵を活用する知脈が成功のイネイブラーになっている。

1）ビジュアル・マネジメント（透き通った組織）の勧め

　人は自分を守ろうとするが，組織も同じである。そのために，周囲の人たちや社会といろいろな軋轢を起こす。守りが内向きになり過ぎると，反発が起き，問題が大きくなるからである。組織の問題例として，仲間内の根回しや情報の隠蔽，さらには，昨今続出している事故，不祥事，不正，環境破壊等の非公開などが挙げられる。

　そこには，従来の経営のメカニズムが動かなくなっている現実がある。今までのマーケットを分析し目標を定めてそれを達成するという分析型の経営戦略論は，「守りを高くする経営」であり環境が激変する現代に合わなくなっている。今では，環境変化に即対応できるように，現場で働く個々人の能力を最大限に発揮させる変化対応型の経営戦略論とでもいうべき分野が広がってきている。それは「オープンにする経営」で，①コーポレートガバナンス（企業統治），②企業倫理，③学習組織，④創発等々がこの例である。

　オープンにする経営は，どちらかというと仕組みよりも人の心にかかわる要因をどうマネジメントするかに焦点がある。人の心に焦点を置くという意味では，ナレッジ・マネジメント（知の経営）の範疇でもある。しかし①知識（Knowledge）や②知恵（Wisdom）を駆使した，どんなすばらしい仕組みや手法でも，かかわる人によってその効果はまったく違う。現代は，人の意識や適性，また人から信頼されること等を含めた③知心（Mind）をも考慮した内外にオープンにする経営が要求されている。

　この人中心の『知の経営』の本質がビジュアル・マネジメントである。ビジュアル・マネジメントでは，前述の「現場で働く個々人の能力がみえる」という意味でも，経営の透明性を徹底する。それは，「透き通った組織」を意味する。組織のあり方も，個々人の気の持ち方も，壁を取り払わなくてはうまくいかないことはすでに自明の理といえる。今，経営者は，あらゆる仕組みとあらゆる情報を内外にみえる形（ビジュアル）にすることに力を注ぐときである。それは縦の戦略の展開であれ，横のプロセスの情報共有であれ，関係者間のビジュアル化が成功の鍵となる。

　ビジュアル・マネジメントとは，個々人の情報共有，組織の情報公開等々，経営のすべてをビジュアルにすることである。それは，企業の目的，戦略，

活動などがみえないまま働いている人が多く，企業の効率性・効果性の足を引っ張っているからである。ビジュアルとは，例えば，企業のすべての社員に経営戦略が浸透している姿であり，その程度を経営者がみえる仕組みであり，顧客が経営の透明性に信頼を寄せていることを意味する。

個の多様性を活用することが，企業競争に生き抜く方策であるとすれば，個々人の能力を可視化し，個人の自発性に委ねられるような，また社会から信頼されるような組織能力を可視化した経営こそが，今やトップの最大の責務であり，そのためには，組織能力を最大化する「ビジュアル・マネジメント」を徹底するしかない。

II. 実践事例:「知の経営」の視点での製品開発とは?

本書をまとめるのに助力をしてくれた黒河英俊君は，著者が教えている新潟大学大学院技術経営研究科の卒業生であるが，㈶日科技連のQFD（品質機能展開）研究部会に参加し，彼の所属するアルプス電機長岡工場内で，QFD（品質機能展開）を指導している。彼は，現場で仕組みと人の知との融合を模索し，技術経営で学んだ知を活用している。

そこで，著者が提唱する『知の経営』の実践事例として，以下に，8項目に亘って黒河氏がまとめた論文「『知の経営』の視点での製品開発とは？」を掲載する。

1. ISOで目指すもの

ISOとは，国際標準化機構（International Organization for Standardization）の略であり，国際的に流通する物質やサービスを保証する技術的裏付けとして，世界140ヵ国以上が加盟し，国際標準規格を策定している。このISOには，1国から1標準化機関のみが参加し，日本では，日本工業規格（JIS）の調査及び審議を行っている日本工業標準調査会（JISC）が，1952年から参加している。

第7章 知の考察

　ISO9001は，1987年に国際標準化機構により制定された「品質管理システムの国際規格」のことで，2000年にISO9000シリーズ規格が改正され「品質マネジメントシステムの国際規格」となった。

　また，1996年には，「環境マネジメントシステム」に関する国際規格として，ISO14000シリーズの発行が開始された。発行の契機となったのは，1992年に開催された地球サミットであり，国際標準規格は取り巻く環境変化に適合しながら，今なお進化し続けている。2005年に日本工業規格（JIS）では，「質マネジメントシステム規格」として，持続可能な成長の指針（JIS Q9005）を制定した。

　単なる「品質管理システム」から「品質マネジメントシステム」に，「品質」から「質」への変遷が，ISOが目指す方向性を示している。

【質マネジメントシステム規格〜序文（JIS Q9005より抜粋）】
　組織がその使命を果たし，競争優位を維持して持続可能な成長を実現するためには，組織の提供する製品・サービスの価値に対して，顧客及びその他の利害関係者の満足を得ることによって，組織の存在意義を高めることが不可欠である。

　そのために，組織は，環境の変化に俊敏に適応し，効果的，かつ効率的に組織の総合的なパフォーマンスを継続的に改善し，顧客及びその他の利害関係者のニーズ並びに期待に応えて，高い顧客価値を創造していくことが必要である。

　高い顧客価値を創造し続け，競争優位を確保し，持続可能な成長を遂げるためには，組織は市場のニーズの多様化，技術革新など組織を取り巻く経営環境の変化を迅速に察知し，対応することが必要である。
　多くの企業がISOを取得し，社内の組織・体制の整備とその役割責務を明確にし，仕事の手順・ルール・基準を決め，決めた通りに実施して，その証を記録として残し，内部監査により是正・改善サイクルを回す企業活動を

```
          ハードの3S      Strategy
                         （戦略）

        System                    Structure
    （システム・制度）              （組織構造）

                  Shard Value
              （共通の価値観・理念）

        Style                       Staff
   （経営スタイル・社風）             （人材）

          ソフトの4S      Skills
                       （スキル・能力）
```

【図7-17】マッキンゼーの7S

行っている。

　その一方で昨今，不具合による製品回収や謝罪のニュースを耳にすることも増えている。ISOの限界なのであろうか？

　図7－17は，世界有数の戦略コンサルティングファームであるマッキンゼー・アンド・カンパニー（McKinsey & Company）が，企業戦略における7つの要素の相互関係を「7Sモデル」として提唱した図である。

　戦略や組織構造，システムのハードの3Sと，共通の価値観・理念や経営スタイル，人材，スキルのソフトの4Sが，互いを補い，強め合いながら戦略の実行に向かっていく。

　ソフトの4Sは，価値観が絡む要素であり，強制的にまたは短時間に変更することは難しいとされる一方，ハードの3Sは意思によって変更することが可能であり，手を着け易い。手が着け易いが故に，何か問題が起こるたびに仕組みやルールが追加され，手続きに対する意識が強くなった結果，他の部分（特にソフトの部分）が置き去りにされているのではないだろうか？

　元々ISOは，お客様の満足を高めて信頼していただき，良い経営を行うこ

とを目的とした「経営者が理想の会社を実現する」ための経営管理の規格である。マッキンゼーの提唱するハードやソフト的なアプローチはもちろんであるが，ハードにもソフトにも属していない「表出化されていない知」も含めた総合的なアプローチが必要である。

2. 質マネジメントシステム

持続可能な成長は，「JIS Q9005」における中心的な概念であり，環境変化を察知し，必要に応じて自身を変革して，長期にわたり組織の競争優位性を保持し続けるために，JISでは「質マネジメントシステム」を構築，運用することを推奨している。

図7-18の質マネジメントシステム・モデルでは，「利害関係者のニーズと期待」をインプットとして，「利害関係者の満足」をアウトプットするために必要な活動が示されている。システムのインプットである「利害関係者のニーズと期待」の変化を察知するためには，情報の収集を行い，得られた情報の分析・洞察を行うことが必要であるが，従来のシステムや仕組みによるものでは不十分かもしれない。

ピーター・センゲが，著書『最強組織の法則』で「学習する組織は，システム思考・自己マスタリー・メンタルモデル・ビジョンの共有・チーム学習の5つの要件を備えており，競争優位は個人と集団の双方の継続的学習から生まれる」と述べているように，持続的な組織の成長が必要である。

『持続可能な成長を実現する質マネジメントシステム』（飯塚悦功監修／日本規格協会）では，組織を構成する個々人の知識を組織能力として融合する「組織としての学習能力」に昇華させるために，ナレッジ・マネジメントの知見の必要性を取り上げている。

私たちの周りには，様々な情報が存在している。それらの多くは，整理されていない事実や数値であり，単なるデータに過ぎない。このデータを整理することにより，意味あるデータ＝情報になる。この情報を知識，知恵にすることが重要である。

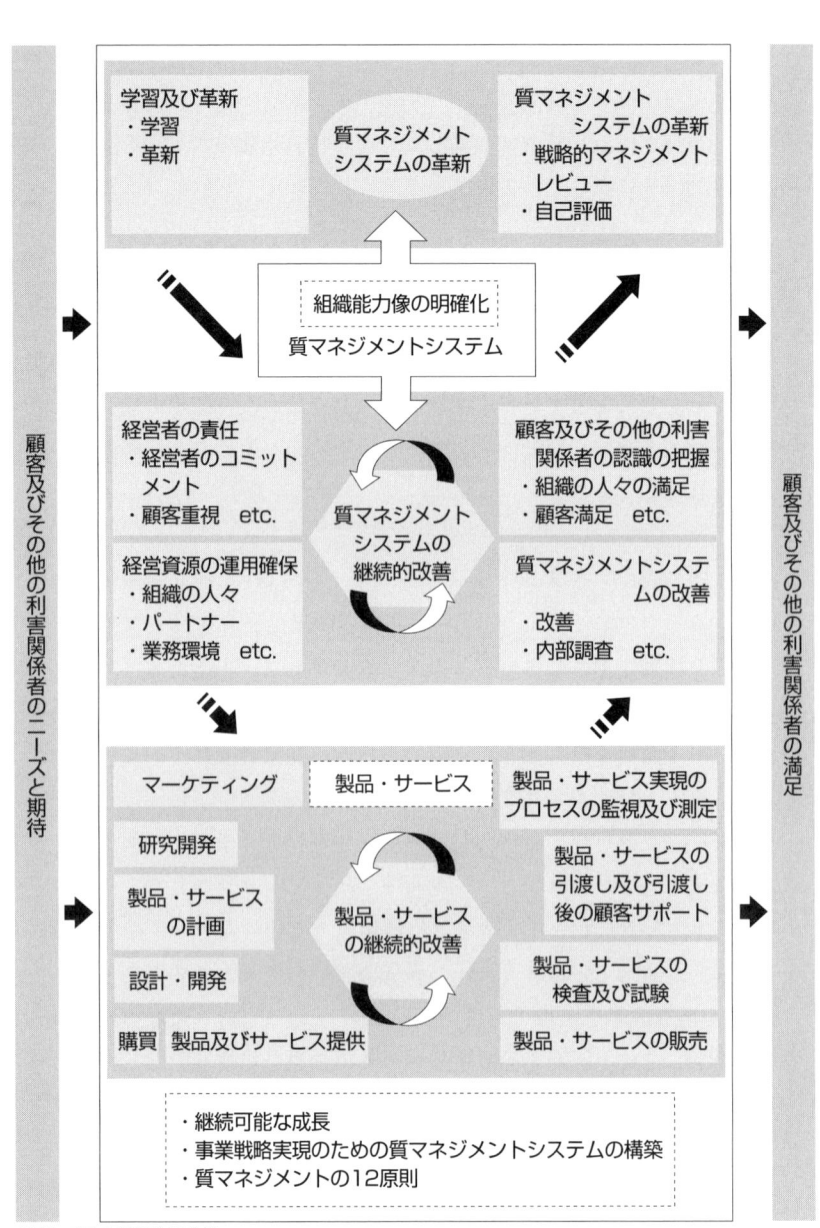

出所：JIS Q9005より抜粋

【図7-18】質マネジメントシステムモデル

第7章　知の考察

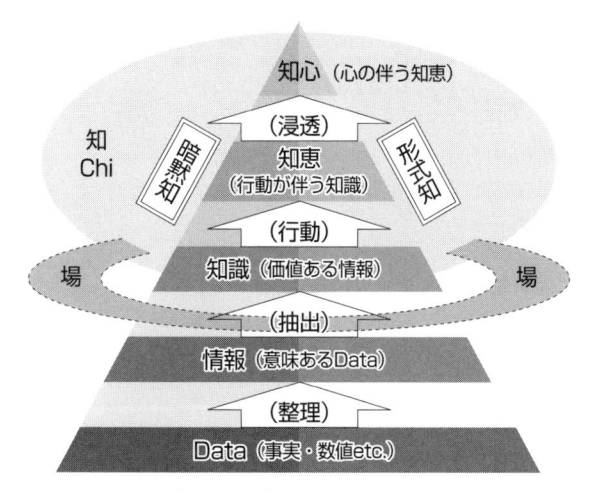

```
          知心（心の伴う知恵）
              （浸透）
  知    暗        知恵         形
  Chi   黙     （行動が伴う知識）  式
        知                     知
              （行動）
  場      知識（価値ある情報）    場
              （抽出）
          情報（意味あるData）
              （整理）
          Data（事実・数値etc.）
```

【図7-19】知のピラミッド

　ただし知恵があっても，かかわる人の心（知心）が前に向かわないと，組織の成果には結びつかない。

　個々人の意識や企業風土・文化の中で，組織の目的を達成するための最適解を探す活動においては，場を含めた総合的なマネジメントこそが成功に導く要因であると考えられる。この概念を示したのが，図7-19の「知のピラミッド」である。

　新潟大学大学院技術経営研究科の髙梨智弘特任教授は，ナレッジ・マネジメントを進化させ，知識・知恵・知心を包含した総合概念（知）を核として業務改善・経営改革を達成する「知の経営（Chi-Management）」を提唱している。「知の経営」では，データを整理・整頓して情報にし，場を通じて知識，知恵，知心へと昇華していく，そのすべてをマネジメントの対象としている。円滑に「知を表出化」し，「知を共有」し，「知を移転」することが，持続可能な成長をもたらす企業の源泉であり，「質マネジメントシステム」の鍵といえる。

【図7-20】SECIモデル

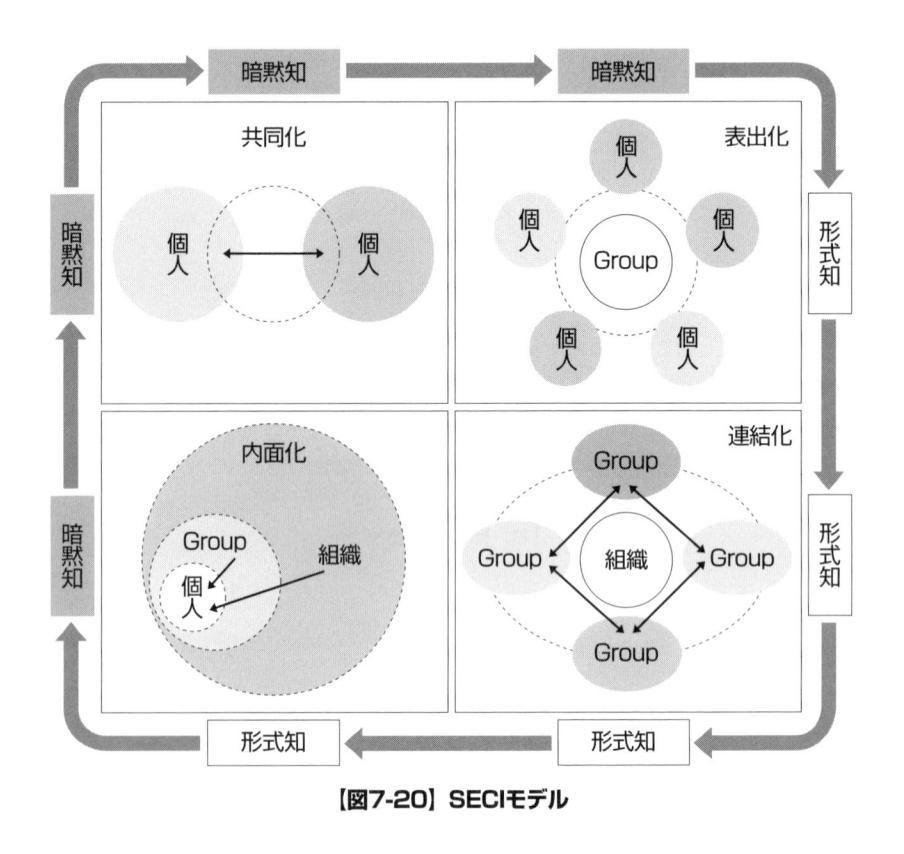

3. 変化を俊敏に察知するには

　日本の大学では，各学部に応じた専門性を深掘りする形態を取っている。分野間を繋ぐ研究としては，マネジメントと技術を繋ぐ「プロジェクト・マネジメント」などが代表的であるが，昨今，経営全体を体系的に捉えた技術のMBAと呼ばれる技術経営（MOT：Management of Technology）が研究されている。

　一般に技術経営は，野中郁次郎教授が『知識創造企業』で提唱した「知識経営（ナレッジ・マネジメント）」を内包していると考えられる（髙梨, 2006）。組織個人が持つ暗黙知を形式知とし，組織で共有化することで，組

156

織を維持，発展，活性化するのである。これを体系化したのが，図7－20の SECIモデルである。

　環境変化の察知とは，得られた事実や事象から環境が変わったことを認識することである。それには多角的視点で物事を捉え，違う価値観で物事をみる必要がある。組織を構成している1人1人が，多角的視点で物事を捉える能力も重要であるが，それに劣らず，誰かが気付いた僅かな変化や違いを，組織として認識し，実際の行動に移すことも重要である。つまり，個人の知をいかに組織の知とするかという「組織としての学習能力」が問われている。

　プロジェクト・マネジメントやMOTによって，経営と技術の融合をテーマに研究が行われているのは，技術と経営の「視点や価値観」が対極にあるからだといえるであろう。また文系と理系あるいは男性と女性というだけでは，必ずしも価値観の隔たりがあるとはいえないが，比較的に差が大きい傾向にあり，多くの書物でも取り上げられている。

　価値観の違いは，その差が大きいほど気付き易い。しかし企業活動の上で，一番厄介なのは，価値観が似ている者同士の僅かな違いである。自分の考えと少し違うとしても，概ね合致しているから口に出すまでには至らずに，後で決定的な誤解と気付き，業務に支障を来たすことも多い。

　私はこれまで幾つかのセミナーに参加させていただいたが，品質管理系のセミナーの場合には品質保証部に属している方が多く参加されている。企業にとってみれば，セミナー受講後の企業への貢献を期待して送り出しているのであるから，業務と直接関連の深い関係者が集まるのは当然のことである。

　同種の業務直結のセミナーや学会に参加することによって，これまでの仕事を改善することはできる。しかし，改革を欲するのであれば，異種にこそ発見がある。同種の人同士では，自分で考えることを放棄して権威者にしたがってみたり，本人のプライドが受容の阻害要因になったりするが，異種同士のかかわりでは，素直に受容でき，客観的に物事を捉えることができる。

　新入社員の何気ない意見に「ハッ」とさせられた経験は，誰もが一度や二度はあるだろう。それまで当たり前と思っていた組織の常識が揺らいだ瞬間

である。一般に行われている異業種交流会も，多くの視点で学ぶことのできる機会であるものの，その場限りの交流にとどまり，本質的な会話には至らないことも多い。

　新潟大学大学院技術経営研究科では，企業出身の教授と大学で研究を続けてこられた教授は同比率であり，その専門分野も理系と文系にわかれている。また様々な業種で企業務めをしている生徒も，理系と文系が半数であり，価値観の多様性に富んだ構成である。
　この研究科の必修科目に，提示された業種から1社を抽出し，SWOT分析（戦略分析）などによる現状分析と今後の方向性を提案するという，経営の視点を養成する目的で企業研究を行うグループ演習がある。
　売上高・営業利益・シェアなど様々な観点で調査を進めていくが，調査のたびに新たな視点が生まれ，追加で調査をするという繰り返しによって，なかなか1社が決められずに，時間を要しているケースもあった。
　この事象は，抽出における基準を決めていないことに起因する。評価基準の共有化は，抽出する観点・価値観の共有である。この演習は，経営視点養成の側面と，多様な価値観の中で迅速に結論を導き出すという訓練の側面もある。企業においても，価値観を共有せずに，あれこれ議論するのは，時間の浪費である。
　社会人向け大学や異業種交流会などの場は，知の創出を促す意義深い機会である。今後，地域でのコミュニティー作りは，さらに重要度を増すであろう。

4. 製品開発とジョハリの窓

良い技術であればモノが売れていた時代は，自社の技術を中心に製品を考えればよかった。つまり自社基準である。次に，顧客の思っていることをいかに抽出するかに力が注がれた。そして現代，「知の経営」の視点では，多くの利害関係者も含めて幅広く考える必要性が高まっている中，顧客自身も気付いていないことを創造し，顧客価値を掘り起こすことが必要な時代になってきた。

第7章　知の考察

	自社が（自分が）	
	知っている	気付いていない
顧客が（相手が）知っている	開かれた窓	気付かない窓
顧客が（相手が）気付いていない	隠された窓	閉ざされた窓

【図7-21】ジョハリの窓

　この時代の流れは，サンフランシスコ州立大学の心理学者であるジョセフ・ルフトとハリー・インガムが「対人関係における気付きのグラフモデル」として，双方の既知と未知を4つの窓で示した「ジョハリの窓」で考えるとわかり易い（図7－21）。

　例えば，自社と消費者の関係でみると，左上の「開かれた窓」は，仕様書や取扱説明書などでお互いに共有し合っている「知」である。また左下の「隠された窓」は，顧客に発見を促すような製品といえる。また，右上の「気付かない窓」は，自社が考慮していなかった使い方を顧客が創造した場合の「知」である。右下の「閉ざされた窓」は，お互いに気付いていない，将来発見されるかもしれない「知」である。

　「開かれた窓」を中心とした製品開発から，「隠された窓」「気付かない窓」を表出する製品開発への展開，そして現代では「閉ざされた窓」の創造が，企業に求められている。

　またメーカーとサプライヤーの関係でみると，「開かれた窓」は，契約書や仕様書であり，「閉ざされた窓」は，メーカーもサプライヤーも気付くことができずに，後で消費者によって発見され「クレーム」として表出する部分と読み替えることができる。

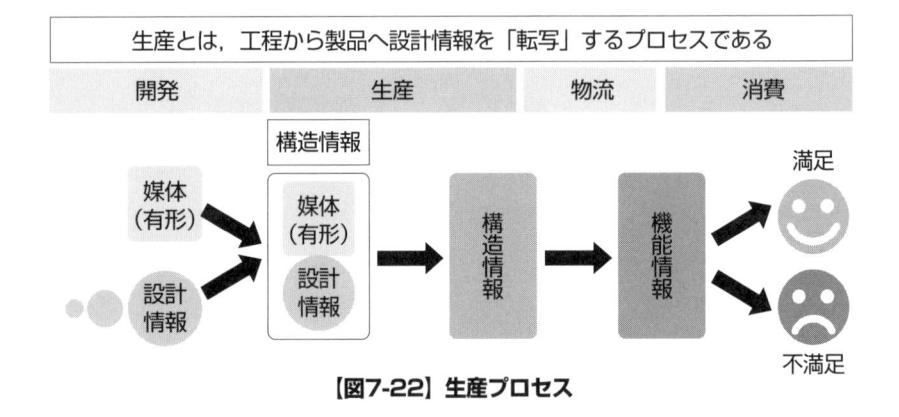

生産とは，工程から製品へ設計情報を「転写」するプロセスである

| 開発 | 生産 | 物流 | 消費 |

【図7-22】生産プロセス

　いずれの立場であっても，「開かれた窓」の拡大が，「知の経営」では求められているといえる。

　藤本隆宏教授は，その著書『ものづくり経営学』において，「生産とは，工程から製品へ設計情報を転写するプロセス」と定義している。図7-22に示すように，顧客は製品の機能情報により満足・不満足を決めるので，開発・設計には「顧客の要求・機能（潜在的な部分も含む）をいかに設計情報に置き換えるか？」が求められる。そのためには，顧客との間において，「開かれた窓」の拡大が重要である。

　また実際のモノ作り（生産）においては，「いかに顧客の要求・機能の詰まった設計情報を形にするか？」が求められる。

　製品開発における企業活動は，商品企画やマーケティングから始まり，最終的に消費者に商品を届けるまでには，何人もの人を介することになる。もともと企業は，創業者の理念を果たすために，人を集め，組織化した集合体であり，創業者1人ではできないことを前提としているわけだから，役割機能の分担や，人と人の連携，組織と組織の連携が存在する。この連携部分ごとに，知の共有（開かれた窓の拡大）が求められるのである。

　現代社会では，顧客の要求や機能は，製品開発中であっても，何かを契機に変化するかもしれない。環境変化の激しい市場の製品は，経験知として変化を前提に開発しているかもしれないが，変化のない市場の製品は，変化に

気付いていないだけかもしれないと理解する必要がある。変化しないという既成概念を払拭し，変化をいかに察知し，行動に結びつけるかという準備が大切である。

5. 製品開発における「知の連結」

製品企画のスタートでは，顧客の声（要求）をどれだけ設計情報に転写できたかが重要であるが，多くのプロセスを経るたびに，情報の正確な伝達は危うくなっていく。100ある情報の50%が次の組織に伝達されると仮定すると，5階層を経た後は，単純計算では最終的に6%の情報に減少してしまうことになる（図7－23）。

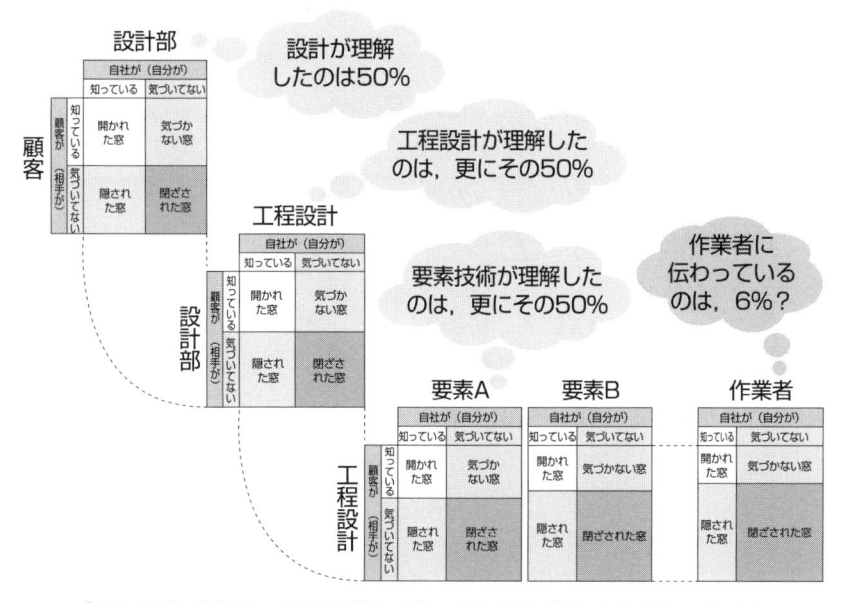

【図7-23】各部門への知の移転～ジョハリの窓「開かれた窓」の大きさ

組織の壁が高ければ高いほど，この情報の質の劣化は大きく，製品開発の重要な問題になる。「知の共有」による「知の連結」を円滑に行うためには，

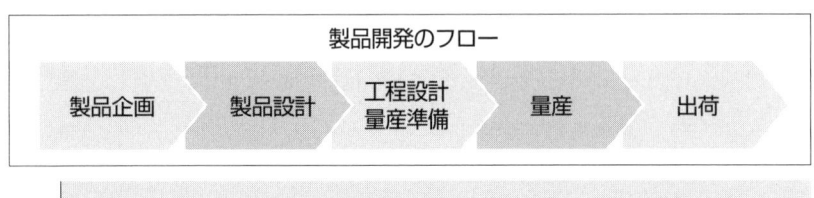

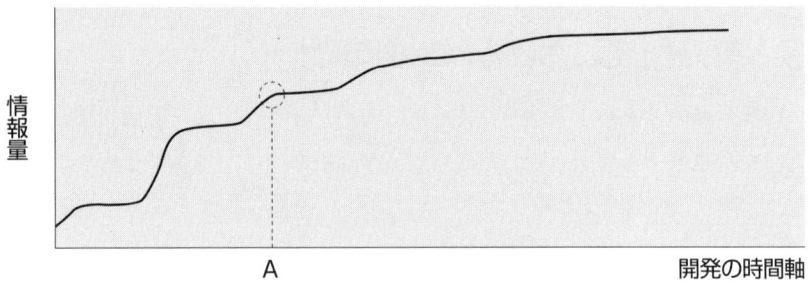

【図7-24】製品開発の進行における情報量の蓄積モデル

　日常会話も含めて，顧客の価値観や製品の思想を，各プロセス段階でかかわる人が同じように理解して業務を遂行する必要がある。

　昔，「松下電器の販売店のおばちゃんは，創業者の松下幸之助と同じことをいう」といわれていた。創業者の思いが確実に伝えられているのである。

　一般に企業の規模が大きいほど，製品にかかわる組織や人が多くなり，組織間連携の複雑性は増していく。企業における価値創造活動のロスの多くは，部門間のジョイント部分に多く見受けられる。経営と技術，顧客と設計，設計と製造，前工程と後工程など，効率的で質の高い「知の連結」が重要である。

　「知の連結」を，「情報の伝達と理解」と狭義で捉えると，その情報は，製品開発プロセスの時間軸でみた場合，どのように蓄積されていくのであろうか？

　図7-24は，製品開発の進行における組織の情報量の蓄積を表したモデルである。もちろん，製品の特徴や取り巻く環境，及び企業によって，このカーブは異なるが，時間と共に蓄積量が増えることは共通である。

　例えば，図7-24のグラフが設計担当者個人のグラフとした場合，Aの時点で設計担当者が，次の工程設計に情報を伝達したと仮定する。設計担当者は伝えた事実で満足するが，伝えられた工程設計者の情報量は図7-25のよ

第 7 章　知の考察

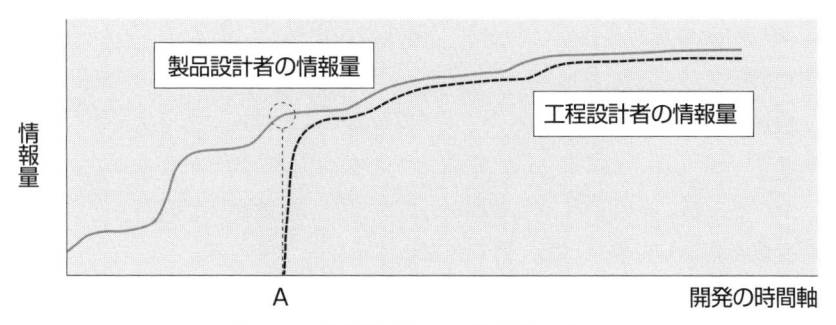

【図7-25】担当者による情報量の違い

うになる。

　情報量が多いことは良いことであるが，受け手の工程設計者にとっては，瞬間的に情報過多に陥ることは明白である。したがって，情報を入手したら，適切なタイミングで迅速に関係者に伝達する必要がある。実際にすべての情報を共有することは難しいが，必要不可欠な情報は，図7－26のように共有されるべきである。

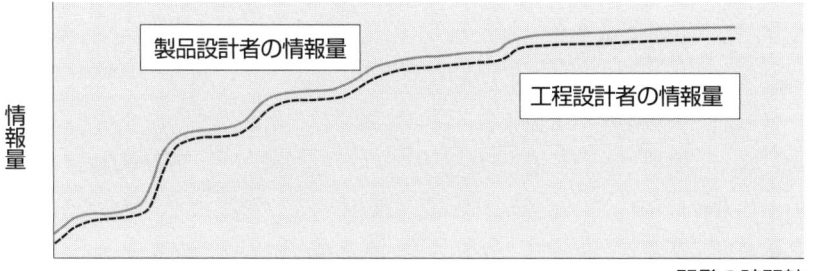

【図7-26】適宜情報を共有している場合の担当者の情報量の蓄積

　情報を正しく伝達するためには，情報が論理的に整理されていることが肝要である。非論理的な説明は，理解するために多くの時間を要するばかりか，重要なポイントが正しく伝わらない危険がある。
　情報を迅速に伝えることは，早期に情報を共有する点以外に，もう1つ効果がある。それは，情報を溜めずに少ない情報を扱うことにより，論理的な整理が容易な点である。100個の情報を論理的に整理することには骨が折れ

るが，10個の情報整理は，短時間で論理形成が可能である。さらに追加情報の整理は，初期の論理構成がもとになるので，整理する時間自体も短縮される。

情報は，正確に，適切なタイミングで伝えてこそ価値がある。適切なタイミングで伝えることにより，正確性も高まり，円滑に知を共有することができる。また常に論理的に情報整理が行われている状態を作っておくと，何かの変化を察知した場合にも，俊敏に対応することができる。

6. 品質機能展開と製品開発

品質機能展開（QFD：Quality Function Deployment）は，製品開発プロセスにおける各種の情報を，2つの視点で整理することによって，開発の上流段階で製品の品質保証を行うための方法論として，1978年に赤尾洋二氏・水野滋氏によって確立された。

QFDの各視点は，論理的に上位・下位の階層を持って整理されている。ここではQFDの詳細な説明は行わないが，QFDという手法のポイントは，文字として情報を表出化（みえる化）し，論理的かつ体系的に整理することで，重点化・共有化することにある。

得られた情報をすべて箇条書きにして羅列したところで，漏れも重複も把握し難く，整理された状態とはいいがたい。したがって，情報整理は，論理的で体系付けられている必要がある。QFDは，2つの視点で，情報を論理的に体系付け「漏れとダブリ」が「みえる化」されている状態を提供することにより，相互理解を深める方法論として有効である。

QFDのイメージを少し具体的にするために，例として紙コップの顧客要求（顧客の声）を階層別に整理したのが図7－27である。

顧客の要求は，製品に対する要求と企業に対する要求の2つに大別することができる。それぞれさらに細分化されるが，ここでは製品に対する要求を，機能・使途・環境・官能・その他と分類した。顧客の視点でいうと，自分が欲していることが網羅されていない商品には興味を抱かないであろう。どんなグルーピングの仕方でも構わないが，考えられる顧客の要求を網羅する必

第7章　知の考察

```
顧客の要求 ─┬─ 製品に対する要求 ─┬─ 機能に対する要求 ─┬─ 液体を溜める
　　　　　　│　　　　　　　　　　│　　　　　　　　　　└─ 液体が漏れない
　　　　　　│　　　　　　　　　　├─ 使途に対する要求 ─┬─ 持ち運び易い
　　　　　　│　　　　　　　　　　│　　　　　　　　　　├─ 重ねて保管し易い
　　　　　　│　　　　　　　　　　│　　　　　　　　　　├─ 倒れ難い
　　　　　　│　　　　　　　　　　│　　　　　　　　　　└─ たくさん入る
　　　　　　│　　　　　　　　　　├─ 環境に対する要求
　　　　　　│　　　　　　　　　　├─ 官能に対する要求 ─┬─ 口当たりが良い
　　　　　　│　　　　　　　　　　│　　　　　　　　　　├─ 熱さを感じ難い
　　　　　　│　　　　　　　　　　│　　　　　　　　　　└─ 目に優しい色使い
　　　　　　│　　　　　　　　　　└─ その他の要求
　　　　　　└─ 企業に対する要求 ─┬─ 製造に関する要求
　　　　　　　　　　　　　　　　　├─ 出荷に関する要求
　　　　　　　　　　　　　　　　　├─ アフターサービスに関する要求
　　　　　　　　　　　　　　　　　└─ その他の要求
```

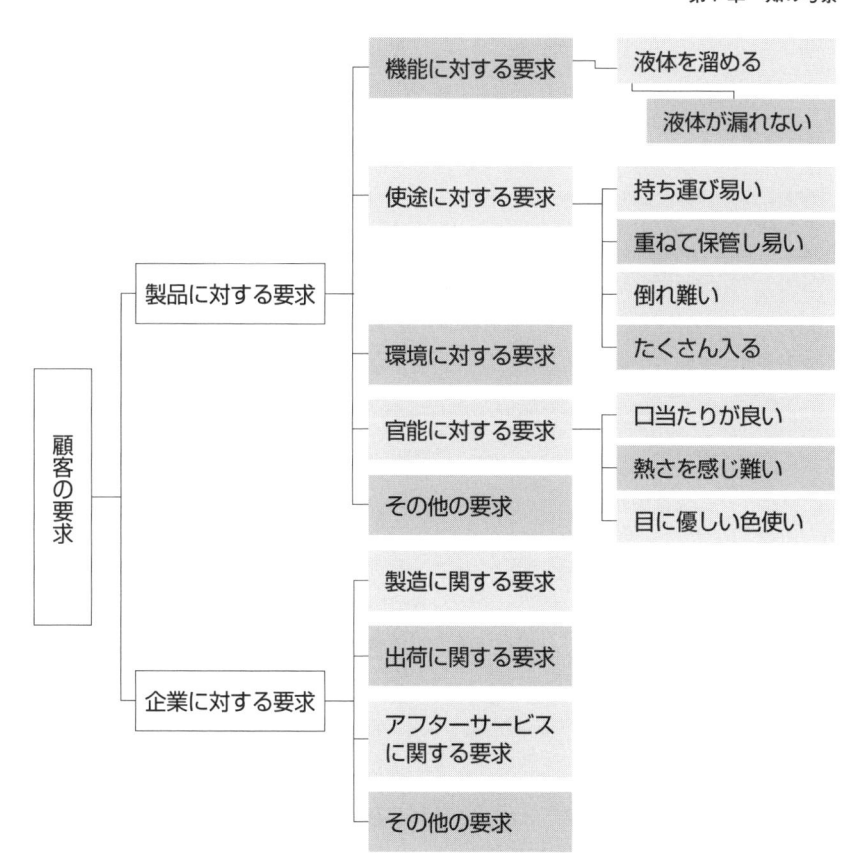

【図7-27】紙コップに対する顧客要求の階層別整理の例

要がある。

　こうして体系付けられた顧客の要求（要求品質）と，製品の特性（品質特性）の関係をマトリクスで整理したのが，QFDの品質表である。紙コップを例にすると，図7-28のように整理される。

　商品コンセプトとして，たくさん液体が入ることに重点を置く場合と，重ねて保管することに重点を置く場合では，重要な製品の特性（品質特性）が異なることが一目瞭然である。品質表の形式にこだわる必要はないが，顧客要求と製品特性の2つの視点を論理的に整理したことにより，重点化と共有

165

要求品質	品質特性	開口部 径	開口部 面取り	開口部 接合力	側面部 開き角	側面部 高さ	側面部 厚さ	側面部 重量	側面部 色	底面部 接合力	底面部 径	底面部 重量	全体 材質	重要度
機能に対する要求	液体が漏れない			○						◎	○			◎
使途に対する要求	持ち運び易い	○			◎			○			△	○		
	重ねて保管し易い	○		◎							△			◎
	倒れ難い					○	○			◎	○			
	たくさん入る	○			△	○					○			○
官能に対する要求	口当たりが良い	○	◎											
	熱さを感じ難い						○						△	
	目に優しい色使い								◎					
環境に対する要求							○					△		

【図7-28】紙コップの品質表の一例

化が行い易くなっている。

　本章では割愛するが，ここで重点化された項目をいかに実現するかは，品質特性と製品構造や工程機能に次々と展開される中で，明らかにされていく。製品そのものと企業活動に対する2つの視点の組み合わせによる整理が，顧客が望んでいる品質の作り込みを深める上でQFDが有効な方法論といわれる所以である。

7. 新しいツールをいかに浸透させるか

　QFDや品質工学など，社内にとっての新しいツールを導入する場合，既存組織の抵抗は避けられない。大きな企業では，全社的な導入を役割とした推進事務局を設置することも多い。しかし，推進や教育をテーマとした発表が様々な機会に行われていることは，新しいツールの展開が一筋縄ではいかないことを物語っている。私自身，経験はないが，ナレッジ・マネジメントも同様ではないだろうか？

　推進役に任命された社内講師は，展開するツールの手順を理解していることは不可欠なスキルである。このスキルを高めるために，書籍を購入したり外部セミナーに参加したりする。当然，書籍やセミナーでは，考え方の重要性も示しているが，社内で実践することを前提として学習すると，手順の理解に力点が置かれ易い。

　その結果，ツールを使うことや品質表などの完成自体が目的化し，本来の狙いである「迅速な製品開発」とは乖離した実施となる。このようなツール主導の取り組みは，活動開始の時点で形骸化への第一歩をすでに踏み出している。

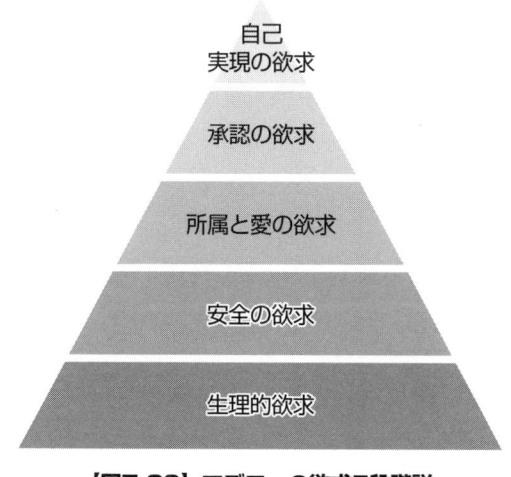

【図7-29】マズローの欲求5段階説

社内講師が一番理解しなければいけないことは，ツールの考え方やその効用である。スキルを高めることは必要不可欠なことであり，知識を詰め込むことも必要であるが，ツールを展開することと分けて考える必要がある。
　変化のないことは楽なことなので，人は本質的に安定を求める。マズローの欲求5段階説でいう第2の階層である（図7－29）。しかし新しい方法は，ときとして従来の仕事の方法を否定し，彼らの心の安定を脅かすことになる。新しいツールにチャレンジをすることを，人は元来向上心を持っているから，否定する人は少ないが，安定を脅かされることは避けたいという気持ちも強い。心（気持ち）が新しいツールに向かわないならば，ツールの導入はできない。知の経営（Chi-Management）でいう「知心」である。受け手の心を理解しなければ，真の展開はできない。

　したがって社内講師が，単に「○○ツールは良い方法論だ」と主張するだけでは，いつまで経っても，従来の方法論と平行線をたどることになる。しかも主張を強めれば強めるほど抵抗感は強くなるのであるが，ツールを勉強した社内講師は「良い方法論」と信じて疑わないので，手を変え，品を変え，説得することに労力を割いてしまう。これではまったくの逆効果である。

　社内講師は，新しいツールが，彼らの安定を脅かさないことを説明する必要がある。社内講師が一番初めにすべきことは，方法論の説明ではない。導入しようとしている組織の一員として認められること，つまり人間関係を構築すること，「知心」を動かすことである。生徒が信頼できない先生の話に耳を傾けないように，彼らに話を聞く態勢ができていなければ，彼らの不安を取り除くことはできない。
　各種ツールは，何のためにあるのか？　既存ツールも新しいツールも，目指すところは同じである。例えば，「商品開発を効率的に行う」「コストを低減する」という目的を達するために，ツールが存在するのである。ツールやシステムは，あくまでも主ではなく従の存在である。
　社内講師は，既存ツールの理解はもちろん，導入しようとしている組織の課題と仕事の進め方を理解し，そうした理解をリーダーと共有化する必要があ

る。その上で，各種ツールの考え方が，課題解決に寄与できるかを考えるべきである。例えばQFDは情報を整理することに効用のあるツールであるから，情報が錯綜していて混乱している部分に対して実施すると効果は上がる。

　導入しようとしている組織との信頼関係が構築できたならば，社内講師が関係情報を入手することは容易であろう。彼らの「安全」を脅かさない方法として，講師自らが得られた情報を用いて，混乱している課題を整理することによって，彼らに情報整理の効果を教えることは有効である。この活動により，社内講師は「ツールの先生」ではなく，「組織の一員」となり，「心」を向かわせることが可能になる。

　手順教育の多くは，手続きの各段階で使うツールのフォーマットも決まっていることが多く，穴埋め作業により完成させていくが，実際には，組織の環境もリソースも異なり課題も千差万別である。社内を見渡しても同じ環境にあるものは，何1つ存在しない。

　異なる環境であるにもかかわらず，同じフォーマットや同じ進め方で良いのであろうか？　情報を整理する視点は元より，反映の仕方などの目的が異なるのであるならば，まったく別の形式になると考えるのが自然であろう。

　日本では，義務教育の年齢から，受験のための教育，手順教育を受けてきた。「1＋1は？」の問いから，「2」を導き出す教育である。方程式を覚えることによって，効率的に解を求めることができる。しかし，企業経営や実業務で必要なのは，「1＋2は？」という応用問題に対する解や，「2」という解を導くために，どういう方程式を描くかを考えることである。暗記では対応できない応用問題に対処するには，手順ではなく，思考の理解が重要である。

8. おわりに

　日本の武道には「守・破・離（しゅはり）」という教えがある。師から流儀を習い（守），師の流儀を極めた後に他流を研究し（破），自己の研究を集大成し，独自の境地から新たな型を編み出す（離）と説明される。

　守るべきこととは，武具そのものを真似ることではなく，師の型や行動，思考や価値観を学ぶのである。新しいツールも然り，フォーマットや単に手

順ではなく，考え方の理解が重要である。当然，過去の経験から効率的と思われる順番が手順として示されているが，あくまでも思考の順番である。「こういう考え方をするから，この手順がある」と理解を深めなければいけない。ISOにおいても，規定そのものや事例で取り上げられている形式よりも，規定の考え方がより重要である。

ナレッジ・マネジメントでは，幅広く経営に関するすべてを取り扱うが，「知の共有」なくして，円滑な企業経営はできない。「知の共有」自体を否定する人はいないと思うが，なぜ「知の共有」が必要なのか？　一般論ではなく，その意義をしっかりと議論しなければ，導入の成果は出ない。

企業を取り巻く様々な「知」に対して，個の多様性と業務の特性を整合させた上で，個人知，集団知，組織知をスムーズに直結させ，集積した「知」を顧客価値創造プロセスの変革に結びつける「知の経営」が，今，企業に問われている。

第8章
ベンチマーキングとは何か?

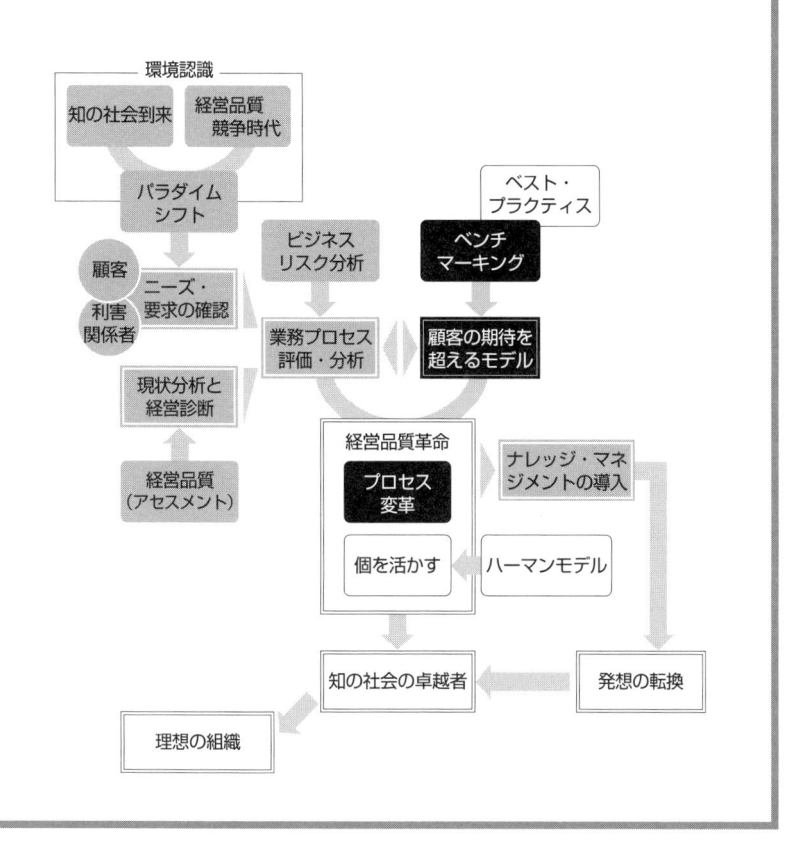

1. ベンチマーキングの意義

　知の経営の外に向けた最大の武器が，経営変革手法のベンチマーキングだ。

　環境が変化し競争が続く現代社会で，持続的成長を達成するためには，企業は，生産性を向上させ，改善をし続けなければならない。改善の種は，社内の知だけではいずれ尽きるか，または，競争相手に追いつかないことになる。そこで，社外の知（業界トップ企業，コンサルタント，専門家，業界外のベスト・プラクティス等）に学ぶことが必要になる。他社に良い方法があれば，他社を参考にするのは，元々日本のお家芸でもあった。

　良い方法であれば，どこから学んでも構わない。要は自社にとって，有効な方法かどうかを見極めることである。この基本的な考え方について，目的を明確にし，実行方法をプロセス化し，要点をまとめた経営手法が，ベンチマーキングである。

知の考察　💡 「井の中の蛙になるな！」

　良い事例は比較すれば直ぐわかる。しかし，知らなければ，効率の悪いままである。知ることがまず，重要である。「世の中には，自分達のやり方より効率的なやり方がたくさんある」ことを理解すべきだ。ベストは，あらゆる業務に存在している。それは，業務の規模にかかわらない。また，業界外の事例もプロセス自体は類似しており参考になる。「商品が違うのだから参考にならない！」という見方は，時代遅れだ。事例の「作業の品質向上と時間の効率化」については，A社にとって，B社の方法がベスト・プラクティスである。

◆事例:「作業の品質向上と時間の効率化」

A社	B社
①経験者や上司によって,品質と時間について,口頭の指導・教育をする。	①標準化された効率の良い作業手順のビデオを撮って,関係者全員にみせ,タイムチャートを作成して,品質と時間について指導・教育をする。
②経験者や上司による現場教育(OJT)を実施する。	②経験者や上司による,QCTの意識付けを含めた現場教育(OJT)を集中実施する。(例えば,3か月間)
③職制との整合性と妥当性を管理職がチェックをする。	③職制との整合性と妥当性を管理職がチェックをする。
④口頭による再教育	④ビデオによる定期的な再教育

注:QCTは,Quality品質,Costコスト,Cycle Timeサイクルタイム

　1950年代に「安かろう悪かろう」と揶揄された日本製品は,QCの導入によって品質向上が進み,1960年代には,全社的なTQCの普及により品質が飛躍的に改善された。1970年代には米国を追い越したといわれ,今は,品質というと「日本製品の代名詞」になっている。

　例えば,ジャスト・イン・タイム(JIT)で有名なトヨタ生産方式(TPS)は,多くの国,企業の製造現場で導入が試みられた。結果として,かなりの品質が向上したといえるだろう。しかし,トヨタの要求する品質のレベルには,ほとんどの企業が到達していないといわれている。それは,日本のトヨタだからこそできた,といって過言ではないだろう。

　単に方式を真似する手法は,環境変化と競争の激化によって,その活動が形骸化し終息しつつあるのではないだろうか。

　本書の冒頭,「こぼしたコップ」の事例で,表面と本質の説明をした。トヨタ生産方式の本質を考えずに,表面的な部分だけ模倣しても,本来の効果を継続していくことができないのだ。トヨタ生産方式の本質は,第9章「国内外のベスト・プラクティス」で詳しく説明する。

　この本質を学習できるのであれば,トヨタの要求する品質のレベルに近付くはずである。

ベンチマーキングは，もの真似ではない。ベンチマーキングは拙速にできるものでもない。ベンチマーキングは仕組みやプロセスだけを参考にするものでもない。ベンチマーキングは，進んだ企業のベスト・プラクティスの本質を理解・導入し，自社独自のベスト・プラクティスにしなければ意味がない。

> **考えよう**
> トヨタ生産方式（TPS）は，製造現場にしか適用できない方式ですか？
> 他に適用できる業種はないでしょうか？

　■GEのJ・ウェルチ元会長は，こんな言葉を残している。「業種が何であろうと最も優れた経営手法を自社の中に，それもスピーディに取り入れることは，マネジャーの当然の役割である。素晴らしいアイデアならば，どこからでも採用し，しかるべき場で活用し，できるだけ早く吸収する」と。

　日本から学ぶためにGEは，日本企業を訪問し，調査・研究を行った。彼が強調していることは，3点ある。1つは，業界外のベスト・プラクティスの方がプラスになること。業界にはないような，「あっと驚く」ような考え方や，やり方があり得るからである。もう1つは，ベスト・プラクティスをスピーディに取り入れること。環境が変化する時代には，早く行動しないと古い情報になってしまい，価値がない。環境が激変している時代では，I'm going to do. は，やらないことを宣言しているようなものである。そして最後の3つ目として，管理することではなく前述の2つを推進することが，マネジャーの仕事であり役割であると明言している。

　つまり，トヨタ生産方式は，どんな業種の，どんな企業が学んでも良いわけだ。そのためには，マネジャーである管理者が行動しなければならない。

> **知の考察**　「管理者の翻訳は間違い？」
>
> 　Managerは，通常，管理者や管理職を意味する。そこで，彼らは，部下や社員の管理をする。確かにそれは，与えられた仕事であるが，業務の目的や本質を見過ごしてはならない。

> 管理をすることが目的ではなく，戦略を実現するための最適な業務活動ができているかどうかだ。そこで，現在のやり方が，今の競争環境に合っていなければ，やり方を変えることが管理職の仕事である。まさに，ベンチマーキングが彼らの仕事である。
> 　今，翻訳するのであれば，「変革者」「改善者」とすべきであろうと思う。

　トヨタ生産方式で参考になるのは，単に生産の仕組みだけではなく，人の活用や権限委譲の考え方，チームワークや学習する組織の作り方など様々な視点が挙げられる。ここに挙げた数例だけを取ってみても，すべての業種に適用できることがわかる。トヨタをベンチマーキングする意味がある。

> **＋解説**　日本では古くから「暖簾(のれん)分け」が行われている。ある業種で修行をして，同業種で商売を始めるのである。

　暖簾分けは，「学ぶ」という事実は同じであっても，当然，商売の仕方やもの作りのベースが同じなので，ジャック・ウェルチのベスト・プラクティスを学ぶことと同義ではない。極端な言い方をすれば，暖簾分けされた企業が親企業から学ぶのは改善レベルにとどまり，革新的な知の参考になることは少ないという事実に気付くべきだ。
　大手企業が多角化して事業が大きくなり，一部の事業を分社化することも同じである。
　つまり，成功事例が通用する間に成功事例を小分けにする戦略は良いが，今までの成功事例が現在通用しなくなっている事実に対して，新しい方法をみいだすことが重要だ。ここに異業種からベスト・プラクティスを学ぶ価値がある。
　社内で異動した場合に，元の部署との違いに驚くことがある。その部署のマネジャーの思考も含めて企業文化が異なるのである。社内での異動でもそうであるから，異業種の場合には，その差はさらに大きく，アッと驚く発見，革新的なやり方が見出せる可能性がある。つまり，外部の知によって企業に

おける現状打破，固定概念の払拭が期待できる。

　ベンチマーキングとは，企業の業務を革新的に改善できる本質的な経営手法（マネジメント・ツール）である。それは，ベスト・プラクティスを識別，導入することによって，企業の持続可能な成長を促進するものでなくてはならない。敢えて繰り返すが，ここでいう導入とは「入れて安心」ではなく，実際に「効果が上がるための行動」が伴うものだ。

　したがって，著者は，「ベンチマーキングとは，利害関係者価値（主として顧客価値）を創造し業績を上げるため，業界内外の優れた業務方法（ベスト・プラクティス）と自社の業務方法を比較し，現行プロセスとのギャップを分析し，知（知識・知恵・知心）を結集して自社に合ったベスト・プラクティスを導入・実現することにより現行の業務プロセスを飛躍的に改善・改革する，体系的で前向きな経営変革手法である」と定義した。

2. ベンチマーキングの目的

1）顧客満足度の向上と競争優位の確立

　企業は厳しい競争に打ち勝つために，知恵を絞って業務改革を実行しなければならない。経営層はもちろん，社員の全員が知恵を絞って打開策を考える必要がある。この活動自体は重要なことであるが，これまで述べてきた通り，これは組織内部の知恵であり，必ずしも十分とはいえない。そこで，他人の知識や知恵，外部知の力を借りるのである。

　自組織だけで考えたものがベストと思うのではなく，もっと良い方法があるのではないかと貪欲に追求すべきである。その思考が，継続的な成長を促す源泉になる。

　ベンチマーキングは，品質管理手法や安全管理基準等の機能にかかわる手法や基準ではなく，企業業績を上げるために行うものであり，業績向上の結果に関連するすべてのプロセスを変革することである。つまり，「顧客満足度を向上させ，競争優位を確立させるための経営変革手法」だ。

　具体的には，競争力のない経営プロセスや業務プロセスの改善・改革を加速することといえるだろう。

企業のプロセスは，ビジョンの構築と戦略の策定から始まって，製品とサービスに関連する本来の業務プロセスと，それらを効率的に動かすために情報を提供するマネジメント／支援サービス業務のプロセスから成り立っている。安定した低成長時代ならいざ知らず，環境変化が激しい大競争時代の中で，それらはすべて，顧客価値創造のプロセスでなければ，生き残れるわけがない。

　しかし，顧客価値創造のプロセスも，社内での改善・改革だけでは追いつかないのが現状である。

2）現状打破プロセスの明確化

　そこで，抜本的な改革をしなければならないが，実際には，社員が集まってもアイデアが出ないのがほとんどのケースである。では，ベスト・プラクティスのアイデアは，どこにあるのだろうか？

　約1万2000の大企業は，成功しているケースなので，ほとんどの企業の中に，または半分以上の大企業には，ベスト・プラクティスがあるといってまったく構わないだろう。もちろん中小企業にも存在する。

　2008年度版中小企業白書によれば，日本にある約420万の中小企業の内，個人事業主を除くと，約149万社の企業が存在するが，その数だけの経営や特定の業務の方法論があることになる。したがって，それぞれの業務や実践方法のすべて（マーケティング，新商品開発，営業業務，クレーム処理業務，アフターサービス業務，経理業務，IT業務等々）に対して，例えば，上位1％の優秀な企業の事例と見積もっても，1万4900に及ぶ参考になるポイントが必ずあると思えば良い。

　上述の大企業の半分以上約6,000を加えて，2万1000の対象となるベスト・プラクティス，それも，事業プロセス（APQCの公表モデルによると，251の標準プロセスがある）ごとに存在すると考えれば，合計530万件のベスト・プラクティスがあるのだ。

　ベストな事例を選定して比較することで，客観的に現状打破しなければいけないプロセスを明確にすることができる。

> **＋解説** 現状打破すべきプロセスも，業務の実施は，基本的なP(Plan)・D(Do)・C(Check)・A(Act)のPDCAサイクルで実施されている。

　PDCAサイクルは，1950年にW・E・デミング博士による日本企業に対する指導が最初であったといわれており，デミング・サイクルと呼ばれている。このプロセス管理の手法は，企業内のQC活動の浸透と合わせて，主にもの作り現場で品質管理の手法として普及した。

　ルーチン・ワークは，日々の仕事自体があまり変わらないので，通常は抜本的な改革をする必要はなく，個々で進めても支障はない。同様に，製造のもの作りにおける作業者の仕事は，個人が現場で自らP（Plan）・D（Do）・S（See）のループを回し，管理者がPDCAサイクルで現場をチェックすることが，最適な管理手段といえる。

　また，プロセスの結果には，作業者の経験・能力・体力・感情も影響するので，プロセスの進捗度や成果についてのフィードバックやモニタリングが必要である。社会システムでは，完璧な業務はありえず，誰もが間違う可能性があるため，業務の適切性のチェックが必要なのは当然であり，チェックしないと品質の維持が難しい。つまり，現場における個々のPDS活動を，管理者がチェックすることによって，問題の発見・改善ができることになる。

　そのために，PDCAサイクルが必要なのだ。

> **考えよう** PDCAサイクルを回していれば，すべてがOKか？

　■環境が変化する今は，デミング・サイクルといわれるPDCAサイクルを超える，「SPDLIサイクル」が必要だ！

　それは，管理方法として優れたPDCAは，計画が正しいという前提で成立しているからだ。顧客ニーズが変わると経営戦略が変わる，経営戦略が変われば計画も変わらざるをえない。計画が変わると比較対象が変わり，計画と実行とをチェックする場合，対象となる計画値が変わるので，比較がしに

くくなる。また，従来の比較の意味がなくなる。つまり激しい環境変化では計画自体が変わるため，PDCAの実施効果が薄れることになる。

組織には，通常，経営陣，管理者，従業員の3階層が存在する。当然ながら，各層にモニタリングの機能がなければならない。PDCAの1つの輪では3階層の関係を表現し切れない。各々の役割をトリプル・ループとして表現したのが，著者が開発した図8-1「トリプル・ループの経営サイクル」である。

3）トリプル経営サイクル

「トリプル・ループの経営サイクル」では，個々人の日常活動としてPDS（Plan-Do-See：計画－実行－確認）サイクルが回る外側を，個々人の活動をチェックするために管理者のPDCAサイクルが回っている。そのさらに外側を，経営全体のサイクル（SPDLIサイクル：Strategy－Plan－Do－Learning－Innovation）が回っているのが企業経営である。

具体的には，P（計画）の前に，環境の変化によって現在の業務の枠組を

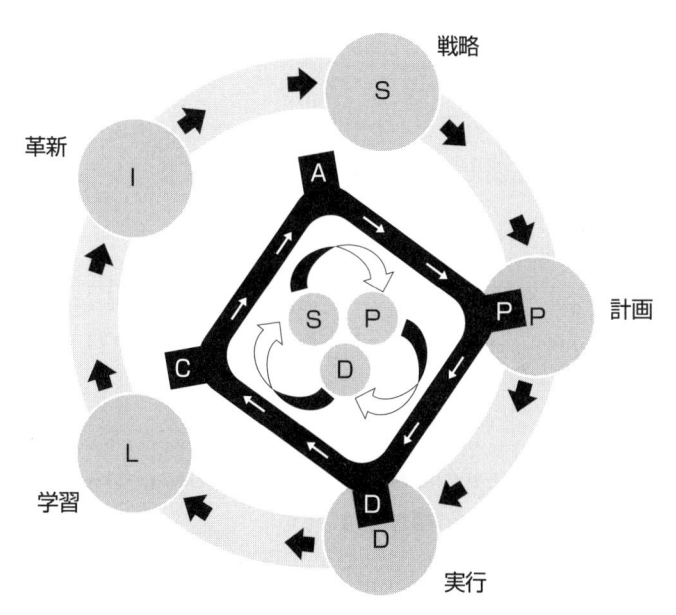

【図8-1】トリプル・ループの経営サイクル

超えたリエンジニアリングや構造改革が必要かどうかを,「S (Strategy):戦略」フェーズで決定する。

つまり,新たな経営戦略に基づいて,計画自体はいつでも変更されることになる。さらに既定のチェックではカバーできない部分を「L (Learning):学習」のフェーズで必要な知を結集して組織に反映する。このフェーズでは,外部のベスト・プラクティスを導入する本章で解説するベンチマーキングが有効だ(本章,「3.ベンチマーキングの実行プロセス」181頁参照)。

特にSPDLIサイクルは,改善(A: Act)にとどまらず,抜本的な革新(I: Innovation)に波及させる考え方である。競争力を向上させるため,SPDLIサイクルを活用し,常に革新を目指すことは経営層の役割である。この経営陣,管理者,従業員の3階層のトリプル・ループの経営サイクルが最適に回り,環境変化に柔軟に対応できる企業が,顧客満足に加えて社会責任が強調されるている今,社会から望まれている。

4) 改善・改革の方向性のベクトルを合わせる

ベンチマーキングでは,ベスト企業から学ぶのであるから,実際に実行している企業が存在している。リエンジニアリングのように,実像がない理想で改善や改革を行った場合,上手く進まないときに妥協や改善や改革の方向性に対する猜疑心が生まれる。猜疑心が芽生えてきたら,上手くいくものも上手くいかない。

一方,ベンチマーキングでは,途中で躓いた場合に,多くのベストが目の前にあるため,さらに追加ベンチマーキングによる深掘りを行うという本質に迫る活動が行われる。目指すものが明確であればあるほど,推進の原動力になるのである。

> **＋解説** トヨタ生産方式の定着している企業の少ないことはすでに述べたが,ベンチマーキングは模倣ではない。

ベスト企業と比較した結果,「自社では導入できる環境にない」とか「自社とは差が大き過ぎる」とか,「導入したいけれども,資金がない」と挫折

しては，何の効果ももたらさない。その環境やギャップ（差）を徹底的に分解して，なぜ？ なぜ？ を繰り返し（トヨタは5回なぜを繰り返すといわれる），根本原因分析を行い，重要成功要因（イネイブラー）を組織として学習し，実行していく必要がある。

またベンチマーキングでは，模倣にとどまらずに，自社の成熟度に合った形に創生する事を含め，その企業を超えるところまでを目標としている。つまり区切りはあっても，終わりはないのである。

さらに，1社のベスト・プラクティスだではなく，数社のベスト・プラクティスの「いいとこどり」+「自己改革の努力」によって，＝「独自のベスト」を生み出すことに本質がある。

3. ベンチマーキングの実行プロセス

自社の強みと弱みを理解し，弱みを強みに変え，強みをさらに伸ばすために改善・改革を実行することを，サポートする経営変革ツールがベンチマーキングだ。図8-2に一般的なベンチマーキングのアプローチ・プロセスを例示する。

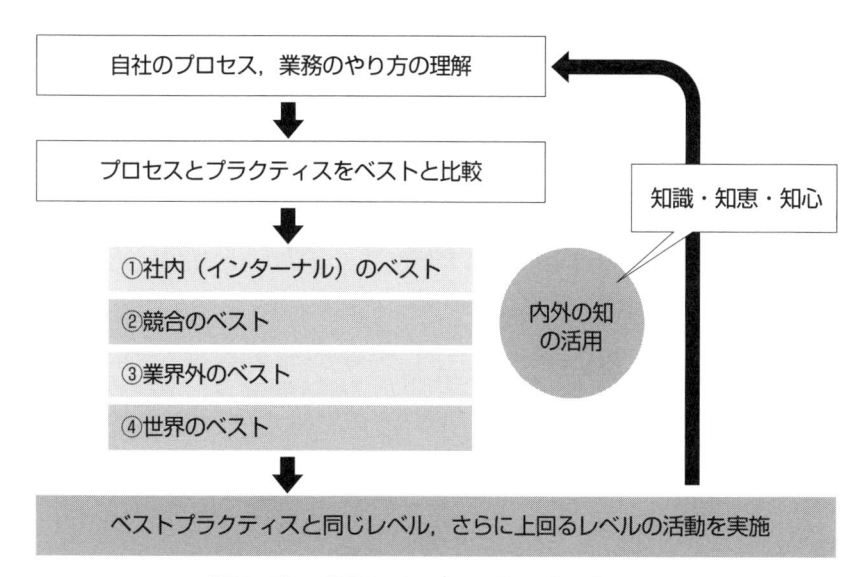

```
┌─────────────────────────────┐
│ 自社のプロセス，業務のやり方の理解 │←──────┐
└─────────────┬───────────────┘        │
              ↓                          │
┌─────────────────────────────┐        │
│ プロセスとプラクティスをベストと比較 │    知識・知恵・知心
└─────────────┬───────────────┘        │
              ↓                      ╱ ╲
┌─────────────────────────────┐  ╱内外の知╲
│ ①社内（インターナル）のベスト   │ ╲ の活用 ╱
├─────────────────────────────┤  ╲     ╱
│ ②競合のベスト                 │        │
├─────────────────────────────┤        │
│ ③業界外のベスト               │        │
├─────────────────────────────┤        │
│ ④世界のベスト                 │        │
└─────────────┬───────────────┘        │
              ↓                          │
┌─────────────────────────────────────┐│
│ベストプラクティスと同じレベル，さらに上回るレベルの活動を実施│┘
└─────────────────────────────────────┘
```

【図8-2】一般的なベンチマーキングのプロセス

1) プロセス・マネジメント

　現状把握として，自社のプロセス，業務のやり方を理解するには，「プロセス・マッピング」の実施が効果的である。プロセス・マッピングによって，製品やサービスを顧客に提供する活動を，"調達－開発－製造－販売－サービス"の各業務の連なりで表すことができる。マイケル・E・ポーターは，著書『競争優位の戦略』で，この一連のプロセスの中で，各々の業務により価値とコストが付加され，顧客に提供する最終的な価値が生み出されるというバリューチェーンを定義，提唱した。

　ポーターのバリューチェーン・モデルでは，主活動と主活動をサポートする支援活動に区分されている(図8-3)。そして，価値を生み出す主体が，個々の活動であり，それを"価値活動"と呼んだ。前工程のアウトプットが次工程のインプトであり，相互依存のシステムで成り立っている。

　バリューチェーン分析では，個々の価値活動に分解し，「付加価値」と「コスト」を把握して，最終的な価値への貢献度とプロセスの関係から，競争優位の源泉を明らかにする。その上で，どの価値活動に重点を置くか，外部と

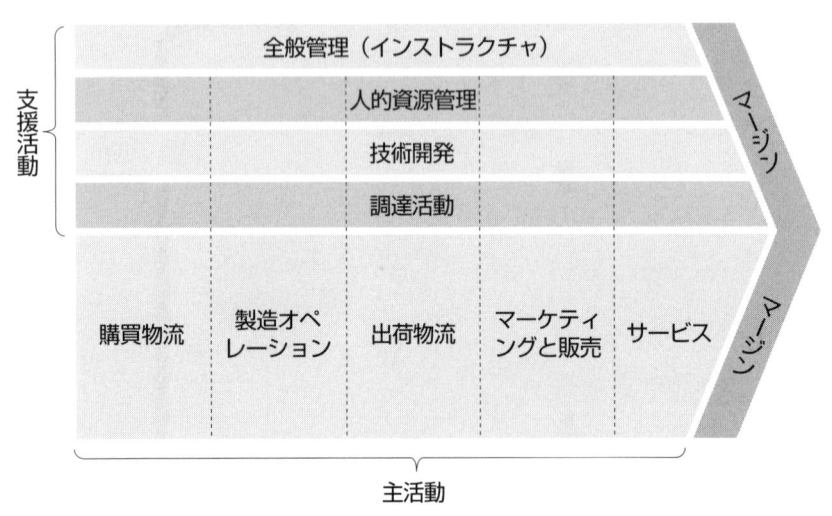

【図8-3】マイケル・E・ポーターのバリューチェーン・モデル

の提携や協力体制を構築するかを検討し,バリューチェーンの再設計を行うのが,競争優位の戦略と捉えられている。

　つまり,業務の流れを維持・実行・管理するのが,従来型の通常のプロセス・マネジメントである。しかし,実態は競争が激しく,単に業務プロセスを運用するだけでは,競争に勝てないため,プロセス改善を組み込んだ方法が,現代型のプロセス・マネジメントである。このプロセス・マネジメントの本質は,現状の業務プロセスが前提となっていることにある。改善は,現状を肯定している。そこで,現在のような,環境変化が激しいときに,従来の業務プロセスではついて行けないことが生じる。つまり,現状の業務プロセスを抜本的に改革することが必要になる。本節では「改革」をもたらすベンチマーキングの解説を行う。

> **知の考察**　「プロセス思考は影響度を測るめがね」
>
> 　プロセス思考をしないと全体の中での自分の位置付けがわかっても,自分の活動が誰（何）によって影響を受け,誰（何）に影響を与えるか,それもどのくらいの度合いかがまったくわからない。従来の全体と個の理解で,個の活動が非効率になったり,無駄になったりするのはこの流れ（関係）がわかっていないからである。
> 　地図をみて自分の位置がわかっても,目的地までのルートがわからなければ,どんな交通手段（航空機,電車,自動車等）でいくのが最適か判断できないのと同じである。

　このプロセス思考で重要な見方がもう1つある。それは,時間軸におけるプロセスの流れを逆行させることである。通常の業務プロセスの流れは,顧客に向かっていくバリューチェーンを示している。現在のように競争の激しい世の中では,どんな品質の高い商品でも顧客が買わなければ不良品といわれる時代である。したがって,これからのプロセスは,顧客から逆にさかのぼって,顧客が要求する物を作る製造プロセス—新商品開発—マーケティン

グと戻っていく思考でなければならない。

　このようなプロセス思考の視点から，基幹業務プロセスと支援業務プロセスを見直すことにより，自社の経営資源の限界にとらわれずに，必要であればアウトソーシングも視野に入れた，顧客が望む仕組みを作れることになる。また，外部のビジネスパートナーとの連携ができ，トータルでの品質向上・コスト削減・サイクルタイムの短縮が達成でき，真に顧客からみたプロセスになる。

2) ベンチマーキング方法論

　まず，基本的な方法論の考え方について説明する。ベンチマーキングの目的が競争力を向上させ業績を上げることなので，基本的な方法では，業績の上がっている企業を探すことから始める。もし，特定業務のベスト・プラクティスにかかわる情報がある場合は，直接そのベスト・プラクティスに学ぶことになる。しかし，その情報がない場合は，公開情報からは企業内部のベスト・プラクティスがみえないので，企業業績からアプローチすることになる。例えば，次のようなステップが考えられる。

①自社の業績と比較し，業績の優れた世界レベルや業界トップの企業を選出する。
②選出された企業の優れた業績に寄与している一流である分野や業務を抽出する。
③その中から最高の業績を生み出すベスト・プラクティスをみつける。
④自社の業績と比較し，そのギャップを分析し，比較企業のベスト・プラクティスの効果を確認する。
⑤優れた業績を生み出すベスト・プラクティスに合致させる，またはそれを凌ぐために，自社のビジネスプロセスをどのように改善・改革するのかを探し出す。

　つまり，ベンチマーキングは，他社から学んで，業績を継続的に改善・改革するための経営変革ツール・考え方である。それは，他社からベスト・プラクティスの情報を手に入れるという意味で，知の経営の具体的な手法（経営変革手法）として考えられている。以下に，より具体的にステップを解説

する。
①ベンチマーキング候補企業の選出
　通常，ベンチマーキング戦略の策定で，改善・改革すべきベンチマーキング対象が決定される。つまり，解決すべき経営プロセスや業務プロセスが特定されているという前提で，ベンチマーキングする企業の候補を選択することになる。候補企業は10社程度選択することが望ましいが，候補を選択するためには選択基準を決める必要がある。以下に選択基準について説明する。
・業績の良さ：
　ベストから学ぼうとしているので，調査対象の業務プロセスで，優秀な業績を上げている企業でなくてはならない。
・プロセスに対する考慮：
　相手企業の，ベンチマーキング対象プロセスは何らかの共通性を持っている必要がある。業務プロセスが同一である必要はないが，両プロセスを比較し，学ぶことで効果があがることが期待される類似性がなければ意味がない。
・組織に対する考慮：
　候補企業は，あるレベルの品質に合致したものでなければならないが，企業の規模なども考慮する必要がある。候補の選出にあたり，制約事項を増やすことは好ましくないが，目指すべき企業と思えなければ意味がない。ステップを考えて，自社の価値を高めるために有益な企業を候補として選出すべきである。

> **考えよう**　今，あなたは空港に勤務していると仮定しよう。上司に予約の業務プロセス（仕組み）の改善・改革を命じられた。
> 　さて，あなたはどんな企業をベンチマーキング対象企業として選出しますか？　プロセスの共通性の観点で挙げてみましょう。

■予約という視点では，レストラン・ホテル・新幹線チケットなど異業種も予約の受付を行っている。そこで，予約のベスト・プラクティスを探すことになるが，この場合は，「予約という名の同じ業務」を探せば良いことになる。しかし，ベスト・プラクティスは，そう簡単にみつかるわけではない。
　本当に競争力のあるベスト・プラクティスを探すためには，類似業務も参

考にすることが必要となる。その方法として,「予約に似た業務」を探すことが考えられる。例えば,「チェックイン」も,予約と似た業務といえないだろうか？　似ているとすれば,チェックインにおけるベストは予約の手続きに応用できるかもしれない。ホテル・マンション・病院・国際会議などでもチェックインを行っている。要は,予約やチェックイン業務で評判の良い組織を探し出すことが重要成功要因となる。

> **知の考察**
>
> 「チェックインの本質は,人の識別であるが,本当にそれが必要なのか？」
>
> チェックインのベストは何だろう？　飛行機と新幹線のチェックイン後の搭乗の違いを比較するとおもしろい。新幹線では基本的に定刻発車に乗車するのは顧客の自己責任である。つまり,人の識別をするチェックイン業務がない。また新幹線には自由席が存在している。もちろん,簡単な指定席の確認はあるが。

しかし,飛行機は,チェックインが必要である。座席が指定されている。コストを比較すれば,その優位差は一目瞭然だ。新幹線方式がベターである。他業界から学べることが多い。

飛行機の事例：米国のサウス・ウェスト航空は,低価格戦略で成長した企業である。同社では,「自社をバス会社」と考えたために自由席の発想が可能となった。人のコストを削減するための方策の1つとして,チェックインの手間（人の識別,座席の指定など）を省くことを考えた。つまり,異業種の事例にこのような改革のヒントがある。

②ベンチマーキング対象企業を選択するための情報収集

ベンチマーキングの候補企業を選んだり,候補企業から実際に比較するベンチマーキング対象企業を選択するには,情報入手が不可欠である。情報入手には以下の方法やソースが考えられる。

・一般に入手できるソース：

書籍，公表データ，マーケティング用印刷物，公官庁出版物，インターネットによる情報，新聞など
・業界や競合分析に使われる一般的情報ソース：
業界団体や関連事業協会，業界誌や技術雑誌，市場・業界調査，アニュアルレポートなど
・社内情報：
自社の関連・非関連部署の所有している知識，営業部の情報
・会議体：
関連団体のベンチマーキング推進会議，ベスト・プラクティスを考える会などのメンバー組織，大学院のベンチマーキング研究の関連情報など
・視察：
他企業の工場見学などを含めた情報交換

　実際に外部から企業情報を得るのは，並大抵のことではない。ベンチマーキング発祥の地であるアメリカの経営コンサルティング会社では，ベンチマーキング情報のデータベースを所有していることが多い。また，ベンチマーキング対象企業の紹介やベンチマーキング・コンサルティングを業としている企業も多い。日本でも大手企業やコンサルティング企業の一部が，ベンチマーキングによるコンサルティングをしているが，数は極めて少ない。また，ベンチマーキング関連データベースを所有していても，非公開である。

3）ベンチマーキングを行う候補企業の評価
　設定した基準に基づき，候補企業の評価を実施する際には，基準に対する点数をつけるマトリックス表を作成すると評価しやすい。

> **考えよう**　候補企業としてA～D社の4社を取り上げ，図8-4のように評価を行った。あなたなら，どの企業を選択しますか？

　■A社は，4社の中で最も総合得点の高い企業であり，しかも満遍なく全項目において3点以上の企業である。性能や技術支援，製品の幅の広さでは，

評価対象 \ 候補企業	A社	B社	C社	D社
性能	4	3	3	1
納期	3	5	2	2
価格	3	4	5	2
品質	3	3	4	4
信頼性	3	3	5	3
サービス性	3	1	3	3
技術支援	4	2	2	4
製品の幅の広さ	4	4	2	2
合計	27	25	26	21

5：非常に優れている　4：良い　3：並み　2：劣っている　1：悪い

【図8-4】候補企業選出のマトリックスの例

他社を一歩リードしている。

　総合得点ではA社に及ばないものの，納期であればB社が，価格と信頼性であればC社が，A社以上に優れている。基本的には，評価対象が「5.非常に優れている」の企業を選択する。自社がどのような企業を目指すのかにより，ベンチマーキングする企業は変わるのである。

> **＋解説**　すべての視点でベスト・プラクティスを有していることは，理想の企業像であるが，そのような企業は存在しない。

　かつての自動車業界でも，デザインの日産，エンジンのホンダ，総合力のトヨタといわれた時代があったように，得手・不得手がある。

　改革の視点として，自社がどのような企業を目指すのかが，重要である。図8-5に一般的な企業モデルを示す。成果を上げるのは，経営資源全体の最適活用によることは，いうまでもないが，その達成ステップとして視点を定める必要はある。

第8章 ベンチマーキングとは何か？

> **知の考察　「トータル・コンピタンス・モデル」**
>
> 　社会に貢献するためには，継続企業（going concern）として成長していかなければならない。成長のための最大の要因は経営資源の能力（コンピタンス）を最大限に発揮することだ。それは一部のコンピタンスではなく，全体のコンピタンスを向上させることである（図8-5「トータル・コンピタンス・モデル」参照）。

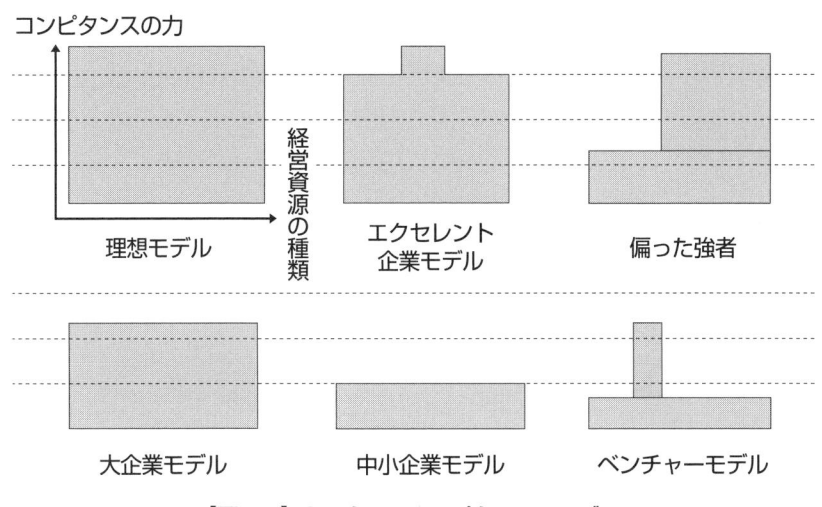

【図8-5】トータル・コンピタンス・モデル

　図8-5は縦軸がコンピタンス力，横軸が経営資源の各要素（ヒト・モノ・カネ・情報・知）を表している。モデルごとに各資源のレベルが異なっている。どの企業も理想型を目指して，弱みを直して改善・改革を行っていく達成ステップを進むことになる。

4）ベンチマーキング候補企業の了解を得る

　ベンチマーキングの候補企業を選んだら，ベンチマーキング活動を受け入

れてもらわなければならない。そのためには，対象企業のキーマン（力のある人，ベンチマーキングを理解している人，改革の責任者等）にコンタクトすることが最適な方法である。個人とのコンタクトになるので，然るべき人の紹介が最も好ましい。実際にコンタクトが可能になったら，ベンチマーキング調査に参加するメリットを明確に伝えることが重要である。

　ベンチマーキングは，ギブ＆テイクが基本であり，相手から得ることと同様に相手にも情報を出すという態度が重要である。実際には，トップ企業はベンチマーキングを受けてくれるが，それを社会的責任と理解しており，お返しのベンチマーキングを要求することは少ない。この関係（特に気持ちとして）は，パートナーとして，相手に協力を要請することになる。

　ベンチマーキングはスパイ行為ではない。したがって，ベンチマーキングは倫理的にビジネスマナーを守って行う必要がある。次に，行動規範の例示をする。
・適法の原則：公序良俗に反すること，法律に違反することはしない。
・交換の原則：本質を理解するためには工場見学や情報交換を行うが，あくまでもギブ・アンド・テイクである。一方通行は成立しない。
・機密の原則：知り得たいかなる情報も外部には漏らさない。
・使用の原則：相手企業が説明してくれたベンチマーキング情報を約束通りに活用すること。
・活動の原則：相手企業の立場を理解し，迷惑をかけないこと。

　感覚的に，こんな上手い話が成立するのか？　という疑念に駆られるかもしれないが，閉鎖的な日本でさえ，70％以上が条件付きでベンチマーキングを受け入れるといっている（1996年（株）日本総合研究所の上場企業調査）。2007年まで14年間にわたって，（財）社会経済生産性本部（現，日本生産性本部）が開催していたベンチマーキング推進会議にて，実際に参加企業間で情報交換が行われていた。現在も，ベスト・プラクティス研究会（T＆T PARTNERS主催）という形でその遺産が引き継がれている。

　ベンチマーキング対象企業（パートナー企業）を選ぶに際しては，多視点からベスト・プラクティスを学ぶために，1社ではなく，最低でも3社，できれば5～6社程度選定することが望ましい。

4. 改善・改革の定着

本章の「2. ベンチマーキングの目的」では，まず仕事をプロセスで捉え，プロセス・マネジメントの必要性を指摘した。また，経営レベル―管理レベル―業務レベルでのプロセスの適切な定着と必要な改善を，SPDLI, PDCA, PDSの3種の経営サイクルによって，行うことの重要性を説明した。

本章で取り扱っている「ベンチマーキング」は，ベストから学び，プロセスそのものを抜本的に見直し，顧客価値創造のための改革を行うものである。当然ながら，改革を行った後，その新しいプロセスを企業の力となるように，定着させる必要がある。

定着のアプローチとは，プロセス・マネジメントを進めることであり，その後，環境が変化しても必要に応じてベンチマーキングによる改善・改革サイクルを回すことで，企業の持続可能な成長を目指すことができる。図8-6に，改善・改革のシステム・モデルを示す。

下が，今までのプロセス・マネジメントのサイクルで，プロセスの維持・実行・管理をし，必要なプロセス改善を行うことを示している。上が，まっ

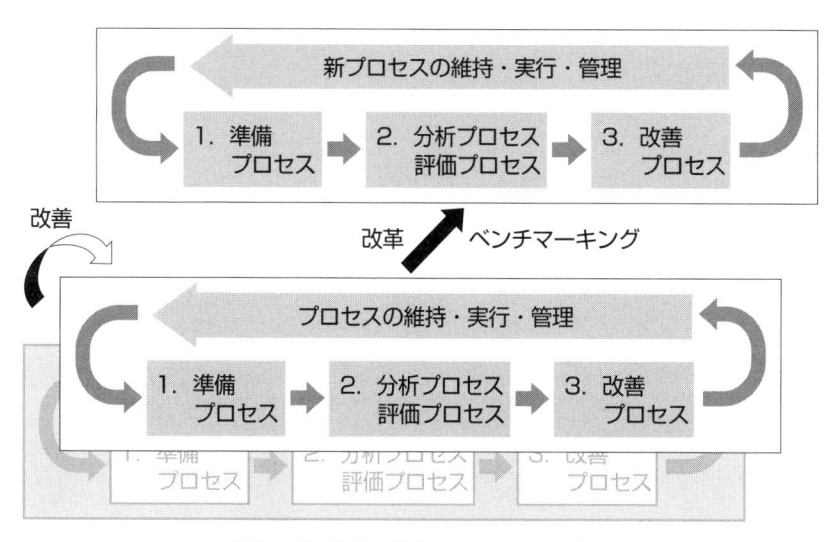

【図8-6】改善・改革のシステムモデル

たく新しいプロセスで，真中の矢印で示されるベンチマーキングで改革した結果のプロセスを示している。

　プロセスは切れ目なく流れるのが最適である。そこで，プロセスが切れ目なく流れるように，物やサービスの流れを妨害している要因のすべてを取り除く活動が「改善」と「改革」であり，ベンチマーキングが必要な所以である。

第9章
国内外のベスト・プラクティス

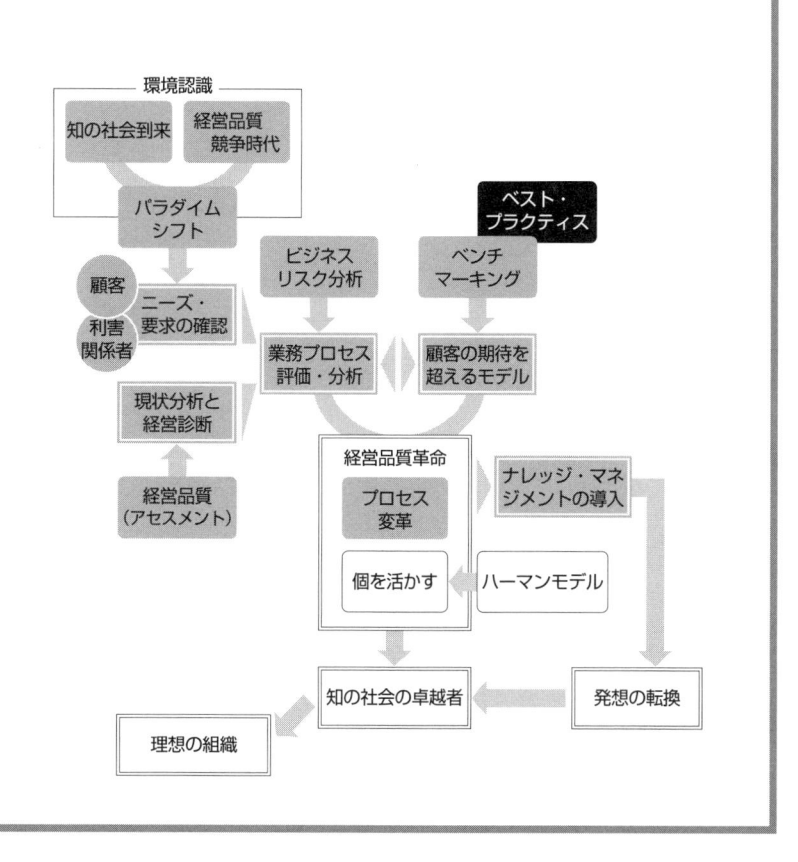

環境認識
- 知の社会到来
- 経営品質競争時代

パラダイムシフト

顧客
利害関係者
ニーズ・要求の確認

ビジネスリスク分析

ベスト・プラクティス

ベンチマーキング

業務プロセス評価・分析

顧客の期待を超えるモデル

現状分析と経営診断

経営品質（アセスメント）

経営品質革命
プロセス変革
個を活かす

ナレッジ・マネジメントの導入

ハーマンモデル

知の社会の卓越者

発想の転換

理想の組織

知の経営は，企業の弱点を直すために，あらゆる知の結集をする。以下の企業事例は，そのためのベストな知の事例を意味する。

1. トヨタの研究

1) トヨタは考える組織か？

　トヨタには，経営や業務にかかわる色々な情報を自由に持ってくることのできる仕組みがあり，改善・改革も，即その場でできることをすべてやり，最後まで徹底してやり通すのが強みである。

　前述したWebで経営者やナレッジ・マネジメントの専門家にアンケートを採る「最も賞賛されるナレッジ企業」を格付けしているMAKE-Japan 調査では，トヨタは日本一である。また，MAKE-Worldでも常に世界20社の「最も賞賛されるナレッジ企業」に入っており，ナレッジ・マネジメントに優れている企業といえる。その意味では，情報共有を大事にし，まさに「考える組織」といえるだろう。

　世界的に有名な企業であるトヨタ。トヨタの世界生産台数は，2006年900万台であったが，2007年には950万台に到達している。実に3秒に1台，どこかの工場で車が生産されている計算になる。

　トヨタの車は何故売れるのか？　一言でいえば，顧客満足（CS）が高いので売れているわけであるが，製品が良く，サービスも良いといえる。

2) 真因を追求する活動

　トヨタは，Why？（何故そうなるのか？　その原因は何か？）を5回聞き，根本原因を突きとめた上で解決を行う。著者は常日頃，新潟大学大学院技術経営研究科の学生には，「トヨタが5回聞くのならば，普通の会社がトヨタのように勝利の方程式をつかむためには，5回では不十分。6回，7回と自分たちで考えなければいけない」と言い聞かせている。

　目の前の問題を直すのは良いことであるが，その問題は他の要因を探すことによって，真因に到達する。真因を直せば，二度と起きない。問題解決は，一度で直ると，「あぁ良かった」となるから安心してしまい，そこで終わる

ケースが多く見受けられる。別な部署や別な工場で同じことが起きるかもしれない。原因まで突きとめて，二度と起きないようにすることが大事だ。それが知の経営だ。「なぜ？」と聞くことで知恵が出てくるというのは簡単だが，実際に原因分析を行うのは大変なことであり関係者の協力が必要だ。

3) 「あんどん」

　問題が起きたら，直ちにアラームを鳴らして，ラインを止めるだけでなく，みんなに知らせる仕組みが生産ラインの停止表示盤にある。機械の自動加工中にトラブルが発生した場合，機械が自ら感知するような仕組みになっており，トラブルを感知すると即座に加工を停止し，あんどんを点灯させるようになっている。また，人為的に，張られた紐（ヒモスイッチ）を引っ張ると，同様に加工を停止し関連工程の全部が止まる。手作業ラインでも，ストップボタンを押して，ラインを止めることができる。

　本来の目的は，関係者への素早いアクションを促すための情報を，素早く伝えることにあり，異常な場所が一目でわかるように，電光表示盤に表示する仕組みでになっている。異常表示のほかに作業の指示（品質チェック，刃具交換，部品運搬など）等，工程の進度を表示する仕掛けになっている。

　問題が発生したにもかかわらず，次の工程が動いているならば，問題の起きたままラインが流れていく。後で時間やコストがかからないように，後工程で影響が出ないように，問題が起きたら，すべてを止め，徹底的に直すのがトヨタの考え方であり仕組みである。経験知から時間がかかることを容認している。後になってから，また，製品になってから問題がわかっても遅いし，結果的により多くの時間がかかるからである。

> **考えよう**　ラインを止めて，問題を解決する仕組みの本意（本質）は何なのか？

■みんなで集まって問題の解決に当たることで，多様なアイデアを表出できることや，問題解決の方法も理解し合える。皆が情報を共有することで，根本原因の追及のきっかけになる。つまり，目先の問題解決をすると同時に，

根本原因の解決に繋がる。そして、さらに 将来のために何が重要か、全体を考える、協力し合う等の人材教育の目的も果たしているのだ。

4) ダントツを目指す

　顧客のニーズと合致しているのは当然であるが、顧客満足を上げるため、その顧客の期待を超えるのが良いといわれる。少し超える程度なら良いが、当然ながら沢山超えるとコストがかかる。ポイントは、超えていることを認識した瞬間、顧客は喜ぶという事実を知ることである。

　トヨタは、下請け、関連会社に対して、徹底的に指導している。部品を安く、良いものにするために、ラインを直接見て、改善のやり方を指導する。トヨタの活動には、「まぁいいか！」という妥協はない。トヨタが助かることだから、同じ舟に乗っているという発想で、関係する会社すべてに同じ思想で当たる。

　それが、トヨタがダントツになる基本である。

> **＋解説** 情報は、自分でつかまえにいかなければならない。ラジオを聞いていなければ、新聞を読んでいなければ、TVを視ていなければ、その情報は入ってこない。

　トム・タベンポートが「情報は兆単位ある」といったように、情報はそこら中にある。この情報を吸い上げないといけない。その場にいないといけない。場というのは、e-mailであったり、TVであったり、会議であったり、セミナーなど学習する場であったりする。

　上手くとらえることにより、情報が知識になる。価値ある情報を知識にする。知識は頭の中に入っている。人間は知識を使って成功や失敗をし、考え抜いて、その体験が人の意識にかかわる知恵になってくる。やりたくないのに、我慢して引き受けると、1日で終わるものが3日かかる。上手くいかないのは、知識や知恵や技術不足なども考えられるが、人のやる気を意味する知心も重要である。この3つを総合的に管理するのが、知の経営だ。

5) みえる化

　ちょっと前は、日経新聞を読んでも、「〇〇知識」という言葉が、至ると

ころでみられたが，最近は「知の経営」というように，「知の○○」「顧客知」などと「知」という言葉がが多く使われている。

「みえる化」といわれるが，知識だけの「みえる化」でないのが，トヨタのすごさ。知恵・知心までみえる化しようと努力している。会社で多くの人が関係するほど，何を考えているのかがみえにくくなる。そこで，言葉にする，書き留める等の，暗黙知を形式知にすることが重要だ。

「みえる化」を仕組みに落としたのが，ジャスト・イン・タイムである。必要なモノを，必要なときに，必要な量だけ使う。ムリ・ムダ・ムラを徹底的になくす。良いものだけを効率良く作る。「後工程は社内のお客様」の意識を徹底している。

その本質は，不良品が発生しないように未然に防ぐ思考・仕組みを理解し，全員が安心して仕事をしている点にある。つまり，心に働きかけているのだ。

Bodyのキズを点検するのに，特別なカメラを使って10秒で1300コマ撮影している。このカメラは0.1mm単位のキズがわかるとのことだが，機械でチェック後，人間がみたり，触ったりしている。匠の技も活用しているのだ。

改善活動では，皆の知恵を使った方がより良いアイデアが出るので，価値の共有を重要視している。これが，トヨタ・ウェイといわれる考え方の基本だ。皆でやるということは，問題解決の方法もわかるし，色々なアイデアも出せる。この徹底度は，他の企業がまねできない部分である。

6）トヨタの抱える問題とチームワークでの仕事

950万台を生産しているトヨタの一番の問題点は，世界各国で生産しているので，新しい人材育成が必要なことだ。

人を大切にするトヨタは，尊敬，信頼できる人間を現地で登用する。例えば，2006年にテキサスに進出したトヨタは，一番アメリカの得意な，大型の5400ccのピックアップトラック「タンドラ」をビッグスリーにぶつけた。

工場の下請け会社の社長に現地の名士を登用した。タイヤの部品では，弁護士で電話工事会社の社長を，ドアの生産会社には，ピザ・チェーンの食品工場の社長を登用している。現地では，その文化に溶け込まないと，会社に対する反発心が生まれ，社長を含めて人材集めにも苦労する。そこで，トヨ

タは現地のトップに皆に信頼される人を登用する。そこまでトヨタは考えて，世界同一品質を目指している。

上述したMAKE-Japanの受賞企業としてのトヨタについての解説文章をそのまま，掲載する。

Toyota

Toyota Motor Corporation is the second（GMが破綻し，現在は一番）largest global automobile manufacturer by volume. The company has annual sales of US＄262.4 billion（2008年3月期の連結決算売上高は，過去最高の前年同期比9.8％増の26兆2892億円。営業利益が同1.4％増の2兆2703億円） and employs over 300,000 people. Toyota has created a people-based enterprise culture known as the 'Toyota Way.' The company believes that Toyota consists of people and that developing human abilities by training, coaching or mentoring is a core responsibility of the company.

Toyota also encourages employees to generate ideas to transform the company to cope with changes in the wider business environment. The emphasis is on converting personal tacit knowledge into enterprise knowledge, all the time stressing human relationships.

The 2008 Japan MAKE panel has recognized Toyota for its knowledge-drive organizational culture, knowledge leadership, organizational learning, delivering value based on customer knowledge, and transforming enterprise knowledge into shareholder value (1st place in these knowledge performance dimensions). Toyota is a nine-time MAKE Japan Winner.

解説にあるように，トヨタ・ウェイをはじめ「人ベースの企業」を確立し，人材開発に力を入れ，環境変化に対応するために個のアイデアを組織能力に転化することを奨励している。まさに「知の経営」を実践している姿が評価された。

第9章 国内外のベスト・プラクティス

7) トヨタも負ける？

　世界一になったトヨタが壁にぶつかっている。あのリーマン・ショック以降の世界同時不況の影響だ。

　図9-1「トヨタの業績」をみて欲しい。1年ちょっと前の2008年3月期に過去最高利益を上げたトヨタが，あっという間の凋落である。当初予測の売上25兆円，営業利益1.6兆円，最終利益1.25兆円から，3度の2009年3月期決算予測をし，営業損失△4500億円，純損失△3500億円に落ち込んだ。

　2009年3月期の実際の決算は，売上20兆5296億円，営業損失△4610億円，純損失△4369億円であった。トヨタだけではない。世界の需要が激減した結果であるとはいえ，あのトヨタも負けてしまうのか？

　インドでの販売が好調なスズキ自動車の鈴木社長は，トヨタに学び，「トヨタを超えなければ…」が口癖であるという。

　トヨタ生産方式では，顧客志向という考えが基本になっている。顧客が望むならばコストアップもいとわないというスタンスである。もちろん，コスト削減は極限まで，徹底する。要するに，トヨタ生産方式とは単なるカンバン方式やあんどん等の改善手法そのものではなく，社員全員に染み渡った経

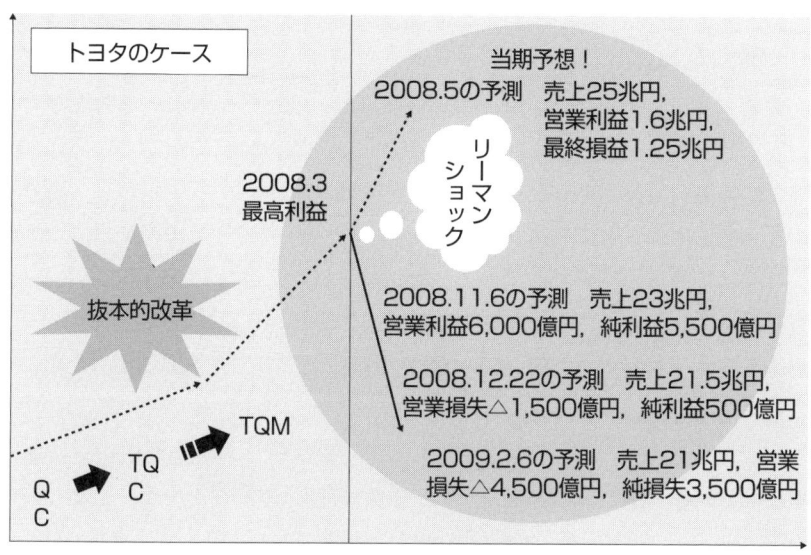

【図9-1】トヨタの業績

営哲学の結果なのである。それは，もの作りの見方・生産性の考え方・行動様式（知心の実践）そのものである。

『トヨタはどこまで強いのか』（藤本隆宏著）に，「トヨタ生産方式の強みは何か。…何万もの社員が，いわば問題解決中毒になっているような状態。それがトヨタのすごみだ」とある通りである。

2009年8月現在，ハイブリッド車の3代目プリウスが売れている。

2. イビザの研究

トヨタは大会社だからすごいのか？　中小企業でもすごい会社はある。

バッグ・メーカーのイビザは，親子3代にわたって使えるバッグ，永久（修理）保証を謳う本物志向の会社である。1998年日本経営品質賞中小企業部門の受賞企業だ。その主な表彰理由は，①全社員が「顧客と接することで学習する」を基盤とした経営の仕組み，②バッグの永久使用によるブランド力の高揚と口コミに結びつける戦略，③「職人によるバッグ作り」という業界慣習のブレイクスルー，の3点である。

1) 学習する組織の実践

顧客による工場見学や，顧客を招待したX'masパーティーの開催など，顧客志向を徹底している。顧客を大切にすることをモットーにしており，工場見学の際に質問があった場合には，従業員は手を止めて説明する。普通は手を止めると，工程が滞り生産性が落ちるので，ここまでの対応はしない。イビザは従業員が顧客と接することで，顧客の意見から学習することを重要視している。通路から作業場をみる窓が小さいという顧客の意見で，すぐに窓を大きくする対応などだ。顧客の意見で階段の上り下りを楽にするために，階段に手すりを取り付けた。

経営理念として，1.お客様との永いおつきあい，2.お客様が第一，の2つを掲げている。特に，お客様が第一は，永久修理保証，アフターサービス，イベント（Face to Face）として実施され，お客様との対話を最も重要視している。

2) イビザの顧客層

　イビザのバッグに1人で1500万−2000万円も遣っている上顧客がいる。1000万円以上遣っている顧客も数十名いる。1人で10個も20個も購入するイビザの顧客。これは何を意味しているのか？　顧客は心底，イビザが好きなのだ。イビザの顧客対応が，顧客との長い付き合いになり，口コミでさらに広がる。

　口コミによる広がりは，お母さんから娘さんへ，娘さんからお孫さんの世代へと伝わり，それぞれの世代の友人の輪にも広がってゆく。こうして得られた100万人を超えるお客様がイビザの強みだ。

　イビザは，顧客のニーズを真に受け止めてバッグを作っている。顧客の意見を大事にする。お客様の工場見学ツアーでは，見学客の質問に手を止めても顧客の声を聞く。面と向かうことによって，本当の真のニーズがみえてくる。顧客の立場に立つイビザの社員の行動から，人とのふれあいという心が豊かになるCS（顧客満足）がみえてくる。

　デザインは使い易いデザインが主だ。シャネルやグッチなどの世界のブランドと比較すると，"ブランド"を売るというカバンではない。柔らかい革の素材にこだわって，日本の巾着のような雰囲気を醸し出すバッグであり，あまり好きでないという人もいる。

　しかしイビザは，そういう人は顧客の対象にしていない。イビザは「柔らかい使い易いカバン」というニッチ事業で突出している。本来，バッグ屋さんはニッチ産業ではない。日本の人口は1億3000万人，女性は約半分，小さい子どもを除いても5000万人は潜在顧客層である。通常は，この総数を対象にバッグを製作し販売する。では何故ニッチ事業か？

　イビザは，上述のコンセプトに加え，顧客のいうことを何でも叶えてくれる。カスタム対応をしてくれる。革の特徴を大切にし，バッグ1つ1つの表情が違うので，同じバッグはなく，カタログを作っていない。イビザは，イビザが好きな人のみを対象にしている。

3) 職人を使わないバッグ作り

　吉田社長（現会長）は，「職人を使うと，どこでも同じになってしまう」と，

プロダクト・アウト的な匠の技を避け，「お客様に目線を合わせていって，お客様が『こうしたらどう』『ああしたらどう』というものを即取り入れる…」方法が良いといって，職人を使わない。工程を分業にし普通の社員が心をこめて作っている。

> **知の考察　「職人の目線ではなく，お客様の目線！」**
>
> 　吉田会長は，以前インタビューで，「…明治からの徒弟制度で，職人としてあがってきたら，こんな風にはならない。徒弟制度では，教えられるよりは盗めと…それがベストなのですよ。それより変えていこうということはなかなか困難で，『それはできない』とか，『それは邪道』だとかなる。…」と語り，また，吉田会長は，「…お客様に目線を合わせていって，お客様が『こうしたらどう？』，『ああしたらどう？』ということを即取り入れて…」と，顧客志向の本質を話してくれた。
>
> 　現在，イビザの顧客は100万人を超えた。小さい会社なのに，顧客が，いつ，どこで，何を買ったのか，すべてデータベースになっている。イビザの吉田会長は，毎年，社員を連れて，皮の産地であるイタリアに行く。そしてイタリアから，顧客に対して礼状を出している。何万通になるという。
>
> 　イビザは，顧客知を徹底的に大事にする知の経営の実践企業である。

3. 武蔵野の研究

　2000年度日本経営品質賞中小企業部門受賞企業が，小山 昇社長が率いる株式会社武蔵野（本社：東京，小金井市）だ。主な表彰理由は，全社員が携帯する「手帳型経営計画書」による目標達成評価・検証，ITツールの実践活用による顧客へのスピード対応の実現，地域社会から歓迎され尊敬される存在を目指した企業市民活動，である。

ダスキンの事業を中心とした清掃会社の「武蔵野」の優れた経営は，参考になる。

1）知の共有における仕掛け

10年前，e-mailが今ほど普及していない時代に，社員が使うように仕掛けを行っている。導入当初は給与明細をe-mailで送付した。何かをやらせたかったら，「会社のためになる重要なこと」を個人が行動することでうまく行くように仕掛けを作る。社員がパソコンを，面倒だからやらない，自分にとって関心がないからみない。だから，会社にとっても個人にとっても重要で関心の高いものを送る。パソコンをみないとわからない仕組みにした。

人のサガ・性格・弱さ等に着目し，人の行動心理に巧みに入り込んだ経営手法といえるのかもしれない。

どこの会社にも経営計画書が存在しているが，この会社の計画書は手帳型のもので，1年間の会社の計画（経営目標，顧客・市場の理解と対応に関する方針，人材開発等）や月別利益計画（売上原価や人件費を含む）や，要員計画，社員の意欲を高める評価・表彰に関する方針，などの詳細が記載されている。この経営計画書は社員全員に配られる。

また，個人の評価は全員に公開するという。社員全員が知ることになるから，管理職は真剣にやるに違いない。賛否両論あると思うが，しがらみにとらわれず，小山社長のすべて公開する姿勢は，必要なことは実践するやり方と相俟って，社員の信頼を得，大成功を収めている。

現在，武蔵野は，卓越した経営自体を事業の1つにしている。「経営の動くショールーム」として武蔵野を公開して，経営サポート事業部を設置し，手帳型経営計画書も販売した上，経営セミナーまで開催している。

まさに知の経営の伝播・普及の実践だ。

2）チームワークの創出

この会社で有名な仕組みに，2001年11月にサンクスカードチームを立ち上げて導入した，「ありがとう」と率直にいえる風土作りを目指す「サンクスカード」がある。はがき半分位のカードに良いことをした社員（感謝の気

持ちを持った相手）に対して，それを評価する社員が手書きで謝意を記載する。サンクスカードは，月ごとに一覧できるように貼りだしている。

上司から部下へ，逆に部下から上司へ，同僚間で，そして，武蔵野社員が社外の人へ送るケースもある。著者も小山社長から4枚のサンクスカードをいただいた。何枚か集まると評価材料として活用されるので，良いことをした結果が評価に結びつく。そして良いことが広まる，良いことをする風土が醸成され，社会から信頼される会社になり，ますます好業績になるという好循環が生まれる。

3）顧客満足度の向上に向けて

ITを徹底的に使い，顧客から連絡があると30分以内に回答することになっている。時間的に間に合わない場合には，隣接するエリアの担当に手伝って貰う。顧客を大切にする会社であり，自分の顧客でなくても手助けをする業務運営を，われわれは学ばなければならない。この会社の情報はアルバイトと社員とでアクセスに差をつけておらず，両者を平等に扱っている。

元々ダスキンの代理店で清掃業がコア事業の武蔵野は，地域清掃で町を綺麗にすることも会社ぐるみで行っている。地域の人からは，感謝され，結果として，受注が増え，従業員にも還元されるのだ。

4. ホンダカーズ中央神奈川の研究

2004年日本経営品質賞中小企業部門の受賞企業になったホンダカーズ中央神奈川（当時，ホンダクリオ新神奈川）は，相沢会長の家族主義による知の経営で育ってきた。

ホンダカーズ中央神奈川の成功のポイントとして上げられた表彰理由は，まとめると，次の4つである。

① 「会社は家庭，社員は家族」という相沢会長の理念の下，家族主義を基本とした組織価値観の全社浸透によって，社内の人間形成のプロセスが非常に高いレベルに達している。

② 「先輩がマニュアル」という表現の通り，現場で指導するチームワーク

による学習を背景とした，店頭販売方式の徹底により，顧客価値創造プロセスが，高いレベルに進化している。
③　お客様の要望・期待に「すべて対応する」という会社の方針は，顧客への即時サービスの日常的実践によって，高い顧客満足度評価を得ている。
④　FAXを有効活用した情報の共有と多面的な活用によって顧客対応の好事例の水平展開を実施している。

著者が判定員として所属していた経営品質協議会では，「これらはいずれも『暗黙知』を組織的に共有し，継続的に進化させる仕組みとして展開が図られている」と，知の経営の真髄を実践している企業として絶賛した。

1)　顧客価値創造事例

ホンダの系列・全国販売店の中でCS No.1を2004年まで，7年連続で達成した。

お客様の要望・期待に「すべて対応する」するとしているが，具体的にどんな顧客対応かと訊くと，社員の1人は，「…ざっくばらんな感じで打ちとけやすいように…」と努力しているという。

では社員の態度は？　と訊くと，アットホームで，笑顔で接することだという。こうみてくると，どこにでもある会社のようだ。

しかし，すごいエピソードがある。

「お客様が大事なら，お客さまが来店したときに，お迎えするのが当たり前と，入り口の自動ドアを取り外し，手で開ける普通のドアに替えてしまった。お客様を出迎えて，社員がドアを開ける。それが本当のおもてなしだ」というのだ。

雨が降っている中，お客様の車が入ってくると，社員が2つ傘を持って迎えに行く。それも最初に助手席のほうへ傘を差し出す。そして，運転手席の方へ2つ目の傘を…。時間差のサービスだ。

お客様に若い人が多いので，児童を連れてくる。店の端に，子どもの遊び場があり，女子社員が児童の相手をしてくれる。

> **知の考察**
>
> 💡 「自動ドアは社員のための合理化！」
>
> 　相沢会長は，「自動ドアは社員のための合理化で，お客様のための合理化ではない。自動ドアでは，社員の誰も『ありがとう』といわない。自動ドアではできなかったこと，社員がドアを開け『ありがとうございました』という。
> 　お茶やコーヒーについても，お客様は，『物は許す』が，『人間は許さない』」という。

2）　本質は社員重視の経営だ！

　相沢会長にとっては，社員が家族なので，男性社員には，「どこへ出ても恥ずかしくない通用するビジネスマンに…」，女性社員には「気遣いのできる優しいお嫁さんに…」がコンセプトである。

　そこで，費用は会社持ちで，毎週，お茶の先生を呼び茶道の手習いをしている。2階に和室がある。それも，業務時間内（午後）に行っている。真に社員が家族の実践である。社員教育も「先輩がマニュアル」というからには，OJTによる現場の教育であろう。

　しかし，ホンダカーズ中央神奈川の徹底ぶりは，すごい。一般に品質管理の基本といわれている「3S」（1.整理，2.整頓，3.清掃）や，4.清潔を加えた「4S」，さらには，「7S」（5.躾，6.作法，7.清楚）を徹底するだけではなく，社員の自主的な意見を取り込んだ「30S」を開発し徹底している。社員重視の会社では，社員が進んで，「こんな"S"は，どうでしょうか？」と提案してくる。そこで，実際は，40～50Sあるというが，あまり多過ぎてもまとまらないので「30S」を標榜しているという。

　内容は，知の経営そのものであるので，意味も含めて，以下に列記する。

1. 「整理」ムダなものを捨てる
2. 「整頓」必要なものを必要な場所に置く
3. 「清掃」拭いたり，掃いたりしてきれいにする
4. 「清潔」基準は赤ん坊が舐めても安心できること，衛生的であること

5. 「躾」礼儀正しいこと
6. 「作法」行儀の良いこと
7. 「清楚」飾り気がなくて美しいこと
8. 「率直」注意や忠告を受け入れる
9. 「親切」困っている人を助ける
10. 「誠実」嘘やごまかしがないこと
11. 「信用」間違いのないこと
12. 「真剣」命がけで行う
13. 「正義」純粋な心，損得よりも善悪
14. 「辛抱」（忍耐）向上心を持ち続けること
15. 「債権ゼロ」（売掛0）売掛禁止，出来心を予防
16. 「スピード」店内の使い勝手の悪いところは本部「すぐやる工房」が活躍する
17. 「スマイル」笑顔
18. 「サンクス」サンクス，サンキュー，感謝の気持ち，すべての基本
19. 「サービス精神」アフターサービス，心のこもった応対
20. 「センス」（才能）磨けば光る
21. 「ショールームはリビング」ショールームはお客さまのリビング，アットホーム＆フレンドリーに勝る店はない
22. 「節約」無駄を省いて必要なところにお金を使う
23. 「率先垂範」難しいことは上司がやって部下にみせる
24. 「シンプル」単純思考
25. 「趣味の推薦」読書と貯金と親孝行
26. 「損を決めるのが幹部の仕事」幹部はお客さまと社員と業務の心配をすること
27. 「先輩がマニュアル」新入社員以外は全員がマニュアル
28. 「失敗は会社の財産」失敗の公表，同じ失敗は許されない
29. 「創意工夫」独創的な考え，新工夫
30. 「先生はお客様」お客様は月謝を下さる先生

知の経営の一端がみえてくるだろう。

ホンダカーズ中央神奈川は一販売代理店であるが，ホンダの知の経営の本質を取り込んだ企業でもある。くだんのMAKE-Japan調査の受賞企業ホンダの解説の一部を参考にしたい。

Honda Motor
　…To reach the highstandard set by Honda's aspirations, the company believes that not only explicit knowledge, but also tacit knowledge must be respected. By fully utilizing both types of knowledge, Honda was able to deliver dreams and satisfaction to 15 million global customers last year.
　…Instead of relying on manuals and systems, Honda pursues excellence by making the most of each individual's direct experience and knowledge.
　The 2008 Japan MAKE panel has recognized Honda Motor for maximizing its enterprise intellectual capital. Honda Motor is a seven-time Japan MAKE Winner.

　表彰理由のように，ホンダが，暗黙知を重要視し，個の知を組織の知に転化する知の経営を実践して成功している姿が，ホンダカーズ中央神奈川の経営に写されている。

5. リッツ・カールトン

> **＋解説** ホテル業界のリッツ・カールトンも世界で一番顧客満足（CS）の高いホテルとして有名である。

　リッツ・カールトンでは，従業員が紳士淑女でなければ，紳士淑女に対応できないという考えでサービスを提供している。
　ザ・リッツ・カールトン東京は，ツイン・ルームで5万－6万円支払える人に来て欲しい。そうでない人は対象にしていない。そういうドメインを設

定している。

1) ホテル業界

東京での開業時に，ツイン・ルームの最低料金を5万4000円以上の設定にしている高級ホテルは次の通りである。
・パークハイアット東京　1994年
・グランドハイアット東京　2003年4月
・コンラッド東京　2005年7月
・マンダリンオリエンタル東京　2005年12月
・ザ・リッツ・カールトン東京　2007年3月
・ザ・ペニンシュラ東京　2007年9月

当然コストもかかるが，ドメインに関して徹底している。これは顧客のセグメンテーションであって，顧客差別ではない。高級を売りにしているセグメント戦略と呼ばれる。

2～3年前のホテル業界における環境知の情報としては，①物価の下落で，地価や家賃に値頃感が出てきた，また，東京の都心部では土地の供給は極端に少ない，②高級ホテルの客室数が比較的に少ない，③他の世界の都市と比較して宿泊料金が安いという統計が出ている。米国連邦職員の宿泊料金の上限は，東京182ドル，ロンドン・パリ・ニューヨークは300ドル超（出所：米国務省2007年10月時点）となっている。この料金は，ホテルが設定する客室料金をもとに決められる。つまり，東京のホテル料金が国際相場より安いことを示しており，今後の上昇の可能性が高いと考えられた。

2) 日本の政策

また，2003年から日本政府も国土交通省が中心になって訪日外国人を増やす「ビジット・ジャパン・キャンペーン」を展開している。日本政府は，製造コストが上昇している工業立国の日本の将来を，成熟社会に入った日本に合わせてサービス立国に向けて舵をとる政策を実施し始めている。

世界経済フォーラム（WEF）が発表した2007年度の「観光競争力ランキング」では，図9-2にあるように，日本は25位と低迷している。

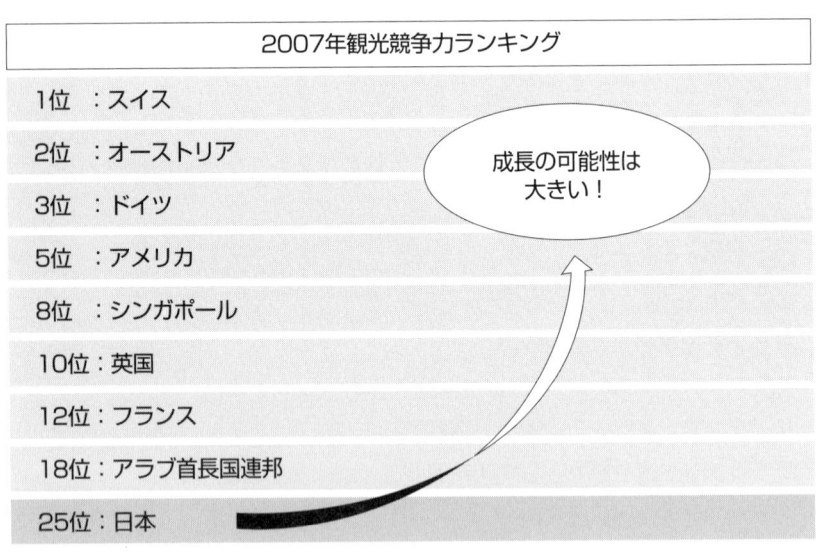

2007年観光競争力ランキング
1位　：スイス
2位　：オーストリア
3位　：ドイツ
5位　：アメリカ
8位　：シンガポール
10位：英国
12位：フランス
18位：アラブ首長国連邦
25位：日本

成長の可能性は大きい！

出所：世界経済フォーラム

【図9-2】2007年観光競争力ランキング

　このような状況を踏まえれば，現在の世界同時不況の影響は非常に大きいとはいえ，長期的なホテル業界の先行きは逆に明るいといえるだろう。ただし，価格破壊が進んでいる2009年の現状では，高級ホテルの生き残りは，本来のCS経営ができるかどうかにかかっている。ホテルの知の経営がどこまでできるかが成否を分けると思われる。

　特にリッツ・カールトンのCS経営は，ホテルの知の経営の秀逸した事例だ。

3）　リッツ・カールトンのCS経営

　ザ・リッツ・カールトン・ホテルは，1898年にセザール・リッツがフランスのパリで「ホテル・リッツ」を創業し，イギリスのロンドンにある「カールトン・ホテル」と提携したことに始まる。1983年には，W.B.ジョンソンがアメリカのボストンにあった「ザ・リッツ・カールトン・ホテル」を買収し，「ザ・リッツ・カールトン」の名称使用権を取得して，ザ・リッツ・カールトン・カンパニーを設立した。米アトランタを本拠地として，全世界31の高級ホテルを経営する社員が1万5000名の会社である。

第9章 国内外のベスト・プラクティス

　1992年にMB賞受賞，その他，メキシコ州品質賞，オーストラリアCSサービス賞，ハワイ州品質賞など数々の賞に輝いている。「顧客に高いクオリティサービスを」の経営方針はサービスの品質特性から，従業員に
① 3ステップサービス，
② 紳士淑女が紳士淑女に仕える，
③ サービス20の基本をくり返し徹底して叩き込み，

徹底した顧客満足度調査により顧客1人1人の要求と期待を把握し，その期待を超えて応えるホテルサービスの仕組みを創りだした。

　著者は，1998年に調査団の副団長としてザ・リッツ・カールトン・ホテルの本社を訪問した。この訪問に対して副社長のパトリック・ミーニー氏は，早朝から予定時間を1時間も上回る熱心さで，サービス品質の重要性とクオリティ維持の苦悩をせつせつと訴えてくれた。
　「クオリティか利益か，49％の株主であるマリオット・ホテルから求められるコストダウンと収益向上の強い要求の中で，顧客の事前期待を上回るクオリティの提供がいかに重要かを理解させるのに大変苦労している。米国では品質向上運動は大きな挑戦なのだ」と。
　ミーニー氏は，改革の実務について，次のような所見を述べた。
・悪い品質には高いコストがかかる。
・クオリティは社員がみること。管理職は財務数値しかみていない。
・変革するには社内的要素，即ち変化を好まない管理職をおだて励まし，説得する事が第一。

　顧客の心理的要素はなかなか測定できないが，顧客の心理的満足感を高める事が真のローヤルテイを生むコツである。リッツ・カールトンの知の経営として，次のような施策を実施していくとしていた。
●顧客のローヤルテイを高める6つの要素
① 他にないサービスでプレステージを高めること。
② われわれの製品はリッツ・カールトン自体と考える。
③ 個客（顧客一般ではなく個人の顧客に焦点を当てているため個客としている）のためにできる事を約束する。個客の最初のニーズの確認が重要。

④　個客の要望期待を細かく把握し完璧に応えること。
　⑤　個客1人1人の名前を覚えておくこと。
　⑥　個客の支払うお金以上のサービスを提供すること。
●経営品質のセルフ・アセスメントの効果
　マルコム・ボルドリッジ国家品質賞（MB賞）を受賞したザ・リッツ・カールトンであるが，MB賞のセルフ・アセスメントの実施は，今の管理職には難しいとして，現実には7つのプロジェクトを中心に徹底した改善活動を行っている。
●その他
　リッツ・カールトンでは管理職は，どんなに業績が上がっても，品質が悪いと評価は下がる。品質を重視していることがわかる。従業員の教育は実務教育よりも，最初に価値観を教える。理念や価値観の浸透が重要なので，1日の終わりにクレドを声に出して読む。これを毎日繰り返している。

　現実にリッツ・カールトンは，世界中でCS経営を実践している。2002年4月にザ・リッツ・カールトン大阪へベンチマーキングで訪問・宿泊したとき，当時の桧垣真理子マーケティング・マネジャーから，体験談を伺った。「エンパワーメント事例として，人事部のスタッフの話がある。リッツ大阪に宿泊していた外国人のお客様が，チェックアウト後，体調を崩し病院に行った。病院は，お客様とうまくコミュニケーションをとれずに，症状が把握できなかった。お客様の要望で，病院はリッツ大阪に手助けを要請する電話を入れた。通常このような電話は，コンシェルジュに来るはずであったが，多忙だったのか，人事部に繋がってしまった。人事部のスタッフは電話応対をしたが，結局，電話ではらちがあかず，仕事中に自ら病院に行き，直に通訳を行った。結果としてお客様もスタッフ自らも喜んだ。このスタッフは，お客様が病院で困っていることを感じ，どうすれば良いかも自ら判断し行動できたのである。」
　このように，リッツ・カールトンは，権限委譲も含めた徹底したCS経営で，最高の評価を得ている。
　くだんの米国マルコム・ボルドリッジ賞を二度受賞した。

6. ヤマト運輸の研究

ヤマト運輸の「宅急便」を中心とした小口貨物サービス事業は，まさに突出した知の経営の実践の結果である。現在の木川眞社長は，14万人を超える社員を率いる知の経営者である。次表に，会社のプロフィールを示した。

創立	1919年11月29日（大正8年）※2005年11月持ち株会社制に移行
社員数	143,276人（2008年4月15日現在）
事業内容	「宅急便」・「クロネコメール便」を中心とした小口貨物輸送サービス事業
事業所数	12,548店（2008年4月1日現在）
車両数	45,911台（2008年3月31日現在）
宅急便個数	12億3,600万個：1日約338万個（2007年実績）
クロネコメール便冊数	22億600万冊：1日約604万冊（2007年実績）
営業収入	デリバリー部門9,811億円　グループ全体1兆2,259億円（2007年実績）

宅配便市場は，1976年（昭和51年）の営業開始以降30年以上伸び続けて

出所：国土交通省「宅配便等」取扱実績

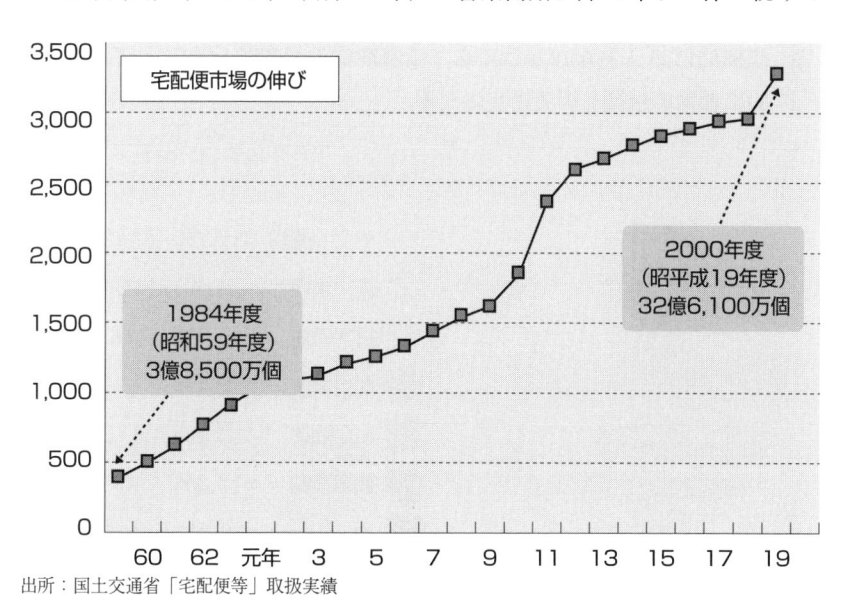

【図9-3】宅配便市場の伸び

いる市場だ（図9-3）。その中でヤマト運輸が，トップシェアを誇っており，上位4社で90%を占め，寡占市場といえる（図9-4）。

それはヤマト運輸が木川社長の下で，権限委譲を図り営業力強化と事務の集約を行い間接人員削減を実現して，収益構造の改善を図ったからだ。日本中に宅急便センターを6000店張り巡らしており，充実した現場支援体制が確立している。

最大の卓越した知の経営の事例は，利用者が「宅急便」の到着時間を指定できる無料サービスを，ヤマト運輸が他に先駆けて1998年6月から始めたことである。運送の品質に加えてデリバリーを最重要と考え，時間指定を導入したが，運送の効率化からは同じ地域へ同時に運ぶことがベストであり，時間指定を受けることは二重手間になったりコストが嵩み，本来導入できないと考えられていた。それを実施したすごさがDNAになっている理念，すなわち顧客の利便性を追求し顧客を第一と考える理念が，当然トップシェアを支えている。

> **＋解説** 顧客のニーズに合わせることが，経営の最重要成功要因である。短期的にコストがかかっても，価値前提の経営を行うことで，長期的に顧客の信頼を得ることになる。

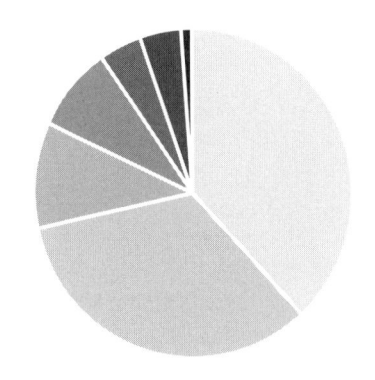

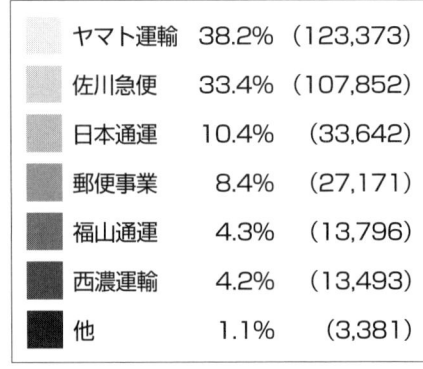

ヤマト運輸	38.2%	(123,373)
佐川急便	33.4%	(107,852)
日本通運	10.4%	(33,642)
郵便事業	8.4%	(27,171)
福山通運	4.3%	(13,796)
西濃運輸	4.2%	(13,493)
他	1.1%	(3,381)

(単位：万個)

出所：国土交通省調べ，航空貨物を除く。

【図9-4】2007年度　宅配便シェア

それは，「価値前提の経営」を行うことと同義である。経営は何のためにあるのか，顧客価値とは何か，など，本来の目的から物事を決定するやり方である。つまり，自らのあるべき姿，どんな企業にしたいのか，何を目指しているのか等々，先を考えることを基本とする考え方を「価値前提」と呼んでいる。一方，事実前提は，自社の過去の実績や経営数値を基本に考えることで，ややもすると目の前のことに集中し過ぎ，顧客志向にならないことがある。

それは，人間が完璧な存在ではないからである。「このくらいは許してくれるだろう」「このくらいのことは気付かないだろう」というような，悪魔のささやきに負けてしまうことが，多々あるからである。事実，多くの企業不祥事がそれを示している。

つまり，今儲けるために何をするかではなく，顧客価値を上げるために今は儲からなくても先行きを考えて，何をするかという経営のスタンスである。

また，知の経営では，人間の弱さを知って，強制的な管理を行うのではなく，適切な行動をするように人を仕向けていく仕組みを作り，また，そのようにできるように社員に接することが重要である。

2つ目の知の経営の事例が，よく主婦達から聞く「ヤマト運輸が，一番気が利いていて，お客様志向で対応が良い」という話に如実に現れている，「宅配便の車の運転手は営業マン」というコンセプトである。これは，ヤマト運輸が，顧客志向を徹底した結果だ。ここにヤマト運輸の知の経営の真髄がある。

それは，輸送のＱ：品質（傷つけないように安全に届ける）・Ｃ：コスト（なるべく安く）・Ｔ：サイクルタイム（早く，望んでいる時間に）を適切に実施することに加えて，Ｓ：サービス（顧客が安心して届くのを待っていられるように，また顧客が気持ちよく受け取れるような対応する）に力を入れているからである。

知の考察 💡「『QCTS』は『QCD』の進化形」

今まで，QCD（品質・コスト・納期）が，製品や役務提供の重要成功要因といわれてきた。しかし，競争の激しい現在は，D（納期）

に合わせるために作り置きしたり，時間をかけた工程では，勝ち残こることができない。

　今は，QC（品質・コスト）に加えて，デザイン段階を含むすべてのプロセス（T：サイクルタイム）で効率化し，その結果コスト削減が達成できたり，適時に提供でき，また納品後のアフターサービスなどにまで対応することが重要である。このようにDから時間軸を広げて，今は，QCT（品質・コスト・サイクルタイム）が鍵となっている。

　さらに，どんなに良い製品や役務の提供であっても，顧客との接点活動で顧客のニーズを超える対応（S：サービス）をして，顧客の満足度があがらなければ，リピーターが増えるベスト・プラクティスといえない。要するに，QCTS（品質・コスト・サイクルタイム・サービス）の概念が必須の条件だ。

7. 海外のベンチマーキング事例

　公開が義務とされいる日本経営品質賞受賞企業を除いて，日本では，ベンチマーキング事例を公表している企業はまれである。比較的に，米国は公開が進んでおり，世界のベンチマーキング事例として，よく引き合いに出される事例がある。ベンチマーキングの勉強する者には，基本的な事例なので，まとめて，表にして紹介する。

導入事例	ベンチマーキングの対象企業等	参考にした247プロセス	ベンチマーキングの効果
フォード	マツダの米国関係会社	原価管理システム	原価分析業務を経理部内から工場のフロアに移し，大幅なコスト削減を達成
クライスラー	本田技研工業　GE	製造サイクル　受注・出荷サイクル	受注から出荷までサイクルを8か月間で従来の80日から37日までに短縮
ゼロックス	LLビーン	倉庫業務	棚卸しを削減し年間200万ドル節約
	アメックス	購買管理	納入業者を従来の5000社から500社以下に削減

サウス・ウエスト航空	アメリカン・エキスプレス	請求回収業務	・顧客満足度が38％向上 ・間接事務費を50％圧縮 ・資材調達費を40％カット
	インディ500のピットクルー	給油・整備プロセス	給油・整備時間を45分から15分に短縮
ソニー生命保険	ノースウエスタン生命	顧客満足を高めるコンサルティング・セールス	営業社員1人当たりの新規契約高業界平均の約3倍
ヒューレット・パッカード	社内他部門	新製品開発	「インクジェットプリンター」開発4年→1年10か月へ
ソレクトロン	IBM	不良品の減少	ハンダ付け誤りを100万分の30へ改善
キャデラック	マクドナルド	業務プロセス	大幅削減

　上記から，ベンチマーキングの効果のすごさが理解できるだろう。

第10章
発想の転換と個をいかす経営

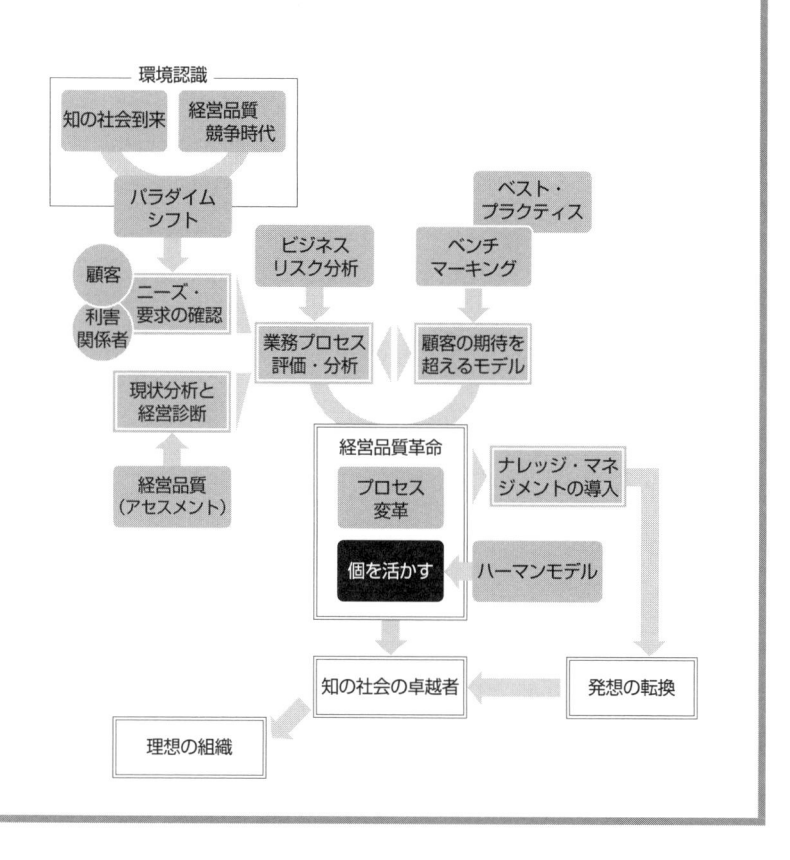

1. 時代に合った経営の発想の転換

　知の時代が来た。地球温暖化対策も地球規模で動きだしている。エコ事業が時代を引っ張る。現代は，エコ事業に加えて，ヘルスケアー産業，IT産業，自動車産業，そして，金融産業等が大きく変化する時代だ。個々の企業も変化を避けては通れない。

　経営の現場では何が起こるかわからない。事件が起きる。事故を起こす。不祥事を起こしてしまう。また各種のクレームが寄せられる。別な言い方をすれば，まったく新しい発想，厳しい顧客の要求，予測していなかった競争相手の動き，そして金融システムの崩壊や，その他の環境変化等々に経営や業務が影響され，日々現場で対応している。つまり，現場で即対応しなければならないことが，一昔前より格段に増えている。

　以前のように，時間をかけてPDCAサイクルを回してはいられない。回している内に，環境が変化し，P（計画）自体が意味をなさなくなっている事態が多数起きている。

　数年先を読んでマーケット調査をし，その結果にしたがって準備をし，製造・販売をしていては激しい競争や急激な経営環境変化についていけない。ちょっと前はドッグ・イヤー，今はラット・イヤーといわれる時代だ。つまり，変化に合わせた即断即決のマネジメントを現場で行うことが重要である。そのためには，現場で物事の対応を決めなければならないが，このような権限委譲をエンパワメントと呼んでいる。このエンパワメントを現場側からみると，個の能力を開発し，個の創意工夫や判断を重んじ，緊急の課題を現場で処理していく「個の創発」という考え方になる。

　適切に知の経営を実施するために，個が自主的に能力開発に励み，企業全体のビジョンを理解し，現場での課題に即対応していくことが必要であるなら，それを促進するために組織として社員にどう対応するかを意志決定しなければならない。それには，「透き通った組織」が前提となる。

　「個の創発」を促進するためには，インセンティブが1つの回答である。報酬・報償等のインセンティブ制度に，どのような効果があるのかという米国品質参画協会（AQP：Association for Quality and Participation）の調査

によれば，インセンティブは57％の回答者が従業員のやる気と生産性の向上に不可欠だとしている。この調査からは，自己啓発を行う従業員の場合は，やる気があるという意味ではその効果が絶大である事が窺われる。そうでない従業員の場合は，「個の創発」を進める戦略としては問題が残るといえなくもない。十人十色の従業員の能力を最大限に引き出す仕組みが今後の課題となりそうだ。

> **＋解説** インセンティブ効果を上げるには，信頼が鍵となる。

権限が与えられるには，受け手側にそれだけの意識と能力があることが前提となる（図10－1参照）。

エンパワメント－1

権力は他者から与えられるもの，自分のものではない。

信頼に基づくものであり，大きな責任を伴う。

権力はそれを預けてくれた人の利害のために行使されるべきだ。

――マハトマ・ガンジー――

出所：『ハーマンモデル』ネッド・ハーマン著，高梨智弘監修，東洋経済新報社

【図10-1】エンパワメントの本質

それを確認するためには，意識と能力を測定・評価する仕組みが存在しなければならない。つまり，①目的達成能力を，②受け手側が実証し，③依頼側が確認し・信頼し，④依頼側が権限を委譲し，⑤受け手側が進んで，個の創発を起こす意識を示し，⑥結果を測定でき，⑦結果に対して個が評価されることを，みえる化する「透き通った組織」を構築できるかどうかだ。

> 創造性を殺す最もひどい方法は，非創造的な思考方法を強要し，
> 発案者に対して，何の報奨制度もない組織に，
> 創造的個人を配置することである。
>
> ——ジェームス・J・トリットン——

出所：「ハーマンモデル」ネッド・ハーマン著，髙梨智弘監訳，東洋経済新報社

【図10-2】創造的個人

　もう1つの課題が，「個の創発」に対する評価システムである。大中小の規模にかかわらず，成功しているいわゆる「エクセレントカンパニー」の経営手法をみると，そこにはほとんどのケースで個人の能力を評価する仕組みができている。エクセレントカンパニーの事例に成功のヒントが隠れていることがわかる。例えば，エクセレントカンパニーの経営を表彰する第10回米国マルコム・ボルドリッジ国家品質賞の1997年受賞企業，メリルリンチ・クレジット・コーポレーション（MLCC）は，社員をパートナーと呼んで権限を与え「個の創発」を促している。

　MLCCはパートナーに権限を与える代わりに，上から①戦略，②ビジネスプラン，③パートナー業績管理プログラムの3つの層を一気通貫で管理をしている。つまりパートナーに明確な目標を与え，適切な評価基準を設定し，効率的に進捗管理をしている。まさに，「仕事を任せ，成功者には賞を与え，明確な基準で個の業績を評価し，個の創発を支援」しているのである。

　「個の創発」を進めるには，個人を信頼している事がベースになることがMLCCの事例でわかる。

　マルコム・ボルドリッジ国家品質賞の日本版である第3回日本経営品質賞を1998年に受賞した㈱日本総合研究所の「『顧客価値の共創』」という共通理念の形で，個に対して目標を明確にし個の共創を奨励する環境」も個を尊重し，個の自主性に任し，個の業績を評価する本来の能力主義をベースとしている事例として参考になる。詳細は，第11章の「理想の組織＝透き通った組織」

第10章　発想の転換と個をいかす経営

事例を参考にして欲しい。これからの知の時代は，知識に限らず，知恵や知心を含む知の共有が進み，個と個が結びつきネットワークを築く関係が基本となり，環境変化に合わせた俊敏な経営が求められる。世界が個をベースとして企業を評価するようになる。したがってあらゆるバリューチェーン活動，特に顧客価値を創造するための顧客接点活動では，ますます「個の創発」が脚光を浴びることになるだろう。

それは，顧客の目線が個であり，企業の成果を企業の個が発信することが，顧客に対して最も企業を表現する方法だからだ。さらに，顧客の目が厳しくなり進んで主張する個になっているからこそ，今の企業のブランディングも成果も，たった1人の不祥事であっという間に消えかねないと理解すべきである。

MLCCは，このような個の時代（知の時代）の本質を先取りした経営をし，経営のダントツ賞といわれるマルコム・ボルドリッジ国家品質賞を受賞した（図10-3参照）。

MLCCのパートナーとなることの意味するもの

MLCCの社員はパートナーと呼ばれることとなったが，
それは以下を要求されることを意味している。

・当社と成功を分かち合う。
・自己の役割に責任を持つ。
・当社の使命，目標，目的に心から共感する。
・当社のバリューに共感を持ち常にそれを実践する。
・当社の成功は，すなわち自分の成功であるということに確信を持つ。
・仕事を正しく行うことは，仕事を終わらせることより重要であることを理解する。
・各自の成果は計測される。
・各自は事態を説明する責任を持つ。
・各自の成果は正しく認められる。

【図10-3】MLCCのパートナーの意味

2. 固定観念の払拭と発想の転換

1) 固定観念の形成と払拭，発想の転換へ

　人間は，経験して成長する。親から学び，友人から学び，先生から学び，そして社会から学ぶ。企業に勤めると，企業文化に染まっていく。成功体験や失敗体験により固定観念が形成される。固定観念は，その人の行動を規制する。

　経営環境が変化する中で，固定観念に引っ張られている人が時代に取り残されていく。現在は，過去に正しかったことが正しくないかもしれない。

　固定観念かもしれないと思えれば，枠を超えて，発想の転換はしやすくなるし，新しいことを考えつきやすくなる。

> **知の考察**　「発想はどのように起こるか？」
>
> 　「前提をベースに考える」ことが今までのプロセスにおける問題であり，自らの思考を狭めてしまう。前提や前例は，できない事を考えさせてしまうことに気付くべきである。「こんなことができたら大成功だね」と考え，自由に成功要因を考えるというように，制約を取り払った瞬間に発想が広がる。しがらみがないと，発想が豊かになる。

> **知の考察**　「固定観念でみていないかと，いつも思えるか？」
>
> 　固定観念は，大きな事象にかかわるコトだけではない。日々の活動で，もしかしたら固定観念を持って物事をみていないか考えることが，新しい気付きに繋がったり，勘違いの防止に繋がる。いつもと違う事象は，リスクか新しい発想か，単なる勘違いかもしれないという気持ちでみることがほとんどのケースで解決の視点になる。

第10章　発想の転換と個をいかす経営

> 小さな小さな事例：先日，風呂に入ったときのコト。風呂場に入ると白い粉が入っている入れ物が置いてあった。「これは何か？」と家内に聞くと，「重曹だけど，これ使う？」といわれ，「いや，使わないよ」と風呂場のクリーニングに使うらしい重曹の入れ物を邪魔なので外に出しておいてくれと渡した‥‥。さて，気がつくと，いつも使っている洗面器がない。そこで，あっと気がついた。先ほどの入れ物は，いつも使っている洗面器だった。私は，いつもそこにないモノが置いてあったために，異常を感じ，視点が白い重曹にいっていた。一方，家内は，重曹を洗面器に入れてしまったので，洗面器を使うなら何かに入れ替えないと，と思って聞いた「これ使う？」という言葉だったのだ。
>
> この小さな事例は，2人が年を取ったので，視野が狭くなったという結論もあるが，企業内での個人の多様性や経験の違い，そのときの意識の持ち方で，大きな勘違いやミスを犯すことに繋がる，まさに，リスクマネジメントの事例といえるのではないだろうか？

企業競争の視点からみれば，景気の低迷・飽食の時代・顧客志向の多様化・少子化・ITの劇的な進歩・規制緩和・グローバリゼーションの進展・環境問題の提起・社会的責任の増加等は，直接的に経営変革のトリガーに成り得る。そしてリーマン・ショックによる金融システムの崩壊は世界同時不況を引き起こし，今は疑いもなく，あらゆる場面で従来の経営方法が金属疲労を起こしている。

今こそ，発想の転換をし，新しい可能性にチャレンジするときだ。

2）Whathowの概念

パラダイムシフトが起きると，顧客が変わり，ビジネスも変わるので，現在のように環境が変化する時代は，何をすべきかが重要課題となる。つまり，どのように（How）業務を行うのかではなく，何を（Whatどんな商売を）するのかが重要な時代である。過去を振り返ると，Whatの時代が何年か続くと，Howの時代になる。そしてまたWhatの時代—Howの時代と繰り返す。

しかし，だからといって，一方を重要視し，他方を軽んじて良いのだろうか？　Whatの時代とHowの時代が交互にくるという固定観念は払拭すべき時だ。

　現在は，プロダクト・アウトではなく，マーケット・インの発想で，新しい環境でまず何を（What）すべきかを決断し，それに合わせた新しいやり方（How）を開発しなければならない。一言でいえば，目的も戦略・実行も新しくしなければ成功はない。それは，経営環境が根底から変わったり，従来よりも変化が激しかったり，技術進化のスピードが速かったり，顧客が時間やタイミングに厳しくなったりしているので，あらゆる経営と業務の改善・改革を考えなければ行き残っていけないからである。

　つまり，WhatとHowについて，別々の対応ではなく，What ＋ How ＝ Whathow（ホワトウ：著者が提案する新語）の概念のごとく，「何をどのように」といつも2つを結合して一緒に考え，事象に総合的な対応をすべきだ。

　変化する時代に，新しいビジネスモデルを構築する秘訣は，事実をみる目を持ち，その事実に対してWhathowの視点からアプローチすることだ。

3）保守的な大人の解決は存続を危うくする

　力関係を知っている，誰がボスか知っている，タブーがわかっている，村八分の行動がわかっている，現状にすがることが最も問題が少ないことも理解している，我慢をすれば何とかなることも…大人の対応をすることが，賢い解決策だ。

　しかし，変化は私たちを待ってくれない。固定観念を捨て，心で思った正しいことに真摯に立ち向かえるのか？

知の考察　「あなたは，赤ん坊になれるか？」

　赤ん坊は，ちょうど乾いた砂地に水を撒くように，何の疑いもなく親の知識を100％吸収する。時代が変わったら，赤ん坊のような柔軟さで，ありとあらゆる事象をそのまま受け入れることである。な

第 10 章　発想の転換と個をいかす経営

> ぜなら，新しいビジネスモデルの成否は，過去の成功体験によって正当化されるのではなく，今の社会システムや顧客が評価するプロセスによって正当化されなければならないからである。

　赤ん坊が母親を鏡とするごとく，企業は社会，市場，顧客から学ばなければならない。

　環境が変化する今こそ，現象が起こる本質や根源（事実）を捉えることが最も重要である。そうしなければ，今まで拠り所にしていた前提が変わってしまい，何が自分にとって最も大事なことか，また望むべき姿はなにか，等がまったくわからなくなってしまう。
　大人としての対応は，従来の枠組に基づいている。保守的な考え方を一度止めて，時代をみつけることだ。今こそ経営の原点に戻って，抜本的な改革「新しいビジネスモデル構築」のときである。

4) 磁石で鉄球を浮かせる

　理論的にできると思っても，実際にはどちらかに偏り無理なことの事例の1つが，磁石で鉄球を宙に浮かせることだ。

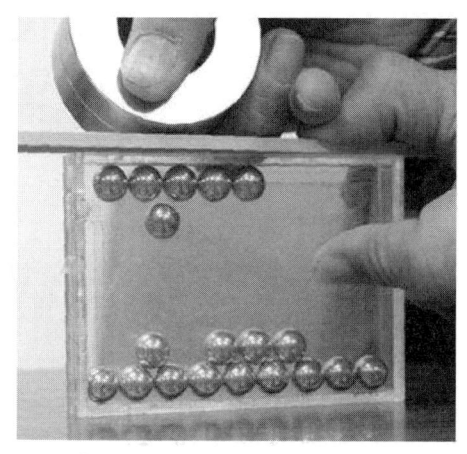

【図 10-4】磁石で鉄球を浮かせる

227

超伝導や強磁場を使わず，市販の永久磁石で鉄球を空中に浮かせる実験に，私立岩手高校の佐々木修一教諭らのグループが成功，2003年12月24日公開実験があった。
　磁石で鉄を持ち上げようとした場合，くっつくか，落ちるかの2通りしかないと約160年前に証明されていたが，実験はこの理論をくつがえし，論文が米物理学会の雑誌に掲載されるという情報がマスメディアに公開された。
　固定観念の払拭，また挑戦の態度が，新しい成功を産んだ。知の経営では，このようなチャレンジを促進させる。「そんなことは無理だ」と思った瞬間に，進歩が止まり，改善・改革は遠のく。

5）新型インフルエンザ
　メキシコで初めて公式に確認された一連の新型インフルエンザ（豚インフルエンザ（H1N1）が発現体）が世界に広がっている。世界保健機構（WHO）のマーガレット・チャン事務局長は，2009年6月10日に日米欧等の感染者が多い8ヵ国の保健当局者と電話会議を行い，緊急委員会に状況を報告し，6月11日午後（日本時間同日夜），新型インフルエンザ（H1N1）の警戒水準（フェーズ）を現行の「フェーズ5」（人から人への新しい亜型のインフルエンザ感染が確認され…より大きな集団発生がみられる）から最高の「フェーズ6」（パンデミックが発生し，一般社会に急速に感染が拡大している）へ引き上げることを決定，新型インフルエンザの世界的大流行（パンデミック）を宣言した。
　この新型インフルエンザは，同日現在，世界74ヵ国に拡大，感染者2万7737人，死者141人を確認している。
　固定観念は，あらゆるところに潜んでいる。インフルエンザの世界でも同様だ。
　大阪の関西〇〇学園で103人に新型インフルエンザが感染拡大した。それは，政府の最初の考え方にならい，地方自治体での対応に，「海外渡航経験がない人は，新型でなく普通の季節的インフルエンザだ」という思い込みがあったせいだった。医者の疑いにもかかわらず，保険所が，再検査を拒否するケースが目立った結果だ。

第10章　発想の転換と個をいかす経営

　このケースは,「手続きに従えば良い」という官僚的な発想,つまり本質を見極めなかった結果だ。結果的に弱毒性のインフルエンザであったため,大事にならなかったことが,不幸中の幸いだった。

　固定観念を払拭し,森羅万象,すべてが変化することを理解すべきだ。

6)「文化の違い―日の丸」

> **知の考察**
>
> 💡 **「思い込みから離脱せよ！」**
>
> 　日本の国旗の日の丸（赤い●）は何を表しているか？　日本人であれば太陽と答える人も多いであろう。しかし,海外の人に同じ問いをすると,太陽とはいわない。なぜなら海外の人にとって太陽の色は,Yellow（黄色）であり,赤色とする日本は少数派なのである。
>
> 　例えば,白物家電といわれる冷蔵庫も,日本では白が普通であるが,中国では金色や赤色が好まれる。アメリカの自動車メーカーが日本で勝ち組になれないのも,自社の論理を顧客に押し付けているからに他ならない。日本は狭い道が多く,渋滞も起きる。そういう国では大きい車は主流にはなりえない。国の事情を理解しないで,海外展開を行い失敗したケースは多数ある。われわれは,地域だけでなく,世代や性別などによって価値観が異なることを理解する必要がある。
>
> 　「綿花は白い」は正しくない。アンデスの原産の綿は,赤・緑・黄の色をしている。
>
> 　世界は広いことを理解し,思い込みをなくさなければ,本当の競争に勝てないだろう。

　知の時代には,今までのやり方で良いのか,まず,すべてを見直してみる必要があるのではないか？

　世界需要が落ち込んだ今こそ,新商品の開発・差別化の検討・社員の再教育等により,独自の経営をみいだす時期であろう。

3. 個をいかす組織の形態

　個の能力を最大限に活用できる組織とはどんな組織なのだろうか？

　固定観念は誰でもが持っている。経験からいえば，変化がなければ，物事の結果がみえやすい。経営環境が変わらなければ，決まったことを毎回まったく同じように，キチンとこなせば良い。しかし変化する時代は，それが足を引っ張ることになる。例えば，改善・改革の対応が遅れたり，人によっては変えることを一切否定したりする。

> **＋解説**　それでは，どんな会社が良い会社なのか？　1人であらゆる変化に気付き，対応するのは無理なので，仲間が気付かせてくれ，協働してくれる組織なら，変化に対応できる。

　米国MIT（マサチューセッツ工科大学）のピーター・センゲの主張した「学習する組織」がそれに近いといえる。学習する組織とは，組織に属する個々人が自ら学習して，チームと協力し組織の力として能力を発揮し，個人と組織が成長できる柔軟な組織である。

　学習する組織になるためには，個人の動機付けが重要な要素だ。命令だけでは，本当に力を発揮するように，自ら進んで人は動かない。自主性を喚起する必要があり，ある程度の権限委譲も必要である。それには当然ながら企業の目的を遂行するために価値を共有して，個々人が一生懸命に動けるような，仕組みや環境，そして文化ができていることが前提になる。

　図10-5に，学習する組織に対する著者のイメージ図を載せる。図の左側に示されている「ハーマンモデル」は，個の多様性を脳科学で分析するハーマンモデルに基づく脳優勢度調査（HBDI調査，別な手段によっても構わない）によって個の適性を測定し，創造性チームの編成をして個の能力を最大限に引き出す仕組みを意味している。

　また，学習する組織の学習環境としては，対話によって個の暗黙知を引き出すことや，権限委譲などで自主的な個の創発を促す仕組み等が前提とされている。

第10章　発想の転換と個をいかす経営

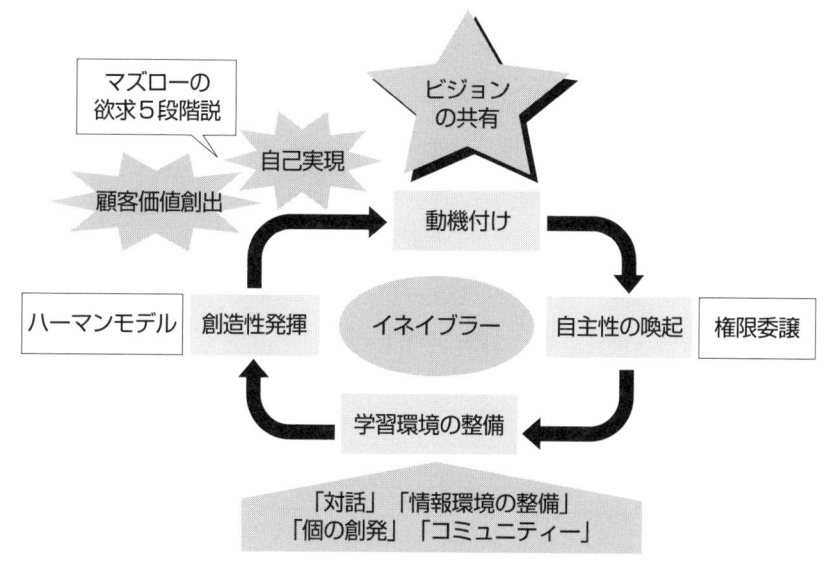

【図10-5】個と学習する組織

　学習する組織の事例として，ホンダには「ワイガヤ」の部屋がある。そこでは，上司とか部下とか肩書きに関係なく「わいわいがやがや」話ができる。現場では，上下のある組織として成り立つが，「ワイガヤ」という自由な空間により対話や個の創発ができ，個々人が創造性を発揮してくれる。個々の創発があらゆる場所で起きると，組織は創造性発揮の方向へぐるぐる回り出す。これが学習する組織の考え方である。

　CS第一だと，「自分たちが犠牲になるのか」と疑問が生じる。それでは，経営の効果が上がらない。では，ES第一でCSが第二なのかというと，CSをおろそかにしているようにみえやすい。結局，CS＝ESが本来の姿ではないだろうか。それができるのが，知を活用する組織である。

　以下，組織のいくつかの形態について，解説する。これらの組織のどこに，知の経営が関係するのだろうか？

1）従来型ピラミッド組織

　人が3人以上集まると組織になるが，その体系をピラミッドで示すことが

できる。ある目的を達成するためには，1人ひとりがある整合性を持って動く必要があり，そのためには，リーダーがいて，上から下へ指示することも必要である。

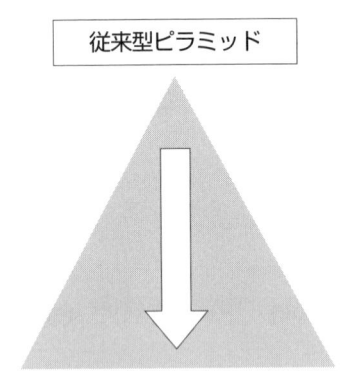

従来型ピラミッド

これは一般的な組織であり，上から下に指示・命令が下り，社員はそれに従うことで，業務の効果が高まる。上位で戦略を策定し，下に実行させる形態は，例えば自衛隊などの組織において最適なものとされる。

2) フラット型ピラミッド組織

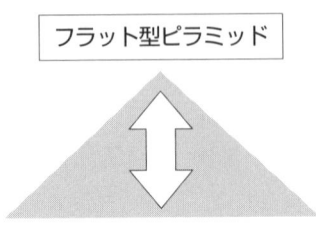

フラット型ピラミッド

ピラミッド型組織では，階層が厚いため，指示・命令が届きにくい。また下からの意見は，途中の階層で不都合なことが消えていき易い。これでは，上下格差が大きく不満も出やすいためにESが高まらない。且つ，本来の組織としての上意下達がうまく行かない。そこで階層を減らし，上下の意志疎通を図る組織形態が，フラット型組織である。著者が勤めていた日本総研でも，各部門は，基本的には管理する人と専門家の2層に分けられている。

3) 逆さまのピラミッド組織

```
       ┌──────────────────┐
       │ 逆さまのピラミッド │
       └──────────────────┘
              😊 顧客
           現場の社員


              トップ
```

　カール・アルブレヒドは，著書『逆さまのピラミッド』で，顧客が1番なので，トップを下にする組織を提唱している。社員が前線で顧客と向き合っているので社員を1番上にする。社長は管理するが，1番下にいれば良いという発想である。

　ヤン・カールソン著『真実の瞬間』にあるSAS（スカンジナビア航空）のサービス戦略が成功したのも，顧客との一瞬の接点活動を重要視したからである。顧客を大事にするSASの組織も逆さまのピラミッドである。

> ＋解説　そうはいっても，外向きにはピラミッド型にみえるし，給与の逆転はしたくないし，権限，権威も守りたい。本音では，逆さまはありえない。

　例えば，一時「さん付け運動」が流行ったが，運動当初は，「○○常務」といったら「○○さんだろ」と訂正するが，1か月，2か月と経ったら，「○○常務」といっても，否定しない。本音では権威は欲求であり，元に戻るのである。そんな感情を持っているなら，「さん付け運動」なんて，やめた方が良い。

　それよりも，経営情報などにピラミッドの階層の差や影響をなくす方が効果的だ。

> **考えよう** 1か月後に競合が新製品を出すという情報を社長が得た場合と,同じ情報を新入社員が得た場合とでは,どちらの情報の価値が高いか？

■答えは同じである。1週間前に社長が得た情報と,1か月前に新入社員が得た情報とでは,新入社員の情報の方が価値が高い。同じ情報であるならば,早く得た方が価値は高い。

ピラミッド組織では,職位という階層（権限・能力）で物事がスムーズに運ぶ。だから,同じ情報なのに,いった人の職位によって,組織の行動が変わってしまう。社長が得た情報だと早い行動を起こすのに,新入社員の得た情報では行動が遅くなることが多々起こる。知の経営では,それは基本的な間違いの1つである。

職位のピラミッドが意識の上では変わらないのであるならば,職位と情報を区分けすれば良い（図10-6）。権限委譲を行うと共に,情報における組織の壁を取り除き,ピラミッドを倒せば良い。情報に階層はない。重要な情報は,全員で共有しようという考え方である。

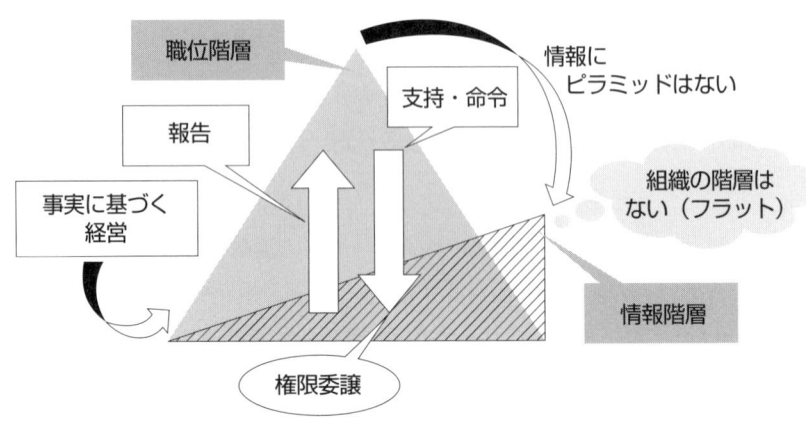

【図10-6】職位のピラミッドと情報のピラミッド

4. 発想の転換の成功事例

発想の転換による成功事例から学んでみよう。

1) アマゾン・ドット・コム

世界一のネット書店の成功例でわかるように，固定観念を払拭することが新しいビジネスモデルの開発に繋がる。従来の店構えや店頭での売り方，書籍の棚卸し仕入れの方法だけを考えていたなら，店を持たないインターネット・セールスというアマゾン・ドット・コムは存在しなかっただろう。

例えば，書店の成長戦略を考えると，ビジネスマンにビジネスの最先端情報を提供する目的で，客層を絞り，ビジネスの書籍に特化し，郊外に大型店を出店し，サラリーマンの週日の帰宅時，夜間，または土日を狙って，抜本的な売上増を目指す戦略も策定できる。ではそれをどのように販売するのか？　従来の書店間の競争状況を考えて，差別化戦略を取ることにする方策もある。すなわち，通常の書店の数倍の店舗面積とあらゆるビジネス書の品揃えを行うなどだ。

固定観念の払拭，つまり店を持たないという選択肢を考えられたことが，アマゾン・ドット・コムのCEO，ジェフリー・ベゾスのすごさだ。

もちろん，店を持たないことでコストが安くなり競争力があがるが，わざわざ，大手書店まで行かなくても，ネットで購入できるため，顧客の時間の節約という今の時代のニーズにも合っている。

> **知の考察**　💡 「本屋さん，書店という言葉から，100%屋根がある，お店をイメージしていた」
>
> 物理的な書店をイメージしていたら，新しいビジネスモデルの構築など思いもつかないだろう。もし経営者が企業を取り巻く環境の変化を理解できるならば，経営の前提条件も変化していることに気が付かなければならない。気が付かない経営者は舞台から降りることが，知の時代の企業競争のルールである。

過去の成功体験に基づいて新しいビジネスを模索するのではなく，新しい経営環境の中で新しい顧客が何を求めているのかを理解した上で，最適な解を出す仕組みをビジネスモデルとして展開しなければならない。アマゾン・ドット・コムのケースでは，インターネットの効果をどう捉えるか，その効果をどう活用してビジネスにするかという，知の経営ができたからだろう。例えば，現代では様々な商品がインターネットを通じて売買されている。書店同士を比較し，陳列やサービスを向上させても改善止まりである。他製品のネット販売を参考にして，Amazon.comは新しいビジネスモデルを構築することができた。書店から遠方に住んでいる人の満足度は高く，書籍販売という業界で優位を築いている。

　書店のビジネスの本質は，「書籍を売ること」に他ならない。2000年11月11日にAMAZON.comがインターネットによる販売を始めた。多くの雑誌や新聞，TVで取り上げられ，今では一般化しているが，固定概念の払拭により成功したビジネスモデルである。自社の論理を前面に押し出してビジネスの範囲を広げると，固定概念の落とし穴にはまることもある。逆に固定概念を払拭することの先には，新たなビジネスモデルが存在するのである。

2）サウス・ウェスト航空

　固定概念で動いていることは，会社の中でも沢山ある。飛行機には機内サービスが普通であり，サービスは厚い方が良いという固定概念を払拭し，低価格のセグメンテーションによって，ここ20〜30年，右肩上がりで成長し2008年まで36年間，一度も赤字になったことのないのが「サウス・ウェスト航空」である。

　サウス・ウェスト航空（SWA）は，ユナイテッド・エア・ラインや，アメリカン・エア・ラインと比べると，約半値で同じ距離を飛行する。サウス・ウェスト航空が，低価格を実現するために参考にしたのは，ベンチマーキング事例として有名になった「インディ500のピット作業」である。異業種のベスト・プラクティスを取り入れた好事例だ。

　SWAは，当社の事業はバスやタクシーと変わらないといっている。街中から離れているインターナショナルの大きい飛行場だけではなく，街中の小

第 10 章　発想の転換と個をいかす経営

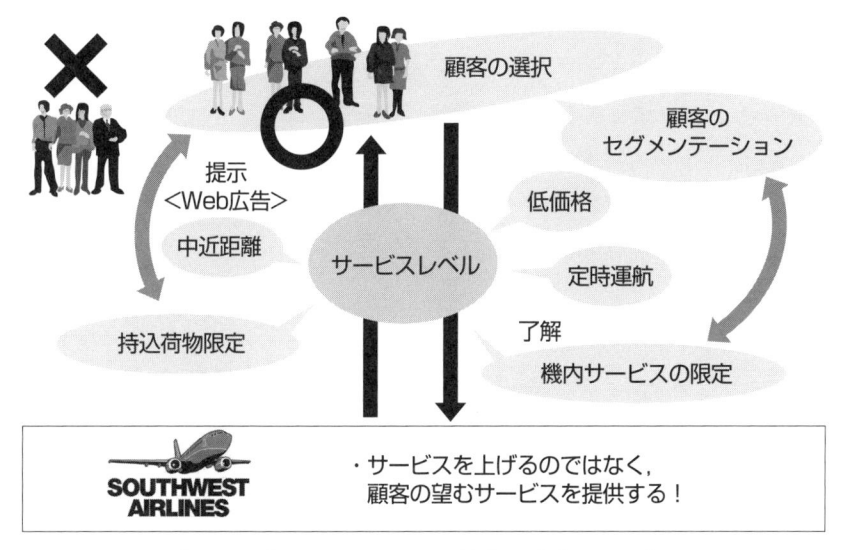

【図10-7】サウス・ウェスト航空のビジネスモデル

　さい飛行場にも降りる。利用者にとっては，自分の会社に近いのでバスやタクシーのようなメリットが得られる。

　バスやタクシーは気楽に乗ることのできる乗り物だから，SWAもコストを下げる。コストを下げるためには，サービスも徹底的に絞り込むという，低価格戦略である。

　食事は出さないし，ビールやお酒も出ないし売ってもいない。ファースト・クラスやビジネス・クラスの設定もなければ，飛行機の乗り継ぎのために荷物も運ばない。旅行会社を通さずに直接チケットを販売しコミッション分のコストを削減する。座席指定もないので，チェックインの効率化になる。

　飛行機の稼動率を向上させるために，10分から20分程度の駐機時間で，飛び立っていく。そのために，パイロットも客室乗務員も一緒になって清掃を行っている。

　サウス・ウェスト航空では，安いことが最大のサービスという定義である。だからといって，品質を犠牲にしているわけでない。乗客の関心は，安全性第一，時間通りの到着，機内の快適性，荷物の迅速な取り扱い等であるが，SWAは安全運行で優れており，米国運輸省ランキングでも1992年から5年

間連続でトリプル・クラウン(荷物の取り扱い,顧客満足,オンタイムの3項目で1位)を達成した。つまり,米国内で最高の成果を挙げている。

結果として,栄誉ある1998年度フォーチュン誌「最も称賛される企業」の全産業部門で6位,航空部門の1位に輝いた。2006年に,顧客満足度No.1に輝き,1日に3300回以上のフライトを達成している。2008年500機以上のボーイング737が米国67都市に運行している。

3)「文化の違い一ハンコ業界」

60年前に,万年スタンプ(蓋を開けていても乾かない)でデビューしたシャチハタ(舟橋正剛社長)のケース。

時代は,少子化とペーパレス化の流れにあり市場の現状はハンコ業界にとって非常に厳しいといえるだろう。

そこで,第一の発想の転換として,元々漢字文化のハンコであるが,シャチハタは英文のハンコの販売を始めた。海外への進出である。さらに,印鑑が伝来した中国へは3年前に進出した(上海で製作)。しかし,書に押すような落款はあるが,ビジネスの世界ではあまり普及していない。書類にも自筆で署名しハンコを押す文化がないからだ。その理由は,印鑑と印肉が別々で面倒くさいという中国人の気質によるのではないかと考え,そこに,元々印鑑と印肉が一緒になっているシャチハタの市場があると考えた(第二の発想の転換)。

また,日本の名字は約20万種類であるが,中国は同姓が多く数千といわれている。そして,同姓が多いことから日本と違い,姓だけでなく姓名入れるハンコ(3文字が多い)が売れる。それも,漢字の名前はあまり長くなく,日本の機械やコンピュータがそのまま使用できた。

第3の発想の転換。アナログ(手)からデジタル(システム)への転換だ。2009年5月から,パソコンで作成した書類にバーチャルで印鑑を押せるソフトウエアを開発し販売し始めた。

文化の違いを捉えた発想の転換から,チャレンジした成功事例だ。

第10章　発想の転換と個をいかす経営

4）ハミルトン島の知

　次の文章は，インターネットでの公開情報である（［　］内は著書の加筆）。
　「オーストラリアのクイーンズランド州観光局が，遊んで暮らして高給を受け取れる「世界最高の仕事」[The Best Job in the World] として募集していたリゾートの島の「管理人」が6日，英国人男性ベン・サウスホール [Ben Southall] さん（34）に決まった。世界各国から約3万5000人［34,684人の応募が殺到］が応募，最終選考の16人に東京都の企業受付，小林美絵子さん（31）も残ったが，難関突破はならなかった。
　世界最大のサンゴ礁グレートバリアリーフにあるハミルトン島に住み，ダイビングなどマリンスポーツを楽しみながら，同島や周辺の魅力をブログで紹介するのが仕事。勤務は7月1日から6か月で，報酬15万豪ドル（約1100万円）。
　選考は2か月以上に及び，自己PRビデオやマリンスポーツの実技審査などを通じて行われた。小林さんは『この国の美しさを伝えたかったので残念だが，充実した期間を過ごせた。機会があれば，また挑戦したい』と話していた。（共同）」（出所：インターネットの産経ニュースの「ニュース：生活」欄から）

　管理者には，約3億円の豪邸が用意されるという。管理者募集の告知は，YouTube，Twitter，Facebookなどによってなされ，オンラインビデオで投稿する仕組みだった。この募集は告知と同時にネット上で大きな話題となり，世界中のメディアが取り上げた。

知の考察　💡 「ベストに集まる知」

　オーストラリア・クイーンズランド州観光公社のコスト予算は1億2000万円で，結果は80億円の広告効果があったといわれている。
　その，知の経営は，"The Best Job in the World世界最高の仕事"にあった。この標語は，16名の応募者（1次選考で50名に絞られ，最終選

239

考で16名に絞られた）のTシャツにプリントされていた。また，数十名の事務局のシャツには，"The Second Best Job in the World"と印刷されていた。

　では，これがなぜ売れたのか？　その答えは，ウェブ・コミュニケーションの活用だ。インターネットの情報は氾濫している。そこで，人の目を止める手だてが，最初の「知のつかみ」である"気付かせる"仕掛けだ。

　それが，「世界一の報酬」だった。次に「知を繋ぎ止める」ストーリーが必要だ。それには，人の感情に訴える仕組みや話題であることが必要だ。それがオーストラリア・グレートバリアリーフにあるハミルトン島で，住み込みの管理人を募集するというプロジェクト。「南の島で半年暮らして報酬（約1100万円）をもらえる『世界最高の仕事』に就きませんか？」というのがキャッチフレーズだ。

　「人間は上昇志向がある故に人間である。」そこで，人は，ベストに学ぶことで，また，ベストに近付くことで，満足する。

第11章
知の社会の卓越者と理想の組織

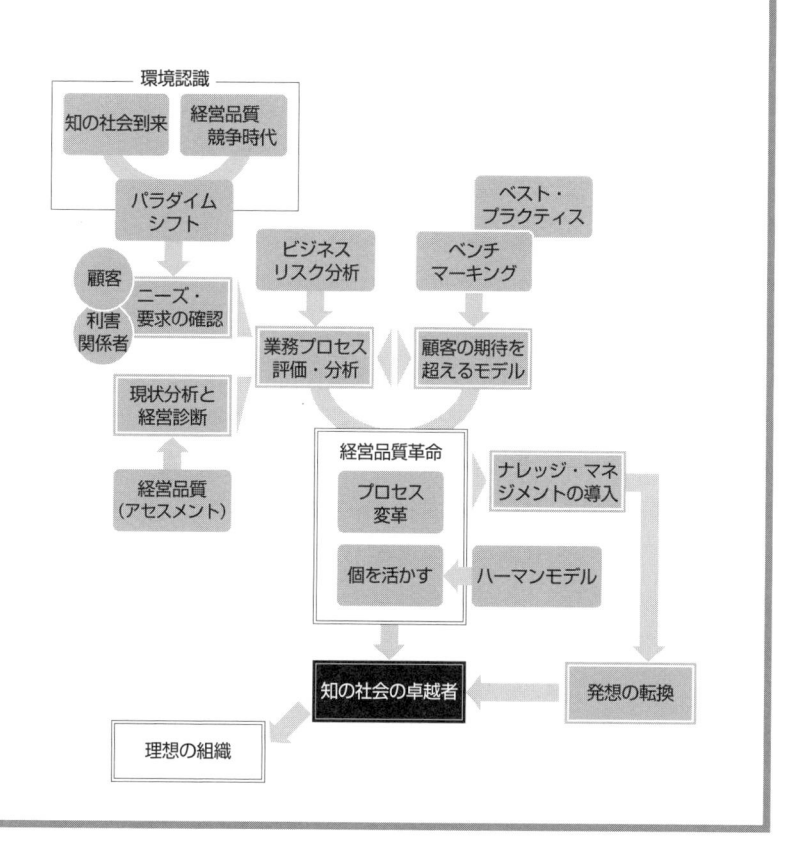

1. 卓越者としての経営者

　知の社会では，どんな経営者が求められて，どんな経営者が捨てられていくのか？

　捨てられていく経営者は，環境の変化について行けない人のようにみえる。不祥事を起こしたり，消えていく企業の経営者には，類似のタイプがあるようにみえる。例えば，なぜ，経営者は原則に立ち戻れないのか？　かたくなに自分のスタイルを守り通そうとするのか？　そして，従来の方策にこだわるのか？　それらが，事実として山を登り詰めた成功者としての経営者たる所以であるからというのであれば，それも回答の1つである。しかし，その末路は，捨てられる経営者の仲間入りの可能性が高い。

　現実に目を向ければ，過去10年間にトップがかかわった組織不祥事が絶えない。例を挙げれば，大手ファイナンス企業や化粧品会社の粉飾決算や大手自動車会社のリコール隠し，牛肉卸し会社の食肉偽装，老舗料亭の食品原産地偽装，県の教員試験不正等々に加えて，顧客情報の流出，セクハラ等による不祥事なども多い。

　それは，一言でいえば，経営者が卓越者でないからである。

1)　卓越者の定義

　知の経営における卓越者とは，どんな人間なのだろうか？　著者の上司の「卓越者とは，自分自身に正面から向き合い，人間は所詮欠如体でしかないことを深く自覚し，より高次の人格を目指して，日々精進する人間のことである」(花村日本総合研究所特別顧問 2007)という言葉が一番,当を得ている。

　著者が，花村特別顧問に最も共感した点は，私自身が「Entirety and individuality of Chi」(髙梨，2005：『ナレッジ・マネジメント研究年報』2006年第7号，平成18年1月30日，日本ナレッジ・マネジメント学会)で発表した，「全体と個」の研究をしていることもあり，「経営にとって，個の自由と全体の秩序のどちらに軸足を置くかは最も基本的な問題の1つである。個の自由に偏り過ぎると組織はばらばらになって統制がとれなくなる惧れがある。全体の秩序にとらわれ過ぎると組織は逼塞してしまう可能性があ

る。両者の間で適切にバランスをとっているのが現実の経営である」（花村，2007）という全体観である。

著者は，世界のエクセレントリーダーや日本のトップ経営者を研究し，大成功した彼らの経営実務のアウトカムからその根本原理を探り出し，日本の誇るナレッジ・マネジメントの大家，野中郁次郎先生の理論をも絡めて，これらすべてを融合した知を普遍化した場に抽出する試みをしている。

著者が求めている理想の組織は，このような知の経営の卓越者がリードする。

2）エクセレント・カンパニーのリーダー

なぜ，IMDの国際競争力ランキングで，日本の経営者のランキングが20－30位（第1章，「3.日本の国際競争力の現状」9頁参照）になってしまったのか？

著者は，1982年にハーパー＆ロー出版社から出版されたT・J・ピーターズ，R・H・ウオーターマンJr.共著*In Search of Excellency*（邦訳書『エクセレント・カンパニー』1983年）の原著を，1983年春に米国マサチューセッツ州ボストンで，ハーバード・ビジネススクールのAMPコースの教材として配布され，朝3時過ぎまで読んだときには，その卓越した企業群に感動した。その後，21世紀に入り，ほんの20年しか経っていないのに，フォーチュンのトップ100社にその半分も残っていないと揶揄されたことは，記憶に新しい。では現在，日本にエクセレント・カンパニーは，何社位あるのだろうか？　その選択基準に惑う。このような問い掛けからわかるように，エクセレントカンパニーを作るのも，エクセレントカンパニーを持続していくのも，非常に難しいことは今更いうまでもない。

さて，日本の経営者の内，エクセレント・カンパニーのリーダーたる卓越者と呼べる経営者が何人いるのだろうか？　その回答は，直感的には，極めて少ないといえるだろう。一面で良いとするならば，卓越者とは，変化する社会環境の中で多様な人々を組織化し，市場で競争力を発揮する卓越した能力を持った人材であることは論を俟たないであろう。

卓越者を選択するには，論理的に考えれば，まず卓越者を定義し，それを

具現化するための評価基準を設け，それによって日本の経営者を評価選定すればよい。しかし，卓越者の大まかな定義はできても，抽象的であれ具体的であれ，その権能を普遍化し，卓越者の本質を総括することは至難の業である。

> **知の考察**
>
> **「人は社会的存在であり，その存在は時空をダイナミックに移動する」**
>
> 刻々と人間関係は変化し一瞬たりとも同じ相互関係は存在しない。つまり，写真のような一時点の図柄は意味を持たない。ただ1つ意味があるとすれば，人の相互関係の抽象化と類型化をし，その移り変わりのプロセスを認識し，現状を評価し，また先を読むことであろう。

またそれは，ピーター・ドラッカーやマイケル・ポーターにはできなかったことである。なぜなら，卓越者を定義することはコンセプトや仕組みなどの経営理論にとどまらず，人に依拠する哲学や心理学を包含しなければならないからである。

それをできる人は，組織が社会環境や人の産物である限り，それを現代経営のレベルで定義し，本質を理解できる人でなければならない。敢えて表現するのであれば，「経営哲学者」であろう。松下幸之助や稲森和夫は，経営哲学者に近いのかもしれない。

世の中に卓越者は，たくさんいるが，経営の場では，成功企業の創業者，中興の祖，販売の神様，カリスマ経営者等々の言葉が頭に浮かぶ。彼らは，組織内の多数の個を率いてきたリーダーシップの卓越者である。それだけでなく，大学院やシンクタンクや研究所のように，専門分野を絞って選別された人の集まりではなく，企業組織を構成するすべての人々，つまり多様な人々をまとめ上げてきたエクセレントリーダーなのである。つまり，文化や芸術の卓越者ではなく，『人的卓越者』（以下，「卓越者」と呼ぶ）である。

3) 卓越者の事例

　個人的な意見では，松下電器（現パナソニック）の松下幸之助，ホンダ自動車の本田宗一郎等の創業者や，松下などに比べ，規模的に劣るソニーを，トリニトロンやウォークマンの商品化を実現して世界のソニーに飛躍させたソニーの盛田昭夫，等々は，真にそれぞれの企業の生業の中で，卓越者であった。また，知の経営の実践の成功者である京セラの稲森和夫，花王の会長のときに『知と経営』を出版し，顧客の心を打つ満足を作り続ける質の時代のマネジメントを標榜する常磐文克やトヨタの生産方式（品質管理）を世に広めた大野耐一等が卓越者であろう。

　経済大国といわれながら，なぜ日本の国際競争力が低いのか？（スイスIMD発表：第1章,「3.日本の国際競争力の現状」9頁参照）　構造改革が叫ばれ，米国型のニューエコノミーがもてはやされてきた。しかし，エンロンやワールドコムの事件以降，米国型経営手法に疑問を呈する人が増えている。今こそ，企業経営の本質を見極めるチャンスでもある。

　さらには，2008年9月には，リーマン・ショックが発生し，世界の金融システムが崩壊し世界同時不況に突入した。直接的であれ，間接的であれ，企業の存続を脅かしたリーマン・ブラザースのCEO（最高経営責任者）兼会長のリチャード・ファルド，AIGのマーティン・サリバンCEO，米ゼネラル・モーターズ（GM）のワゴナーCEO等は，一時代を築いたが，知の社会の卓越した経営者とはいえないだろう。

　卓越した経営者は，「競争力のある組織」，つまり「新しいビジネスモデルを有する組織」「打てば響く組織」「柔軟に変われる組織」「社員が自ら学習する組織」等を目指し，既存の制度やシステムを抜本的に変え続け，持続的成長を達成できる。

　持続的成長のためには，経営と業務の問題を解決する改革の実行が必要だ。

> **+解説**　現在の企業が抱えている問題は，一言でいうと仕組みに走ってしまうことだ。

　改善・改革というと，どうしても従来からある基幹業務活動（ハード・プ

ロセス）や支援業務活動（ソフト・プロセス）に視点が行ってしまう。日々の業務を直すので当然の結果でもある。

別な言い方をすれば，小さな改善はできるが，外の視点からみない「井の中の蛙」状態であるため，抜本的な変革ができない。つまり，業務機能に注目しているので，アイデア自体がその範囲という限界があり，「あっと驚くような変革」ができない。

例えば，同じ種類のERP（統合パッケージ）を導入した企業へのアンケートをみても，同じ仕組みを入れたのに，その評価は，「成功・普通・失敗」と企業によって大きくわかれることがある。なぜだろうか。

解決策を考える前に，本質的な問題を究明しよう。

考えよう　「卓越者は部下を教える人間ではない」

■もし，そうであるなら，リーダーは，部下を教える人や，講師陣の能力に規定されてしまうことになる。教えられることと教えられないことがあることをどのように理解するのか？　もちろん，先輩としての知恵を教えていく存在ではあるが，想定外の力を出すことは，サッカーの選手でもよくあることだという。

2007年12月5日の日本経済新聞のスポーツ欄「フットボールの熱源」を引用してみよう。Ｊリーグは，2007年12月3日，4日に，ワールドカップでアルゼンチンを優勝に導いたウーゴ・トカリ前監督を招いた。特別の指導法を期待していた，各クラブから60人近く参加した下部組織の指導者の質問に，トカリ氏は，「それは選手がもともと持っているものであったり，ストリート・サッカーで自分でつかんだものであり，われわれが教えられるものではない」と答えたという。

手続きや技術そのものは，教えることはできるが，自ら生み出すものや，その個人に合ったやり方や，抜本的なアイデアなどは，マニュアルでは教えられない。そもそも社員は自分で育っていく。その知の源は，リーダーが教えられる範囲を遙かに超えている。

まさに知のピラミッドで解説した，知識だけではなく，知恵を駆使することを強調している。

前出のトカリ氏は，「選手を見守ることが重要なのです」「指導者はマニュアルではなく，自分の勘を大切にしてほしい」という。

言わずもがなであるが，経営者は機械システムでのマニュアル指導や正確なPDCAを回すことに加えて，社会システムでの判断力，柔軟な対応，場合によっては全知全能を駆使した「勘」と呼ばれるような，洞察力を発揮しなければならない。また，社員の潜在能力を最大限に引き出すために，社員の状態をうまく活用すること（知のピラミッドで解説した「知心」），つまり個に任せるか，力を発揮するための実現促進させる要因を集めた場を作ることである。

それは，知識・知恵・知心の総合概念である知を自由に繰る卓越者でもあるからできることだ。

2. 卓越者のリーダーシップと事例

1）人的卓越者，稲森和夫

ここでは，前節で名を挙げた京セラの稲森和夫を例に取ろう。京セラの経営哲学は，稲盛和夫（京セラの創業者）個人の経営哲学であるといわれる。それは，日々の仕事や実践を通して得たものであり，また彼の人生について自問自答する中から生まれてきたといわれている。

稲森和夫は，「私は，経営や人生の局面において，壁に突き当たり，悩みもがき苦しむとき，そのつど人間として何が正しいかという原点に立ち返ってものごとを考え，その原則にしたがって行動してきた。…集団が機能し，成果を生み出すためには，その目指すべき方向が明確であり，その方向に集団を構成する全員のベクトルを合わせなければならない。企業であれば，ベクトルを合わせるのは，経営理念や社是と呼ばれる規範である。…それは，人として生きる上での基本的な考え方，換言すれば『人間として正しいことを正しいままに追求する』ということをベースとしている」と述べている（出典：『敬天愛人―私の経営を支えたもの―』稲森和夫著，PHP研究所，

1997年)。

　これからわかるように，稲森和夫(以下稲森)は，経営哲学者として，従業員や周囲をまとめ企業を成功に導いた卓越者であるといえるだろう。このような卓越者の「人間として正しいことを正しいままに追求する」という言葉は，色々な人がいる中で，どのような対応をすることなのだろうか？

　『心を高める，経営を伸ばす—素晴らしい人生をおくるために—』(稲盛和夫著，PHP研究所，1989年発行)をみてみよう。本書の「原理原則に従う」の項目で，稲森は，「常に，原理原則を基準として判断し，行動しなければなりません。とかく陥りがちな，常識とか慣例などを例に引いた判断行動があってはなりません。常識や経験だけでは，新しいことに遭遇した場合，どうしても解決がつかず，そのたびにうろたえることになるからです。…新しい分野を切り開き，発展していくのは，豊富な経験を持っているからではありません。常識を備えているからでもありません。人間としての本質をみすえ，原理原則に基づいた判断をしているからです」と説く。

　しかしこの「京セラ・フィロソフィー」を実践することはそう簡単ではない。今は，時代が変わり「個」が重視されるトキである。しかし，個の感情は，個に属するので，類似の個には感動を呼ぶかもしれないが，広く世の中の感動を呼ぶことは難しい。また，個のことはわからないことが多い。

　さらに，稲森は，「自分1人では大した仕事はできません。上司，部下，同僚等，周囲にいる人たちと協力して進めていくのが仕事です。ただし，自分から積極的に仕事を求めて，周囲の人たちが自然と協力してくれるような状態にしていかなければなりません。これが，"渦の中心で仕事をする"ということです。下手をすると，他の人が渦の中心にいて，自分はそのまわりを回るだけ，つまり協力させられるだけに終わる場合があります」と，経営の流れや文化に沿うことの重要性も述べている。そして，「自ら渦を巻き起こせるような，主体的で積極的な人材であるかどうか，これによって仕事の成果はいうに及ばず，人生の成果も左右されると私は思います」(『心を高める，経営を伸ばす　素晴らしい人生をおくるために』稲盛和夫著，PHP研究所，1989年発行)と，人的卓越者の本質を突いている。

2) 世界のリーダー

① ルイス・ガスナー

1993年4月に，ナビスコでの実績を評価されIBMの会長兼CEOに就任したルイス・ガスナーは，「コンピュータ販売主体のハード企業から，ソフトサービス重視への転換」を表明し，「顧客重視」を繰り返し説き続けてきた。そのために，顧客対応を製品別から顧客（アカウント）別・業種別に変更し「顧客重視」を徹底した。結果は1994年以降の業績の驚異的な回復に現れている。プロダクト・アウトの考え方から，マーケット・インの考え方への徹底が彼の成功の秘訣であろう。

それまでのIBMは，パラダイムシフトに乗り遅れ，IBM帝国の崩壊といわれた1991年から1993年までの3年間に150億ドル以上の巨額な損失を出した。これほど巨額な損失を出したIBMが1994年以降に急速に復活したのは信じられないような出来事である。

これはIBMがイノベーションに乗り遅れた，つまりプロセッサー，OS，アプリケーションのすべてを提供するIBM型の垂直統合型ビジネスから，それぞれの得意分野の技術で突出する水平統合型ビジネスに革新できなかったからであった。例えば，プロセッサーはインテル，OSはマイクロソフトのように水平統合のビジネスへの移行に乗り遅れたからとよくいわれるが，実際に，40万人の従業員を半減し，サービス部門のスタッフを4000人から15万人に増員して，顧客の問題点やニーズを的確に汲み取りながらソリューション重視のサービスカンパニーに転身を図った結果である。IBMのV字回復でわかるように，その本質は「顧客重視」である。顧客重視の徹底ができるかどうかが，卓越者であるかどうかの判断基準になる。

まさにIBMの復活の真因は，業態はまったく異なるとはいえ，顧客重視の典型例であるヤマト運輸の事例に重なる（第9章，「6.ヤマト運輸の研究」213頁参照）。

② ロベルト・ゴイズエタ

徹底した事業ドメインの絞り込みを行っているのが，チョコレートと並んで，戦後のアメリカ駐留軍の代名詞となった，コカ・コーラ社である。

1970年代半ば以降，ペプシコ社が各種の市場調査や味覚調査をもとに，ペプシ・コーラとコカ・コーラとの味等の比較広告をし，急激に売り上げを伸ばした。さらに，1970年代にニクソンが大統領に就任すると，ペプシ・コーラはソビエト連邦政府と20年間の独占契約に成功し，ソ連と契約した最初の米国製品として，コカ・コーラの追い上げの象徴となった。

　当時コカ・コーラのCEOだったロベルト・ゴイズエタ（キューバ移民からアメリカン・ドリームを実現した）は，危機意識を感じており，秘密裏に立案したカンザス計画を実行に移し，100周年の1年前1985年4月24日にコカ・コーラの味を根本的に変えニュー・コークを発売した。結果は，消費者の大不評を買い，同年7月10日に，コカ・コーラ・クラッシックの名で元のコカ・コーラに戻して販売せざるをえなくなった。

　たった2か月半での戦略変更こそ，顧客満足を求めるゴイズエタの柔軟さを表している。まさに現在の「知の経営の真髄」を実行したのだ。事実，その成功ストーリーは，「ニュー・コークの大失敗の結果，元のコークは400万ドル以上にも相当する宣伝効果に浴し，その効果と比べればコカ・コーラ社の（ニュー・コークに対する）下手な広告は役立たずも同然だった。今や由緒あるコーラは復活し，再びアメリカ一の清涼飲料の地位を取り戻した。ゴイズエタとキーオ（当時のCOO）は図らずも，このマーケティングの失敗を見事なビジネス上の手柄に変えたのだった」と語られている（出所：『コカ・コーラ帝国の興亡』マーク・ベンダグラスト著）【注：（　）内は著者の補足】。

　著者は公認会計士として，1970年代にアーサー・ヤング（米国の大手監査事務所）の東京オフィスで日本ペプシ・コーラを監査していた。当時，ペプシ・コーラがコカ・コーラを追い上げていたことを今でも記憶している。

　コカ・コーラ王国のトップに16年間君臨していたロベルト・ゴイズエタは，1997年秋に急逝したが，彼の遺産は今でものこっている。

　周知のようにコカ・コーラはROE（株主資本利益率）経営を徹底し60％前後を達成している超優良企業である。現コカ・コーラ会長兼CEOのダグラス・アイベスターも，資本コストを上回るリターンが得られる事業にしか投資をしないとし，過去に行った業績の上がらない多角化部門を処分した「ゴ

第11章　知の社会の卓越者と理想の組織

イズエスタ基準」を踏襲している。このような例からわかるように経営ビジョンの策定と事業ドメインの決定プロセスの成否はリーダーの資質にかかっているといえるだろう。

③　ジャック・ウェルチ

　死に体のGEを10年かけて復活させたジャック・ウェルチ会長の成功の秘訣は，世界市場で1位2位の業種にドメインを絞り込む戦略だった。コア・コンピタンスのある強みに特化する選択と集中戦略である。そうでない事業は，徹底的に立て直しをはかるか売却か撤退である。

　もう1つは，ベスト・プラクティスを旗印に上げた経営革新により超高収益体質を築くことだった。この中身は，表面的な改革ではなくジャック・ウェルチ会長による全社員へ小企業の「精神と魂」を浸透させる政策である。大企業病を払拭すべくベスト・プラクティスの焦点を「人のやる気」に当てているところが，卓越していた。

　そのために，ウェルチはリーダーシップの条件として，まずインテグリティ（誠実さ・公平さ）を前提に挙げ，3つのEが必要であるとしている。自分自身の行動するエネルギー（Energy），皆を鼓舞するまたは活気付ける能力（Energize），困難な局面でも的確に決断し成果を上げることのできる資質（Edge）である。

　具体的にみると，TQCは日本のお家芸であるが，GEはこの日本の改善運動に多くを学んでいる。米国マサチューセッツ州ピッツフィールドのGEプラスティック工場（ジャック・ウェルチ自身もGEのプラスティック事業からスタートしている）では，この日本流TQCを「KAIZEN」（Continuous Improvement）と称し効果を上げている。ここでのGEのすごさは，TQCの考え方を導入するのに顧客を巻き込んでいることである。事実，165に及ぶ顧客が「KAIZEN」を導入している。その結果として，1996年には1億2000万ドルを節約している。

　GEプラスティックは，12の事業の1つであり現在コンピュータ，エレクトロニクス，オフィス機器，自動車，建築，土木等に使われる多目的で高性能なプラスティックの世界的なリーダーである。

「KAIZEN」は，GE全体の官僚的な仕組みを消去し，問題点の近くで解決策を出せるように「ワーク・アウト」や「チェンジ・アクセラレーション・プロセス」運動を展開することによって実行されてきた。

また，ジャック・ウェルチが主導した，他社に学ぶベスト・プラクティス運動は卓越している。第8章，「ベンチマーキングとは何か」の【考えよう】欄「トヨタ生産方式……」(174頁参照) で引用したジャック・ウェルチの言葉を再度記載する。「業種が何であろうと最も優れた経営手法（ベスト・プラクティス）を自社の中に，それもスピーディに取り入れることは，マネジャーの当然の役割である。素晴らしいアイデアならば，どこからでも採用し，しかるべき場で活用し，できるだけ早く吸収する。」

3. ビジュアル・マネジメントの薦め

本節では，全体がみえるビジュアル・マネジメントの考え方を考察する。

1) 全体と個

前節に挙げた卓越者は，皆全体と個がみえる。そして，最適な形で全体と個を調整しているように，著者には思える。特に多様な人を対象にするため，卓越者とは人的調整者であると定義できる。

> **知の考察**
>
> 💡 「卓越者は，3つの本質を駆使する」
>
> つまり，自分にまとわりついている意識に忠実な人間（人間の本質），多様な物事に気付く気配りができない人間（コトの本質），周囲の情報が邪魔になるときと，必要なときの区別がわからない人間（トキの本質）の意識を変革して，3つの本質を見極め，改善・改革時に，固定観念にとらわれず，全体をみる目があれば，部分の実行は簡単にできるであろう。このような基本的な考え方に気付くことこそが，成功の本質である。

第 11 章　知の社会の卓越者と理想の組織

　人的調整者における調整の意味合いは，いくつか考えられる。
① 　全体と個の調整
　基本的には，すべての経営判断において，何が必要かを決める場合に，判断対象の全体が最大の効果を生むことが第一義だ。しかし，経営資源に限界があるために，選択と集中が鍵を握る。個人の多様性を最大限に発揮させることも全体と個の調整である。
② 　あるべき姿と現状のギャップ分析の調整
　実際には，目標を決め，重要成功要因を抽出しなければならない。
　重要成功要因を達成するためには，重要施策を決め，ヒト・モノ・カネの資源投入をする。すなわち，この段階では，ヒト・モノ・カネの調整である。
③ 　マクロ経済―ミクロ経済―産業―企業―部門―課―社員の間の調整
　市場の動きに合わせることは，経営の基本だが，その戦略に沿って，実際に各部門が動けるかどうかが大事であり，経営環境内外の調整が問題となる。
　日本企業が抱える大きな課題は，組織運営が部門最適にとどまり，全社最適が達成されないということではないだろうか。部門が最適化されること自体は非常に良いことだが，縦割り型の管理では，環境が変化する時代に企業間の競争力向上に結びつかなくなってきている。「戦略がない」と揶揄される姿でもある。つまり，現在は，徹底したコスト削減や価格の引き下げ，また品質管理の徹底だけでは，競争に勝てない状況になっている。
　一般的な日本企業の組織運営の問題は，常に1つの部門内でしかモノをみられないということだ。モノやサービスがプロセスとして流れている場合，別の部門と共同で仕事をすることになる。そのときに，部門間の知識，知恵，知心を交流させようにも，それらのレベルは低い部門に揃ってしまい，結果として企業全体としてのレベルは上がらないし，当然，顧客満足度も低下してしまう。
　企業が競争力を高めるためには，部門最適から全体最適へと変革しなければならない。従来型の「全体戦略から部門戦略に分解する」方法から，「全体最適をすべての従業員が追求する」ように方針転換を図った例が多くの成功企業にみられるようになってきている。
　そのためには，個人に蓄積されている知識，知恵，知心を組織全体で活用

することが必須だ。またハーマンモデル等の科学的な適性診断を実施して，個人の適性を明確にし，能力と適性に合わせた適材適所を実施することで，個の能力を最大限に活用する，全体最適を追求する組織への転換を本格化しなければならない。

> **+解説** GEで開発されたハーマンモデルは人ベースの経営に最適な，脳科学を適用した適性診断手法である。

　エゴグラム，EQ，血液型占い，手相占い…世に知られている性格占いや適性診断は，数え切れないほど沢山ある。読者も何か1つは診断した経験があるのではないだろうか？

　1997年当時，米国GE社の能力開発部門の責任者だったネッド・ハーマンは，ノーベル賞受賞学者ロジャー・スペリー博士の大脳生理学理論と米国国立精神衛生研究所の"脳進化と行動研究所"のポール・マクリーン主任の研究結果を組み合わせ，脳の個性を知る診断ツールを開発した。

　GE社内でも，「自己認知」「相互認識」「チーム作り」に活用しているが，世界で200万人以上に採用されている科学的根拠に基づく診断である。米国では，50を超える博士論文により有効性が報告されており，世界の大手企業に支持されている。

　簡単に説明すると，「左脳型人間」「右脳型人間」の2つの区分は，よく耳にする考え方であるが，さらに上下の脳（大脳新皮質と辺縁系）が行動思考に影響することがわかった。ハーマンモデルでは，大きく4つの思考パターンに分類している。

　　Aタイプ：左脳の大脳新皮質部分が反応する。熟慮タイプ，事実重視，分析的人間で，理性的な自己を表している。
　　Bタイプ：左脳の辺縁系部分が反応する。実行マン，系統立てる，計画的人間で，現実的な自己を表している。
　　Cタイプ：右脳の辺縁系部分が反応する。感覚人間，人間関係重視，精神的人間で，感覚的な自己を表している。
　　Dタイプ：右脳の大脳新皮質部分が反応する。アイデアマン，全体論的，

ビジョン豊か人間で，冒険的な自己を表している。
　人には個性があり，自分の好きな思考パターンとそうでない思考パターンがある。個人の能力を最大限に発揮させるために，このような特性を意識した人材配置が，結果として組織の能力を高めることに繋がる。

> **知の考察**　💡「適材適所から適財適所へ！」
>
> 　「じんざい」とは，本来「人材」と書くが，経営資源を考えるときに，従来の機械・設備等に替わる労働力としての人材と，リーダーシップ，コミュニケーション能力，知的資産，革新能力等々としての人材がある。知識社会といわれる現在では，後者の人材が重要視されているため，本基準では，人を材料ではなく財産とみて，従来の人材と区別するため，人財と表現している。

　個の多様性をベースとして，全体と個を見通す組織が必要となる。

2) 学習する組織

　時代の変化を知って，社会の変化を知って，顧客の変化を知る。これが，パラダイムシフトの起こる現在の社会を生き抜いていく重要なポイントとなる。そしてすべての改善・改革は企業側が決めるのではなくお客様が決め，同様にすべてのもの作りは企業，技術者が作るのではなくお客様が作る，と考えるべきだ。経営改革の本質とは，顧客の価値を創造することである。経営改革の実践には，変化に対応できる新しい知の経営が欠かせない。その意味では，経営改革は，時代が作り，社会が作り，顧客が作り出す。
　ここでは，全社員の危機意識を組織の文化にし変革を自ら実行する枠組を提案したい。
　ショシャーナ・ズボフ（Shoshana Zuboff，ハーバード大学教授）は，彼女の著書 *In the Age of the Smart Machine : The Future of Work and Power* では，情報技術が①意味のない単純な仕事に追い込むか，②刺激的で挑戦な仕事に参加

できることになるか，どちらかに直面していることを論述している。その中で，「学習を定義する行動と生産性を定義する行動は同一のものである」といっている。それは，ズボフにいわせれば，「21世紀の企業は，改善・改革を実行する能力を高め養成していかなければならない。この考え方は，学習が組織の中心的な原理となるという革命的な意味を含んでいる」となる。つまり，経営管理（ビジネス・アドミニストレーション）の役割が，「管理」そのものではなく「学習」に取って代わられることを意味している。

なぜならば，環境が激変するため，勝利の方程式を探し求める（学習する）ことが企業の責務だからである。事実，経営の専門家の間では，21世紀の企業は「学習する組織」（下表参照）が生き残りの鍵だといわれている（詳細は第10章，「3.個をいかす組織の形態」230頁参照）。

ピーター・センゲの学習組織5原則

1. チームで学習する組織風土・環境
2. 企業のミッション・ビジョンの共有化
3. 自己実現可能な仕事の役割分担・期待
4. メンタルモデル（固定観念）の払拭
5. システムとして思考する

（出所：『経営品質の真実』髙梨智弘著，生産性出版）

つまり，激変する経営環境の中で，従来型の経営手法では競争にうち勝つのは難しく，経営品質やベンチマーキング等の新しい経営手法を導入し，さらには全社員が一丸となって個人の知識・智恵・知心を共有して（知の経営：Chi-Management）こそ，生き残る可能性のあることを意味している。言い換えれば，知識・智恵・知心を企業の基幹業務プロセスと支援業務プロセスに移転し，知によってプロセス変革を起こすことである。

従来の企業文化にこだわらずに，この知を自由に発揮させるための仕組み・環境が，学習する組織である。自由に発揮させるという意味は，個々人が自主的に活動できることを保証されていなければならない(知心)。したがって，

第11章　知の社会の卓越者と理想の組織

その効果を上げるためにはリスクに挑戦することが奨励され，評価基準は減点主義ではなく加点主義でなくてはならない。

さて，従業員の知恵と発想力を最大限に引き出すためには，固定観念にとらわれず，アイデアは突飛なほど良い。また，他人の出したアイデアを決して批判，嘲笑しないことだ。アイデアの質は問わない。発想力を上げるためには，次の6つの思考が役に立つ。

① 他人のアイデアをベースにした概念の拡張・拡大は奨励する。
② どんなアイデアも役に立つと思い込む。
③ 既存の枠組を捨てて考える。
④ 皆で盛り上げる。
⑤ 部分にこだわらずに全体をみる。
⑥ 完璧主義はやめる。

等々の，意識作り・場作りが大事である。

エクセレントカンパニーの証である米国のマルコム・ボルドリッジ国家品質賞を1997年に受賞したゼロックス・ビジネス・サービス社は，学習する組織を次のように定義している。

① 「学習」は根本的に社会のものである
② 鞭打つやり方は学習を阻害する
③ 「学習」はそれを促進する環境が必要
④ 学習には「職位の境界」はない
⑤ 「自主的な学習」の効果は大きい
⑥ 「実行して学習」することは，記憶するだけの学習より大きな効果がある
⑦ 学習の効果が出ないのは，個人の責任のみではなく「システムの欠陥」によることがしばしばある
⑧ ときとして学習しない事が最善の学習になる（過去の成功体験を学習しないということ）

環境が変化するからこそ学習は，将来の成長に結びつく。世界のエクセレントカンパニーの中には，売上高の1割近い金額を教育研修に投資する企業もある。日本に何人のチーフ・ラーニング・オフィサー（学習統括役員）がいるだろうか？

4. 理想の組織の実験:全員が社長の組織と1人が全員の仕事をする組織

1) 深掘りによる人間性の喪失

哲学者のホセ・オルテガらが指摘した,「学問の細分化による人間性の喪失と高度な知的対話の欠如」は, 技術の進歩により専門性が高まり, 融通の利かない社員や〇〇馬鹿といわれる人を育てかねない, 現在の日本のビジネス社会にぴったり当てはまる。

モザイク飾りやジグソーパズルは, 周りの形に合わなければ, 完成しない。

もし, リーダーに必要な10の成功要因を上げるとすると, 次のような例になるかもしれない。

1. 自身の能力を見極める。(わかることとわからないことを知る)
2. 部下の能力を見極める。(使える能力と使えない能力を知る)
3. 組織の能力を見極める。(組織のコア・コンピタンスを知る)
4. 環境を見極める。(価値ある情報の収集を知る)
5. 全体最適の対応を見極める。(トータル・コンピタンスを考えることを知る)
6. 経営資源の最適活用(提携やアウトソーシングを含む)を見極める。(身の丈にあった成長を知る)
7. ベスト・プラクティスを見極める。(外の知の導入を知る)
8. 客観的な見方ができる。(合理と不合理の区別を知る)
9. 決断ができる。(危機をチャンスに変えることを知る)
10. 個の自発性を重視する。(個の多様性を知る)

10の本質, 特徴は何だろうか? 何かを伝える能力なのだろうか? それとも組織文化を作る能力なのだろうか?

時代が変わり, 企業にとっての機会と脅威は, 従来のそれとは似ても似つかないものになっている。「従来の強みは今の強みにはならない, 今までの弱点は現在の弱みではないかもしれない」ことに気がつかなければ, SWOT分析の焦点や分析の結果を見誤ってしまうだろう。企業活動のベースになる「機会・脅威・強み・弱み」が適切に分析できなければ, 以降の経営戦略は無駄になることは, 火をみるより明らかである。

過去の企業の失敗は，ほとんどが成功に引きずられ，その業界のパラダイムシフトに気が付かなかったつけが回ってきたためといって過言ではないだろう。

例えば，企業が発展していく機会があるかどうかは，通常，
① 市場は拡大しており，大量生産によって伸びが見込める。
② 量販店チャネルの市場でのウエートが高いので，これを活用できる。
③ 消費者の個性化や好み重視が進んでいるので，多品種展開を図る。
④ 消費者の簡便思考が強まっているため，インターネット・セールスや直販が伸びる。
⑤ 経済が低迷しており，価格破壊が進んでいるので，安いものが売れる。
などの市場分析をして考察する。

ここで考えなければならないのは，大量に作って安売りすれば良いのか，しかし大量に作ったら大量消費と個性化との関係はどうなるのか，独自性のあるものを少量作った方が良いのでは，顧客は何を望んでいるのか，価格志向か，品質か，あるいは単に安くするだけでは競争が激しいのでは，付加価値を徹底的につける戦略が必要か，等々機会の再レビューである。

また，新しい産業界の方向性を見極めなければならない。例えば，「政府の経済諮問会議が『重点七分野』（IT，都市再生，環境，少子高齢化，教育，科学技術，地方活性化）の強化を決めた」ことや政権交代は，企業にとってのチャンスでもある。

2）固定観念を払拭できる組織

しかし，このような考え方は従来の考え方と何ら変わる事はないと疑問を持たなければならないのではないだろうか？　例えば，第10章「4.発想の転換の成功事例」235頁で検討したアマゾン・ドット・コムの，「店」や「屋根」を持たない本の販売などのように「まったく新しい発想の機会」はないのだろうか？　またニッチ商売など，「小さな消費者との接点活動」にももっと新しい創造はないのだろうか？

例えば，エレクトロニクス関係の製品を売る量販店のSWOT分析1つとっても，多様な解釈ができる。

まず，「S：強み」は品揃えの幅と在庫の量が大きいこと。そして大量仕入れ

のためコストが安いこと．それは，顧客が望むものがそこにあり価格が安ければ買うという「O：機会」が存在していることを意味する．しかし，多くの百貨店やスーパーマーケットの低迷と破綻をみればわかるように，事業にはいつも，「T：脅威」とリスクが存在する．同じ土俵で勝負する米国の超巨大企業の日本市場への参入といった競争相手の出現や，新しい土俵を作ろうととしている産地直送やメーカーの直販，ネット販売のような中抜き現象は最大の脅威の1つである．

　同じ土俵の場合は，資金力，規模，差別化等が巨大企業の進出で「W：弱み」に転化するかもしれないので，それに対する創造的な手当てが必須である．

　新しい土俵の場合，「W：弱み」は，強みであったはずの大量生産・大量販売システム，特にコストの高い大型店の保有などである．つまり小回りが利かないことである．環境の変化する今はなおさらである．消費者志向の多様性も脅威の1つである．もちろん，この「脅威は新しい機会」と考え，これに合わせて弱みを徹底して強化する戦略をとるしかない．

　その可能性は，いたる所にある．個人の不満を逆手に取れば新しい商売が生まれないとも限らない．

　一消費者の例として，例えば量販店の店員のパソコンに対する商品知識のなさには，驚き頭にくるのを越えてあきらめの気持ちが生じてしまう．10万円～30万円もするような高額商品について，メーカー別の比較検討などしたことがないような対応に毎回ストレスを感じる．商品知識を売り物にした店があれば少し高くても，そちらで購入したい．

　世界的な巨大企業の例として，例えばジャック・ウェルチが1981年にGEのCEOに就任し350の事業と42万人の従業員を擁する巨大企業を率いることになったときに，彼はこのような官僚組織が続かないことを看破していた．80年代のジャパン・アズ・ナンバーワンといわれる日本の時代が始まったときでもある．そこで，ナンバーワン，ナンバーツーでない部門に対する，いわゆるダウンサイジングを実行したのである．ウェルチは，「立て直すか，閉鎖するか，売却する」とし，実際にその後の4年間で350事業のうちの118事業を閉鎖・売却した．しかし，ジャック・ウェルチはそれをダウンサイジング（縮小化）ではなく，「ライトサイジング（適正規模化）」と呼んでいた．

　知の経営として新しいSWOT分析を行う理由は，このライトサイジング

のため，である。従来のような現象の分析ではなく（もちろん現状の把握は最低限必要であるが），ニーズの本質を商品におくのではなく（参入する企業との競争を前提とすればこれでも良いが），作って（または買ってきて）売るプロセスが企業活動というのでもない。「ニーズの本質をそのニーズにおく」ことである。つまり，機会は本当の顧客ニーズであるならば，企業側の都合で商品・サービスの提供をするのではなく，例えば，パソコンの不具合が生じた場合には，24時間の対応が本来であろうし，商品知識の教育は，他社の商品にも及ぶべきであろう。

　同じ土俵であれ，新しい土俵であれ，上述した「まったく新しい発想の機会」「消費者との接点活動」「創造的な手当て」「ライトサイジング（適正規模化）」「脅威は新しい機会」「商品知識を売り物」「ニーズの本質をそのニーズにおく」等は，顧客が，自分のニーズや好みという顧客知を知っている知の経営を行っている企業に信頼を寄せることへの対策である。信頼される企業は，顧客の立場に立つ社員のいる企業である。例えば，「新しい企業のリーダーシップとは，いかに顧客が大事かを教えることと，変化のために新しいことを学ぶことに加え，現場を知る社員を認め，権限委譲をし，社員を《リーダーと共通意識を持った業務を任せられる仲間》に変えていくことである」。つまり，知の経営とは経営革新のための対話が十分に行われ，社員のために学習と共感の業務プロセスをいかに作り上げていくかにつく。企業はリーダーが動かしているのではない。企業は社員と顧客を含む利害関係者の知で動いている。

　リーダーは，その「知の場」を作る。

3）全員が社長の組織と１人が全員の仕事をする組織

　このような考え方から，理想の組織は，大きく2類型が考えられる。まず，①全員が上記を理解し，活動する組織である。ということは，社員の意識がかなり高くなければならない。理想的には，全員が社長の組織である。実態に近いのは，「各人が独立したパートナー組織」である。また，②全員がいうことを聞き，活動する組織，これが2番目の類型だ。ということは，レベルの高い社員のみを選別して雇う専門家集団のような組織である。一番近い組織が，自衛隊のような組織であろう。極端な言い方をすれば，すべてにお

いていうことを聞く自分が1人で全員の仕事をする組織,つまり「個人事業主」が好例だ。

こんな組織が簡単に作れるのだろうか？

5. ES＝CSの組織:日本総研の成功事例とT&T PARTNERSの実験

1)「顧客が顧客でない」ことを受け入れた組織への挑戦

「顧客」とは,商品を購入してくれたときに,初めて定義される。その前は,「潜在顧客」と呼ばれることが多い。この顧客に対して,一般企業は,マーケット調査に始まり,商品開発し製造するなどの購入前の期間に資源を多く使っている。しかし顧客との接点は,極端をいえば,①商品を購入してくれる前のニーズの確認時点,②商品を購入してくれた時点,③購入した後に商品を使ってクレームがあった（またはアフターサービスの提供）時点の3度ある。

企業の存続は顧客にかかっているので,企業は,この顧客に対して,かかわり合いに応じてコストをかけることが合理的なように思える。つまり,製造業の例で説明すれば,マーケティングに力を入れる。販売に力を入れる。アフターフォローに力を入れる。しかし,実際は,製造に最大の資金を投入する。もちろん,顧客の購入する「物作り」に力を注ぐのは当然のことであるが……。

> **知の考察**　「顧客は顧客ではない,生活者だ」
>
> よく考えて欲しい。顧客が商品を購入するのは,購入した後に商品を使うことが目的である。顧客の生活に商品が溶け込み,上手く使って満足したかどうかがポイントである。つまり,顧客にとっては,上記の3時点が重要で,製造工程にどのくらい資金を注ぎ込んだかに,まったく関心はない。最大の関心事は,購入後の生活である。それは,顧客満足（CS）ではなく,生活者満足（LS）だ。LSのために,資金を投入すべきであろう（図11－1参照）。

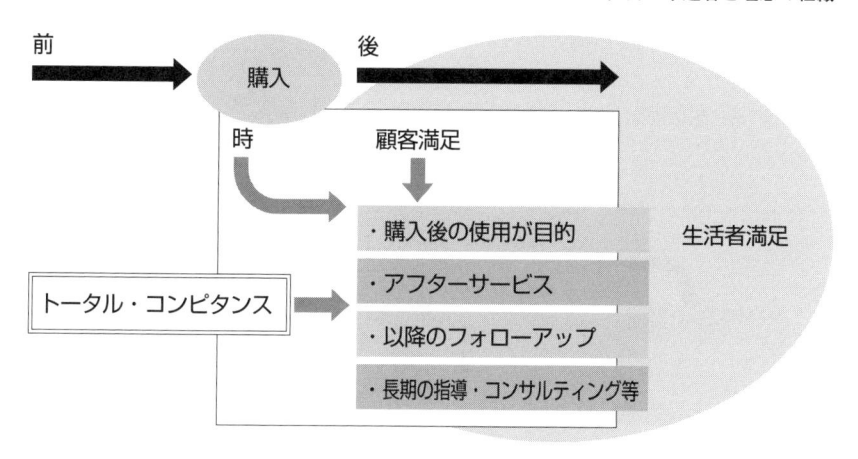

第11章 知の社会の卓越者と理想の組織

【図11-1】顧客満足から生活者満足へ

2）株式会社日本総合研究所の知の経営

　ナレッジ・エンジニアリングを標榜する日本総研は，生活者の視点に立ち，企業や社会に対する新たな課題の提示と発信（イシュー・レイジング）から，課題に対する解決策の提示と解決への取り組み（ソリューション），新たな市場や事業の創出（インキュベーション）まで，三位一体（知のトライアングル）のサービスを戦略的に回して社会経済の発展のために活動している。

　その理念を追求し，効果を上げるためには，組織が活性化し，生活者のために活動できる組織，つまり，ES＝CS組織にならなければ意味がない。そのためには，組織は継続的に発展することを社会から負託されていることを認識していることが，重要である。

> **＋解説**　組織の継続的な発展，さらには個の創発を促すためには，組織の揺らぎが必要である。そのためには，どのような仕掛けが考えられるであろうか？　その仕掛けの事例を挙げる。

　図11－2にあるように，組織が活性化するには，あらゆる情報（知）が入ってくるように，オープンドア方式のように組織が開かれていなければならない。組織は，成功すると，閉じた組織になりがちである。「奢る平家は久しからず」のように，閉じた組織は，保守的になり自分たちの地位を守ろうと

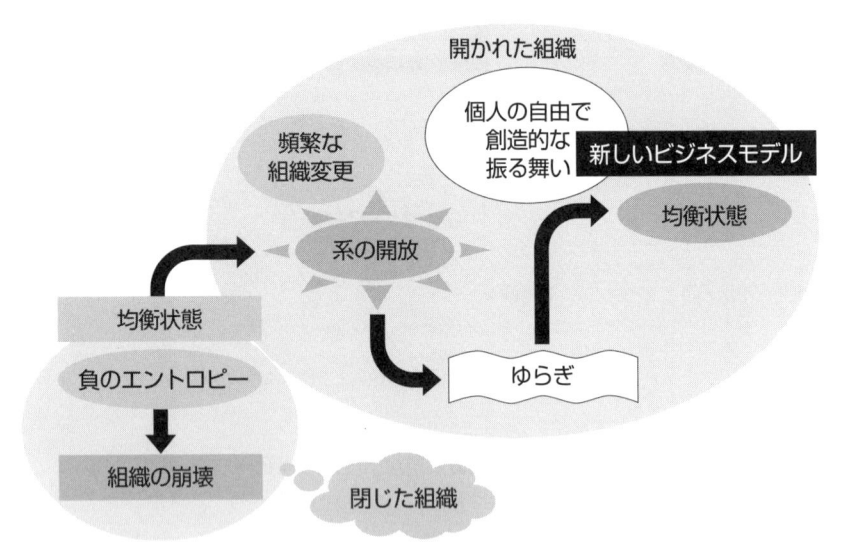

【図11-2】閉じた組織から開かれた組織へ

するあまり，社外の新しい風を入れようとしない。

　日本総研は，「開かれた組織」にチャレンジした。特に，次の4つの制度は突出している。

① **新入社員の配属方法**

　新入社員に自由に配属部門を選択できる権利を与えるとどうなるか？　希望のない事業部には配属される新人がいないという事態を招く。これは，事業部に対して，必ず一定人数の新人が配属されるとか，事業部が希望した新人が割り付けられるという均衡状態を破る施策となる。新人を欲するならば，各事業部は付加価値をつけるべく努力する必要がある。組織に人を合わせる（当てはめる）のではなく，人に組織を合わせるのである。

② **社内求人市場制度**

　プロジェクトメンバーを社内から公募し，公募側部門長が面接の上，決定する。決定に対して，所属部門側には原則として拒否権がないという施策もまた，会社全体の活性化に繋がる。

第11章　知の社会の卓越者と理想の組織

　一見，乱暴な施策にみえるかもしれないが，シャープの「緊プロ」（緊急開発プロジェクト，部門横断的な人材活用）や，ミスミの「プロジェクト経営」（部課制廃止，公募制等）は，この考え方を取り入れ，社内に揺らぎを生じさせ成功している例だ。

③カフェテリア型研修制度

　多くの企業の研修は，上司や人事部の指名で受講生が決められるが，従業員に一定のポイントを付与し，その範囲内で社内外の研修やセミナーを自由に選択できるという，自己裁量による方法も，個の創発が期待できる。

　この制度は，受講生側の自由度を広げるばかりか，社内の教育担当者にも揺らぎを与えることができる。人気のない社内の研修は，自動的に淘汰される仕組みである。

④クラスター制

　日本総研では全社員に対して，キャリアパスをもとに自己の進路を自ら選択しうる自己申告制の他職種転換制度及び新種業務や新プロジェクトへの公募制度を採用している。特に著者が属していた研究事業本部では，部課の縦割りの弊害をなくすために，いつでも自由に出入りのできるクラスター制を導入した。組織のピラミッドは実線ではなく点線の組織で，部課長の代わりに，クラスター長が組織を統括するが，メンバーは自由に他のクラスターのプロジェクトにも参加でき，また異動もできる。要するに，プロジェクトリーダーが，必要なメンバーをどこからでも集められる組織形態である。図11－2で示したように，組織の風通しを良くした制度である。この考え方は，1977年に「散逸構造論」でノーベル賞を受賞した故イリア・プリゴジンが提唱する，「われわれが住むのは，成長したり減衰したりする多様な〈ゆらぎ〉の世界であり，その〈非平衡不安定な状態〉における〈個の自由〉なふるまいから〈全体の秩序が創発〉されてくる」とする生命論的世界観」「生命論パラダイムの理論」を組織に導入して成功した結果である。

　これらの結果，日本総研は，栄えある1998年度日本経営品質賞サービス部門を受賞した。日本経営品質賞表彰の理由は，「顧客・市場のニーズと企

業付加価値に焦点をあてつつ，個人の創造性・自律性と組織間の連係とによって，自律自己完結型経営のパラダイムを提唱し，自ら実行して成功を収めている。いまだ混迷から抜け出る兆しのみえない産業界に，新しい経営モデルを提示するものといえる」とし，具体的に次の7項目を挙げている。

- 個人の尊重とコラボレーションを基本とした経営ビジョン
- 顧客ニーズ優先で現場の「ゆらぎ」を作る柔軟な経営体制
- 一貫した顧客志向の「知識エンジニアリング」活動
- 高付加価値製品・サービスの提供による経営効率向上
- シンクタンクとしての特性をいかした社会貢献への使命感
- 情報の共鳴化を目指した自己創発型経営の推進
- 「強い個人集団」による自律自己完結型経営の推進

日本総研は，上述した知のトライアングル（イシュー・レイジング，ソリューション，インキュベーションという三位一体のサービス）と，システム・インテグレーション（ITを基盤とする戦略的情報システムの構築），コンサルティング（顧客のマネージメント力の飛躍的な強化），シンクタンク（幅広いイシューに関するグローバルな視点を踏まえた実効性の高い政策提言）の3機能を有機的にコラボレートする「知の構造」によって顧客サービスを行っている。

具体的には，データや情報を単に収集し分析するのではなく，加工・応用して「知識化」し，そこから「知恵」を駆使し，新たな価値をお客様と共に創造していこうという，まさに「行動するシンクタンク」としての理念を実践している。

3) T&T PARTNERSの実験

著者は，日本総研理事を定年になり，今までの経営コンサルティングの実績を世に普及しようと，2008年6月6日に，銀座7丁目に，オフィスを設けた。日本企業の経営力向上の一助となるべく，一緒に学習し知を結集するために，パートナーとして経営者や専門家を集め，「T&T PARTNERS」という組織をスタートした。

その一番の理由が，長年求めてきた理想の組織の実験である。日本総研の

第11章　知の社会の卓越者と理想の組織

生命論パラダイムの理論に基づくクラスター制度組織の基本的な考え方や，前節で説明した「全員が社長の組織と1人が全員の仕事をする組織」のコンセプトが，小さな組織でうまく動くかどうか，の実験である。
① T&T PARTNERS立ち上げの意味：
趣意書に次のように記載した。
「2008年4月から株式会社日本総合研究所の理事を退任し，フェローとなった機会に，今までの会社の枠を取り払って，自由な経営のよもやま話をできる『知の場』を，設けました。

オフィスを銀座にしたのは，『伏見と駿府にあった江戸幕府の銀貨の鋳造・発行所が，京都・江戸に移され，大坂・長崎にもおかれたが，その後，銀座に統一された』由来にちなんで，経営の知を結集した場にしたかったからです。

新業務を『T&T PARTNERS』としてスタートします。従来と同様，経営相談にのる諸活動，すなわち，(1)会社紹介，(2)人材紹介，(3)会社顧問，(4)企業幹部教育，(5)内部統制支援，(6)講演，(7)著作，(8)大学教授，等を主にして，さらにボランティア活動（①学会，②協会，③NPO法人等）をより一層増やしていくつもりです。

T&T PARTNERSの『T&T』の意味は，『Talk & Trust』の頭文字をとったものです。人と『対話』をして真実や本質をみいだし『信頼』の輪を広げ，顧客・社会から信頼される会社を作る支援をすることを目的にしています。

パートナーズの意味は，『参加する全員が知の協力関係を持つ信頼できる仲間』であり，教える・教えられるという関係ではなく，情報や経験知等を共有するPartnershipの意識を持った人の集まりです。2008年4月1日（髙梨）」
② AME（雨）のコンセプト：
多様な人に集まっていただきたいため，AMEの標語を掲げた。
「Avant-garde（革新者），Maverick（異能者），Evangelist（普及者）AME達よ，経営の梁山泊へ集まれ！」
そのコンセプトは，
「私の周りの人は，『雨があまり好きではない』という。
しかし，私は雨が好きだ！

天空から降ってくる水の滴りに，手をさしのべて，何か叫びたい感覚が沸いてくることがある。
　それは，何なのだろうか？
　一滴のしずくが，集まり，川になり，最後に地球を潤す大海となることに感激するからか……
　「雨」，「あめ」，「アメ」，「AME」……
　AMEの私たちが，パートナーとなったトキに，知のしずくが，集まり，知の川になり，最後に知の大海となって企業経営を革新させる。
③　具体的な活動：
「やる気と知的好奇心のある，生涯現役の意識を持つ人の集まりです。Laissez-faire（自由放任主義）を標榜するT&T PARTNERSは，例えば，
　・積極的に業務紹介の場を設定し，
　・一緒に良い企業や上場を目指し，
　・社長学習会と，
　・知（データ・情報・知識・知恵・知心）の交流をし，
　・情熱を持った人を紹介し合い，
　・具体的な改善・改革の悩みを相談し，協働して解決する，
等々を支援し合う，法人ではない，政治にかかわらない，業界を超えた，いわば，『経営の日本版梁山泊』です。」が，活動方針である。
④　T&T PARTNERSの知の経営の実験：
　事務局は，著者が会長で，秘書1人，事務局長1人の3人体制である。
　さて，3人で，最も効率的な組織は，どのような形態であろうか？
　業務は，上述したT&T PARTNERS本来の業務と，2つのNPO法人（100数十名の会員），2つの任意団体（300人の会員）の会員管理と経理業務を含む運営が主である。従来，6名で運営してきた組織である。
　オフィスは銀座に加えて，日本橋人形町の2か所ある。効率を上げるため，日本橋人形町オフィスに1人の事務局長，銀座に私と秘書が常駐し，仕事に応じて，私と秘書の2人が日本橋人形町へも移動する体制をとった。
　6人の業務を3人体制で行うということは，本書のテーマである，個の多様性をそのまま受け入れた組織作りと，柔軟な業務体制による知の経営の実

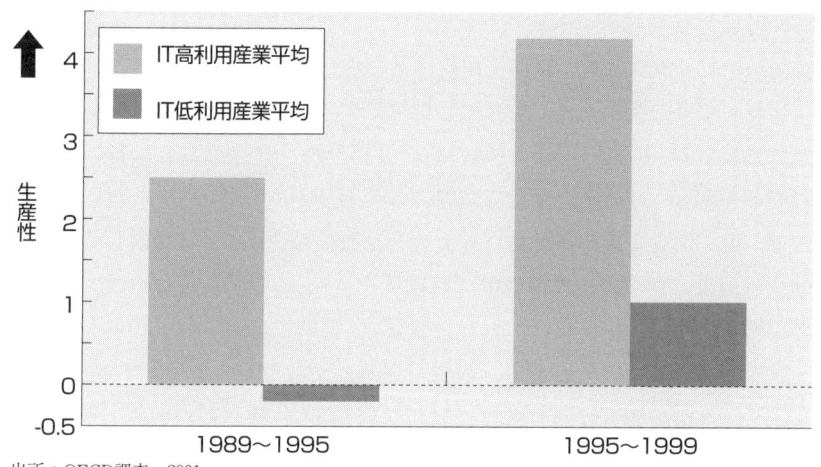

第11章　知の社会の卓越者と理想の組織

【図11-3】米国における労働生産性の向上

出所：OECD調査，2001

践でなければならない。

【T&T PARTNERSの自由な体制】

　会長は，朝2時〜3時まで，仕事をする夜型である。

　一方，秘書は，朝5時に起き早くからスピーディに仕事をこなす朝型である。事務局長は，真面目に職務を全うするが，朝ゆっくり出勤し早めに帰宅したいタイプである。

　図11－3をみて欲しい。2001年のOECDの調査結果である。1989年から1999年の間の米国の労働生産性について，IT高度利用産業とIT低利用産業とを比較した結果である。みて一目瞭然であるが，前者の生産性が圧倒的に高い事がわかる。要は，ITを利用することによる生産性の向上が期待できる組織にすれば良いことがわかる。

　理想の組織の例として，株式会社日本総合研究所の成功事例を前項で解説したが，T&T PASRTNERSは少数精鋭型事務所であるから，より徹底した実践が重要成功要因となる。

　まず，全員がPCを持つこと。さらに，多様性を認めた時間帯からすれば，中核の時間帯にオフィスにいる事務局長は別として，朝型の秘書と夜型の会長は，オフィス以外に，自宅にもPCが必要になる。人数の倍のPCを配置して，

いつでもどこでも，メールでやり取りできる体制を作ることにし．3人の協働で，ユビキタスに近い状態を出現させることが目的である。

　会長が平日の夜や土日に書き記したアイデアや指示のメールを，秘書は自宅で処理する。また朝1時から3時の間の会長のメール発信に，次の日のオフィスで朝8時から対応する優秀な秘書だ。会長が10時～11時に出勤したときには，即，活動できる体制ができている。通常の会社のような同じ時間帯の勤務時間は，指示と処理の活動の時間帯が1～2時間ずれるために，業務の効率性を大きく毀損する。

　業務が終われば，いつでも，帰宅できる。まったくのフリーである。3人体制の不在の時間帯には，秘書センターを活用し，すべての顧客に対応できる体制が敷かれている。

　6人の業務を3人でこなせる上，さらに，個々の意志を100％受け入れた組織は，小さいながら有効に，効率的に動き出した。会長は，朝2時～3時まで，本や雑誌の原稿を書き，秘書は，朝5時に起き，通勤時間帯の混雑を避け8時前には出社している。会長は電車に座り，原稿を書き，10時～11時に出社し，朝ゆっくり出勤した事務局長と打ち合わせをする。いつものように，事務局長は，早めに帰宅する。

　会社勤めのときと比較すると，生産性が倍以上に向上している。知の経営によって，自分の好きな時間に，好きな仕事を，好きな仲間と，好きなように，こなしていく少数精鋭組織は，「透き通った組織」である。この組織は，内の透明性に加え，メンバーのパートナー会員やアソシエイト会員の多様な能力を結集することにも透き通っている。外への透明性がある組織である。

　日本総研の数百人が在籍する研究事業本部の成功事例とT&T PARTNERSの3人の組織実験は，Laissez-faire（自由放任主義）の組織・生命論パラダイムの組織の事例である。この成功の前提は，各人が知の経営の意識を持っていることである。

おわりに

　本書は，単純に「成功する経営とは何か」（21世紀の新しい経営）を求めて，技術と経営を融合するイネイブラーを探索することが最初の目的だった。そこでの疑問は，最新・先端の経営手法を導入する場合に，関係者全員がなぜ理解できないのだろうか？　またなぜ実施しようとしないのだろうか？　さらに実施してもなぜ効果が上がらないのだろうか？　等々従来型のナレッジ・マネジメントの発想であった。したがって，これらの具体的なテーマをとり挙げ，Eビジネスの時代に生き残っていけるようなビジネスモデルを理解あるいは創造するための基本コンセプトを解説することを狙いとしていた。つまり，現在，世界の産業界で評価されている「経営品質」「ベンチマーキング」「学習する組織」「ハーマンモデル」「バランススコアーカード」等の本質を理解するためにも役に立つコンセプトを解説することを狙いとしていた。この書を理解すれば，例えばリエンジニアリングがうまくいかない理由が明確にされ，また，経営者が基本的な考え方を変える機会になるだろうと考えた。

　しかし，原稿を書き進めていくと，技術と経営を融合させ改革を推進させるためには人の本質に触れざるをえないことがわかった。それは，人がやる気を起こすような仕組みやイネイブラーを解説するのではなく，もっと根源にある何かをつかまなければならないという従来から心底にあった思いの再現である。

　組織の仕組みやシステムは組織開発での重要な要素ではあるが，個人能力が発揮できなければ，どんな良い組織でも動かない事態に今まで数多く遭遇してきた。これらは，仕組み上のイネイブラー論でカバーできる範疇だったが，リーダーが変わった瞬間に企業文化が変わり，会社がまったく変わる事がよくあるように，仕組上のイネイブラー論では100％解決できなかった。歴史を振り返ると，特にリーダーが「卓越者」と呼ばれる人物であった場合は，良い方への変化が顕著にでる例である。

そこで，本書は，「透き通った組織」と「卓越した経営者」を融合させる新しいナレッジ・マネジメント，つまり知の経営（チ・マネジメント）を「21世紀の新しい経営」として位置付けることにした。

　端的にいえば，見えないことのリスク，現場を知らないリスクを，どう解決するのか。例えば，現場情報がトップに届かず，経営の判断を誤るリスクは，情報が届く「透き通った組織」の構築と，それを実践する「卓越した経営者」によって解消できると考えたからである。この両輪は企業価値企業倫理という名のレール上を走ることで，社会から信頼される組織になるだろう。

　知の経営が広がれば，日本の21世紀は明るい。知の経営を簡単に解説することが，著者の責務であると考えた。それも，新潟大学大学院の技術経営研究科（MOT）で教えてきたように，あえて，理論と実践の両方の視点から，21世紀の経営の原理原則にアプローチしたいという個人的な野望を持って…　できれば，理論書でもあり実務書でもある，高度であるがわかりやすい，考えて且つ知を巡らせて，気付きがあり，「これで経営者の拠り所ができる」といわれるような今までにない「曖昧なしかしヒントをつかめる著書」が目標である。

髙梨智弘

「知の経営」のポイント・振り返り集

1. 考えよう

① 今勤めている会社や組織において，現在の競争環境の中で，実行されている経営方法や経営戦略は，ベストなものになっているであろうか？ …… 3
② コップの事例のように起きた出来事の表面を処理して満足しているケースが，会社の業務で起きていないだろうか？ ………………… 5
③ 日本は1993年までは，世界の1位か2位と評価されていたが，1994年を境目に，順位を下げ1997年に17位に急降下して以来，ここ10年間は低迷に喘いでいる。世界第2位の経済大国日本が，何故，図1-1に示すように，国際競争力が低迷しているのであろうか？ ………………… 10
④ 技術革新，生活の変化，文化の進展などにより，社会や顧客のニーズが変わり，社会の構造が階段状に進化した。それぞれの社会に合った競争の観点とはどんなものだろうか？ ………………………………… 15
⑤ 企業を取り巻く環境が変化した場合に，経営者は自社の事業をどのように考えるべきか？ ……………………………………………… 16
⑥ 多くの企業で，QC7つ道具の使い方など社内教育が行われている。必要だから勉強しているのであるが，ここで少し考えて欲しい。あなたの企業は，自社だけでビジネスが成立しているのか？ という点である。… 30
⑦ 個々人の価値観が多様化してきて，1人ひとりに合わせるためのマーケット調査の仕方や商品開発が難しくなっている。 ………………… 38
⑧ 自社の経営のレベル（成熟度）をいかに診断するのか？ また，その評価基準に何を入れ，何を評価したら良いのだろうか？ …………… 63
⑨ 「経営品質賞」では，現状を記述させることから始めている。「あなたの仕事を書きなさい」というと，意外と書けないものである。それは経験

⑩ で仕事をしており，あまり考えていない表れといえるかもしれないが，さて読者の皆さんは？……………………………………………………68
⑩ あなたの会社には，どのような「知」が存在していますか？ それらすべての「知」を引き出し，経営で使い切る（組織知にする）には，どうしたら良いでしょうか？……………………………………………82
⑪ 知識を人に話すと損をするという人もいます。新製品の開発において，暗黙知を表出化させる要因（イネイブラー）を考えてみましょう。……86
⑫ 一度，自部門の役割機能を忘れて，組織と組織を繋ぐジョイントの仕事だけを，ピックアップしてみてはどうだろう？………………………98
⑬ 知識パフォーマンスの8つの評価基準は，どこの会社でも使えるものである。自社をこの基準に照らして，評価してみよう。………………106
⑭ トヨタ生産方式（JIT）は，製造現場にしか適用できない方式ですか？ 他に適用できる業種はないでしょうか？………………………………174
⑮ PDCAサイクルを回していれば，すべてがOKか？……………………178
⑯ 今，あなたは空港に勤務していると仮定しよう。上司に予約の業務プロセス（仕組み）の改善・改革を命じられた。さて，あなたはどんな企業をベンチマーキング対象企業として 選出しますか？ プロセスの共通性の観点で挙げてみましょう。…………………………………………185
⑰ 候補企業としてA〜D社の4社を取り上げ，図8-4のように評価を行った。あなたなら，どの企業を選択しますか？……………………………187
⑱ ラインを止めて，問題を解決する仕組みの本意（本質）は何なのか？
　……………………………………………………………………………195
⑲ 1か月後に競合が新製品を出すという情報を社長が得た場合と，同じ情報を得た新入社員が得た場合とでは，どちらの情報の価値が高いか？……234
⑳ 「卓越者は部下を教える人間ではない」…………………………………246

2. 知の考察

① 「実行で学ぶ：百見は一行に如かず！」…………………………… 3
② 「やってみせ，いって聞かせて，させてみせ，ほめてやらねば人は動かじ」……………………………………………………………………… 4
③ 「二度と起こさないために：プログラムソリューションでは意味がない！」…………………………………………………………………… 5
④ 「本質を理解には，人の意識を理解することが重要」……………… 7
⑤ 「ゆでガエル現象」…………………………………………………… 8
⑥ 「みえないものをみる意識が重要」………………………………… 9
⑦ 「アメリカの強さは？」………………………………………………11
⑧ 「人は，その場に影響され，その場に対して手を打とうとする」……13
⑨ 「『物作り』から，『もの作り』へ，さらに『モノ作り』へ進化」……21
⑩ 「個の合算は，全体最適にならない」………………………………28
⑪ 「古の教え」……………………………………………………………31
⑫ 「満足と不満足の流布」………………………………………………35
⑬ 「チェックリストは例外をチェックできない」……………………41
⑭ 「正しいことが正しくない」…………………………………………41
⑮ 「100年に一度の世界同時不況への対応は？」………………………45
⑯ 「形式に陥らないカンファレンス」…………………………………51
⑰ 「リエンジニアリングの本質は？」…………………………………53
⑱ 「1＋1＝3になる」……………………………………………………83
⑲ 「知心の事例：トフラー」……………………………………………84
⑳ 「第7章知の考察」……………………………………… 111〜170
㉑ 「井の中の蛙になるな！」……………………………………………172
㉒ 「管理者の翻訳は間違い？」…………………………………………174
㉓ 「プロセス思考は影響度を測るめがね」……………………………183
㉔ 「チェックインの本質は，人の識別であるが，本当にそれが必要なのか？」……………………………………………………………………186

㉕　「トータル・コンピタンス・モデル」……………………………………189
㉖　「職人の目線ではなく，お客様の目線！」……………………………202
㉗　「自動ドアは社員のための合理化！」…………………………………205
㉘　「『QCTS』は『QCD』の進化形」………………………………………215
㉙　「発想はどのように起こるか？」………………………………………224
㉚　「固定観念でみていないかと，いつも思えるか？」…………………224
㉛　「あなたは，赤ん坊になれるか？」……………………………………226
㉜　「思い込みから離脱せよ！」……………………………………………229
㉝　「本屋さん，書店という言葉から，100％屋根がある，お店をイメージしていた」……………………………………………………………………235
㉞　「ベストに集まる知」……………………………………………………239
㉟　「人は社会的存在であり，その存在は時空をダイナミックに移動する」………………………………………………………………………………244
㊱　「卓越者は，3つの本質を駆使する」…………………………………252
㊲　「適材適所から適財適所へ！」…………………………………………255
㊳　「顧客は顧客ではない，生活者だ」……………………………………262

3.　＋解説

①　カルロス・ゴーンは，日産にやって来て，クロス・ファンクショナル・チーム（CFT）を作り，横串を通す組織を作った。…………………………6
②　1990年代の米国の繁栄も21世紀に入ると，日本車の追い上げ等でBig 3は総崩れとなった。……………………………………………………………15
③　図1－5では，経営戦略に"What"，実践・情報システムに"How"，ビジネスプロセスの再編成に"Whathow"という英語が併記されている。"Whathow"は造語である。……………………………………………………18
④　「物の品質」の定義を，どういう思考で「経営（品質）」に広げたのか？……………………………………………………………………………28

⑤　本来のパラダイムシフトとは，科学者が共有している思考や概念，規範や価値観等が，非連続に根本的に変化すること。·················34
⑥　かつて日産は，車体のデザインが斬新でシャープで四角い感じのブルーバードを発表したが，あまり人気が出なかった。タイミングが早過ぎて，当時の消費者には受け入れられずに，批判的な意見が主流を占めてしまったと評判になった。·················39
⑦　21世紀初頭，雪印，三菱自動車，ミートホープ，船場吉兆，赤福などの偽装問題やライブドアやカネボウ等の粉飾決算が明るみに出た。社会的にも制裁を受けているが，社会が不正を許さないという風潮になったと考えるべきであろう。·················40
⑧　トヨタのハイブリッドカー「プリウス」が，環境に配慮した自動車として売れている。あらゆるメディアで環境問題が報じられている昨今，時代の要請と品質がマッチした代表例といえる。·················48
⑨　『メイド・イン・アメリカ　復活への提言』を発表したMIT産業生産性調査委員会は，2年間に日米欧の200社の企業を訪問調査しているが，調査の結果，米国企業には，以下の特徴があった。·················50
⑩　リエンジニアリングの象徴的な成功事例が，クライスラーの"NEON"といわれている。·················53
⑪　本当の競争力は，今までと異なる「独自能力」から生み出される。·················57
⑫　アセスメント基準では，顧客価値を生み出す経営の要素の，相互の関係を明確にした構造になっている。このフレームワークでは，多様な企業の「組織プロフィール」がベースとなっている。·················63
⑬　縦の機能が強い行政には，多くのムダをみることができる。テレビ朝日の「サンデープロジェクト」に，部分最適の事例がいくつか紹介されていた（出所：テレビ朝日 2006.4.16「サンデープロジェクト」◇公共事業ムダを解消！スゴイ村をみつけた）。·················70
⑭　従来の管理のしにくい生産現場の改善を目指して，フレデリック・テイラーが，科学的管理法（Scientific Management）を提唱したのが20世紀初頭であった。·················74

277

⑮　イギリスの「ナレッジ・マネジメント・ジャーナル誌」がナレッジ・マネジメントの効果について，調査を行っている（1998年）。……………78
⑯　知は誰が持っているのだろうか？　どこにあるのか？……………82
⑰　ドイツのダイムラーは，米国のクライスラーと合併して，その後わかれた優良企業ですが，合併の実を挙げるためにナレッジの共有政策を実施した。INSEADでは，世界から教授陣と学生を受け入れている。…………87
⑱　ノキアは，社内の情報を共有するため内部で公開する。経営方針にTransparency（透明性）を掲げている多国籍企業である。建物もガラス張りで，空がみえ，緑がみえるつくりになっている。……………99
⑲　日本では古くから「暖簾分け」が行われている。ある業種で修行をして，同業種で商売を始めるのである。………………175
⑳　現状打破すべきプロセスも，業務の実施は，基本的なP（Plan）・D（Do）・C（Check）・A（Act）のPDCAサイクルで実施されている。…………178
㉑　トヨタ生産方式の定着している企業の少ないことはすでに述べたが，ベンチマーキングは模倣ではない。………………180
㉒　すべての視点でベスト・プラクティスを有していることは，理想の企業像であるが，そのような企業は存在しない。………………188
㉓　情報は，自分でつかまえにいかなければならない。ラジオを聞いていなければ，新聞を読んでいなければ，TVを視ていなければ，その情報は入ってこない。………………196
㉔　ホテル業界のリッツ・カールトンも世界で1番顧客満足（CS）の高いホテルとして有名である。………………208
㉕　顧客のニーズに合わせることが，経営の最重要成功要因である。短期的にコストがかかっても，価値前提の経営を行うことで，長期的に顧客の信頼を得ることになる。………………214
㉖　インセンティブ効果を上げるには，信頼が鍵となる。……………221
㉗　それでは，どんな会社が良い会社なのか？　1人であらゆる変化に気付き，対応するのは無理なので，仲間が気付かせてくれ，協働してくれる組織なら，変化に対応できる。………………230
㉘　そうはいっても，外向きにはピラミッド型にみえるし，給与の逆転はし

たくないし，権限，権威も守りたい。本音では，逆さまはありえない。
  233
㉙ 現在の企業が抱えている問題は，一言でいうと仕組みに走ってしまうことだ。..245
㉚ GEで開発されたハーマンモデルは人ベースの経営に最適な，脳科学を適用した適性診断手法である。...254
㉛ 組織の継続的な発展，さらには個の創発を促すためには，組織の揺らぎが必要である。そのためには，どのような仕掛けが考えられるであろうか？その仕掛けの事例を挙げる。...263

参考文献：

1　MANAGEMENT：Tasks, Responsibilities, Practices，Peter F. Drucker, Harper Business（1973）
2　『Made in America』MIT産業生産性調査委員会（マイケル・L・ダートーゾス他），依田直也訳，草思社（1990）
3　『ベンチマーキングとは何か』髙梨智弘著，生産性出版（1994）
4　「変革と潜在力開発が生み出すハイ・パフォーマンス」髙梨智弘稿,『DIAMONDハーバード・ビジネス』1995年3月号，ダイヤモンド社（1995）
5　『最強組織の法則－新時代のチームワークとは何か－』ピーター・M・センゲ著，守部信之訳，徳間書店（1995）
6　『経営品質革命』髙梨智弘著，東洋経済新報社（1996）
7　『知識創造企業』　野中郁次郎，竹内弘高共著，東洋経済新報社（1996）
8　『ビジネス・プロセス・ベンチマーキング』ボブ・キャンプ著，髙梨智弘監訳，生産性出版（1996）
9　『図解　経営を読む事典』髙梨智弘編著，東洋経済新報社（1998）
10　『経営品質の真実』髙梨智弘著，生産性出版（1998）
11　『知と経営』常磐文克著，ダイヤモンド社（1999）
12　『MBA経営戦略』グロービス・マネジメント・インスティテュート，ダイヤモンド社（1999）
13　『戦略サファリ』ヘンリー・ミンツバーグ，ブルース・アルスランド，ジョセフ・ランベル共著，斎藤嘉則監訳，東洋経済新報社（1999）

14 『図解 わかるナレッジ・マネジメント』髙梨智弘著，ダイヤモンド社（2000）
15 『入門マネジメント＆ストラテジー，よくわかるナレッジ・マネジメント』髙梨智弘編著，日本実業出版社（2000）
16 『ハーマンモデル』ネッド・ハーマン著，髙梨智弘監訳，東洋経済新報社（2000）
17 『プロセスマネジメント入門』髙梨智弘，万年勲共著，生産性出版（2003）
18 『新時代のナレッジマネジメント【知の経営】』㈱日本総合研究所，髙梨智弘，『Japan Research Review』創立35周年記念特別号（2004）
19 『弓と矢の国』髙梨智弘著，シュプリンガー・フェアラーク東京（2005）
20 『ドラッカー365の金言』ピーター・F・ドラッカー著，上田惇生訳，ダイヤモンド社（2005.12）
21 『アテンション！』トーマス・H・ダベンポート，ジョン・C・ベック共著，髙梨智弘，岡田依里共訳，シュプリンガー・フェアラーク東京（2005）
22 『質マネジメントシステム－持続可能な成長の指針JIS Q 9005－』日本規格協会（2005）
23 『ベンチマーキング入門』髙梨智弘著，生産性出版（2006）
24 『持続可能な成長を実現する質マネジメントシステム』飯塚悦功監修，日本規格協会（2007）
25 「Entirety and Individuality of chi」（ナレッジ・マネジメント研究年報2006年第7号）髙梨智弘著，日本ナレッジ・マネジメント学会（2006）
26 『〔新版〕MBAマネジメント・ブック』グロービス・マネジメント・インスティテュート，ダイヤモンド社（2002）
27 『ものづくり経営学－製造業を超える生産思想－』藤本隆宏，東京大学21世紀COEものづくり経営研究センター著，光文社（2007）
28 『第3世代のQFD－開発プロセスマネジメントの品質機能展開－』永井一志，大藤正著，日科技連出版社（2008）
29 *In the Age of the Smart Machine*, Shoshana Zuboff, NewYork, Basic Books（1984）
30 『敬天愛人―私の経営を支えたもの―』稲森和夫著，PHP研究所（1997）

【著者紹介】

髙梨智弘（たかなし ともひろ）

T&T PARTNERS 会長，公認会計士，株式会社日本総合研究所フェロー，株式会社フジタ取締役，新潟大学大学院技術経営研究科特任教授。
1968年，慶應義塾大学経済学部卒業。
1969年，早稲田大学大学院商学研究科中退。
1983年，ハーバード・ビジネススクールAMPコース修了。
1986年～1990年，アーサーヤングコンサルティング株式会社 代表取締役社長。
1993年，朝日監査法人(現あずさ監査法人)代表社員。
1995年，日本総合研究所理事。
現在，NPO法人ITコーディネータ協会理事，ICG国際コンサルタンツグループ会長，日本経営品質学会理事，NPO法人内部統制評価機構理事長，日本危機管理学会会長，日本ナレッジ・マネジメント学会副理事長等を務める。

主な著書：
『ベンチマーキング入門』・『経営品質の真実』(生産性出版)，『弓と矢の国』(シュプリンガーフェアラーク)，『図解わかる！ナレッジマネジメント』(ダイヤモンド社)，『これから求められる管理者捨てられる管理者』(こう書房)，『マネジメントの基本』・『リスクマネジメント入門』(日本経済新聞社―日経文庫―)，『経営品質革命』(東洋経済新報社)，他多数。

■ 知の経営 ―透き通った組織―
■ 発行日――2009年11月16日　初版発行　　〈検印省略〉

■ 著　者――髙梨智弘
■ 発行者――大矢栄一郎
■ 発行所――株式会社　白桃書房

〒101-0021　東京都千代田区外神田5-1-15
☎ 03-3836-4781　📠 03-3836-9370　振替00100-4-20192
http://www.hakutou.co.jp/

■ 印刷・製本――藤原印刷

© Tomohiro Takanashi 2009 Printed in Japan　ISBN978-4-561-22526-3 C3034

JCOPY 〈(社)出版者著作権管理機構 委託出版物〉
本書の無断複写は著作権法上の例外を除き禁じられています。複写される場合は，そのつど事前に，(社)出版者著作権管理機構（電話 03-3513-6969，FAX 03-3513-6979，e-mail : info@jcopy.or.jp）の許諾を得てください。
落丁本・乱丁本はおとりかえいたします。

好評書

大薗恵美・児玉 充・谷地弘安・野中郁次郎【著】
イノベーションの実践理論 本体 3500 円
―Embedded Innovation

妹尾 大・阿久津 聡・野中郁次郎【著】
知識経営実践論 本体 5800 円

河野豊弘【著】
研究開発における創造性 本体 2500 円

田村正紀【著】
リサーチ・デザイン 本体 2381 円
―経営知識創造の基本技術

寺本義也【著】
コンテクスト転換のマネジメント 本体 4400 円
―組織ネットワークによる「止揚的融合」と「共進化」に関する研究

石井康之【著】
知的財産の経済・経営分析入門 本体 3800 円
―特許技術・研究開発の経済的・経営的価値評価

小川紘一【著】
国際標準化と事業戦略 本体 3800 円
―日本型イノベーションとしての標準化ビジネスモデル

小豆川裕子・三好博昭【編著】NTT データ システム科学研究所【企画】
知識資産経営と組織パフォーマンス 本体 3500 円
―人材・知識・ICT の融合の時代

進藤美希【著】
インターネットマーケティング 本体 3600 円

東京 白桃書房 神田

本広告の価格は本体価格です。別途消費税が加算されます。